KB271584

우리는 사는 줄에 서 있다

우리는 사는 줄에 서 있다

청림출판

'최고의 통상 전문가' 조환익 전 코트라 사장의
다시 찾아온 경제위기 돌파론

조환익 지음

청림출판

세계 속 한국을 향하는 새 흐름을 주시하라

세계경제에 다시 폭풍이 불어오고 있다. 모든 악재가 동시에 일어나는 퍼펙트 스톰perfect storm을 예견하는 극단적 비관론까지 나오는 등 낙관론이 점차 힘을 잃어가고 있는 듯하다.

세계경제가 이처럼 갈피를 못 잡고 요동을 치게 된 원인은 그동안 전 세계의 기둥 노릇을 해온 미국의 신용등급 강등과 재정적자 악화, 그리스에서 시작되어 이탈리아와 스페인으로까지 번져가고 있는 유럽 재정위기에 대한 공포 때문이라는 것이 일반적 분석이다. 또한 이들 국가가 경제의 기둥이 되는 산업 경쟁력을 키우지 못한 채 빚내서 빚 갚는 이른바 '돌려막기'를 하면서 흥청망청 써댄 것이 원인이라는 더 근본적인 진단도 내놓고 있다.

그런데 이들 국가와는 비교도 안 될 정도로 부지런히 살아왔으며 외환보유고도 넉넉하고 실물경제도 탄탄한 한국의 외환시장과 주식시장이 더 크게 출렁거리고 있다. 참다못한 삼성이 애플과 한판의 특허

대전을 선포했듯 한국에 대한 외국 기업들의 합종연횡 공격도 거세지고 있다. 그렇다면 우리는 이 강풍 속에서 다시 살아남을 수 있을까? 과거와 같이 다시 한 번 위기를 기회로 만들 수 있을까? 나는 우리가 또 한 번 죽을힘을 다해 응집력과 기동력을 발휘한다면 충분히 극복 가능하리라 믿는다.

통상 전선의 전사들이 다시 무장을 갖추고 중원을 향해 뛰어들어야 할 때다. 그런데 이럴 때마다 그들을 힘 빠지게 하는 목소리들이 있다. 세계경제가 불안해지면 어김없이 등장하는 "한국의 대외 의존도, 특히 무역 의존도가 지나치게 높다. 해외시장의 불안은 한국의 위기로 이어질 수 있다. 수출 지향의 경제 구조를 내수 위주로 바꿔나가야 한다" 등의 주장들이다. 실제로 올 하반기 들어 수출의 탄력이 예전 같지 않자 불안감을 더욱 부채질하는 듯하다. 그러나 전운이 감도는 이 시점에서는 우리 모두가 위기 극복의 자신감을 갖고 출전할 선수들에게 기를 불어넣어줘야 한다.

수출에 대한 이와 같은 비판적 시각은 그 뿌리가 깊다. 1960년대 한국이 수출 위주 전략을 채택했을 때, 당시 주류 지식인들은 자본도 기술도 없는 한국이 수출 주도형 국가로 가는 것은 결국 한국 경제를 외국 자본과 외국 기술에 예속시킬 것이라고 주장했다. 또한 수출 위주의 경제는 사상누각일 뿐이고, 심지어 수출 기업들을 매판자본이라며 강하게 몰아붙이기도 했다. 나 역시 학창 시절에는 당시 정부에서 국가 비전으로 내걸은 '100억 달러 수출, 1,000달러 국민소득'은 독재 합리화를 위한 신기루 정책에 불과하다고 믿었다.

  우리는 사는 줄에 서 있다

그런데 어찌된 운명인지 소위 젊은 양심 세력(?)이었던 내가 1970년대 중반부터 무역을 총괄 지원하는 상공부에서 근무하게 되었다. 그리고 몇 달 전 코트라KOTRA 사장직에서 퇴임할 때까지 36년간 주로 무역 통상 분야에서 일해왔다. 한국 수출 규모가 100억 달러 수준일 때부터 시작해 5,000억 달러를 바라보는 지금까지 나는 정부 또는 공공 부문 현장에서 직접 뛰면서 우리나라의 모든 통상 과정을 생생하게 체험해왔다. 어쩌면 한국 통상의 역사를 꿰뚫고 있는 유일한 산증인이 아닐까 하는 생각도 든다.

한국 경제위기 때 구원투수는 늘 수출이었다

한국 현대사의 정치, 경제, 사회 각 부문에서 수출만큼 우리를 실망시키지 않고 큰 걸음으로 앞으로 나아가게 해준 것은 없다. 몇 번의 커다란 경제위기에서 우리가 보란 듯 일어선 것도 모두 수출의 힘이었음을 아무도 부정할 수 없다. 1980년 신군부 집권 후 한국 경제가 처음으로 마이너스 성장을 했을 때 그 고비를 넘기게 해준 것도, 1990년대 말 IMF 외환위기를 극복하게 해준 것도 수출의 힘이었다. 그리고 2008년 세계 금융위기 때 한국을 향한 주요 외신들의 저주를 보란 듯 무색하게 만들고 오히려 세계 속에 한국의 위치를 더욱 공고히 해준 것도 수출의 힘이었다.

특히 지난 세계 금융위기 때 전 세계 대부분의 언론과 경제학자들은 아이슬란드, 헝가리에 이어 한국이 다시 IMF에 손을 벌릴 수밖에 없을 거라는 예상을 했다. 당시 나는 기회가 있을 때마다 언론을 통해 "한국 상품이 세계를 설레게 한다. 이럴 때 수출 기업을 조금만 뒷받침해주면 우리는 세계 속에서 우뚝 설 수 있다"라고 주장하며 국민들에게 희망을 불어넣어주려 했다. 물론 당시 대부분의 독자들은 내 주장에 반신반의했지만 그 후 우리나라의 경제 상황은 내 예측대로 반전되어갔다.

나는 위기 해법에 대해 구체적으로 얘기할 수 있는 경제학자도 아니고 경제 정책을 수립하는 지위에 있지도 않다. 그럼에도 불구하고 국민들에게 확신을 갖고 희망의 메시지를 던질 수 있었던 것은 40년 가까이 뛰어다니며 얻게 된 현장 감각과 한국 수출에 대한 신앙에 가까운 믿음 때문이다. 물론 이러한 믿음은 전 세계 100여 군데의 현장을 누비고 다니면서 얻게 된 자신감에서 나온 것이다.

작년 우리나라 수출은 사상 최대의 실적을 달성해 수출 규모에서 세계 7위를 기록했다. 세계 금융위기 기간 중 한때 벼랑 끝까지 몰렸던 한국은 그로부터 3년이 지난 후 영국, 러시아, 캐나다에 이어 벨기에와 이탈리아까지 제치고 G7이 된 것이다. 이제 우리나라보다 수출을 많이 하는 나라는 중국, 독일, 미국, 일본, 프랑스, 네덜란드뿐이다. 1964년에 1억 달러 수출을 달성한 이래 46년 만에 5,000억 달러 수준에 이른 것이다.

한국이 수출 강국으로 우뚝 선 것은 시대의 흐름을 잘 타서도 아니고 국가의 능력이 출중해서도 아니다. 순전히 맨주먹으로 해외시장을 개척한 수많은 사람들의 값진 희생과 설움의 대가다. 그러나 이 시대의 한국인들, 특히 청년들은 이러한 역사를 잘 모른다. 또 무역업에 종사하고 있는 사람들이나 통상 분야 학자들도 우리가 얼마나 처절하게 새로운 시장을 개척해왔고, 어떻게 거친 외풍을 이겨나가며 현재의 수출 G7이 되었는지 제대로 알지 못한다.

내가 이 책을 쓰게 된 동기는 일종의 소명감에서 비롯되었다. 우리나라가 어떻게 해외시장을 개척했고 수많은 위기를 극복했으며 수출 한국의 기적을 이뤄냈는지, 또 이런 경험들과 자신감이 오늘날 또다시 불어닥친 세계경제의 불안 속에서 어떠한 힘을 발휘할 수 있을지 얘기하고 싶다. 나는 세계시장의 상황이 어떻게 바뀌든 우리에게는 밖에서 뛰며 살아나가는 길밖에 다른 길이 없다고 외치고 싶다. 특히 취업난과 미래에 대한 불확실함 때문에 힘들어하는 젊은이들에게 통상 현장의 주자로서 경험했던 생생한 역사와 우리의 정확한 현실을 얘기해줌으로써 자신감을 갖게 하고 미래에 대한 도전의욕을 불어넣어주고 싶다.

이 책은 1977년 수출 100억 달러 달성 이후부터 2011년 5,000억 달러 수출을 바라보기까지의 개척기와 극복기를 담았다. 나는 이 기간에 주로 현장에 있었다. 지금도 이름이 생소한 아프리카의 오지에서 중국 내륙까지의 수많은 현장에서 어떤 때는 실전을 치르는 전사와 지휘관으로서, 또 어떤 때는 우리 수출 기업들의 눈물겨운 격투기의 증인으로서 힘겨운 시간들을 보냈다.

1부에서는 지난 40여 년 동안 겪은 통상 현장에서의 실전 경험을 객관적으로 조명하려 노력했다. 물론 내 경험담을 중심으로 써내려갔지만, 우리나라 대외 발전사의 장대한 다큐멘터리를 그려내려 했다. 그리고 이 기록을 통해 오늘날의 5,000억 달러 수출, 무역 규모 1조 달러의 무역 대국 한국을 만든 수많은 기업인들과 근로자, 관료들의 피땀과 한숨과 희생을 얘기하려 했다. 이러한 이야기를 통해 독자들에게 다시 찾아온 세계 경제위기를 잘 이겨낼 수 있을 것이라는 믿음을 주고 싶었다.

폭풍 속에도 길은 열린다

세계경제가 재앙까지는 가지 않는다 해도 현재의 불확실성과 불안이 단기간에 극적으로 해소될 것으로 보는 견해는 거의 없다. 이런 상황에서 우리는 세계경제의 큰 흐름에서부터 아주 작은 상황 하나하나까지 놓쳐서는 안 된다. 그리고 이에 맞춰 우리의 전략과 전술은 더욱 정교해져야 한다.

달러를 마구 찍어내는 발권력을 세계시장이 통제하고 나선다면 미국은 어떻게 될 것인가. 중국과 미국의 얽힐 대로 얽혀버린 초융합 상태는 세계경제에 어떤 영향을 미칠 것인가. 일본의 한계는 무엇인가. 유럽의 결속력은 결국 무기력하게 깨질 것인가. 신흥국의 해외 자본 리스크는 어떻게 봐야 할 것인가. 이러한 질문들에 대해 지금은 아무도 명쾌한 답변을 내놓지 못하고 있다.

이와 같은 불확실성 속에서도 우리는 무소의 뿔처럼 앞만 보고 우직하게 나아가야 한다. 그래야만 또 하나의 폭풍을 뚫을 수 있다. 경제의 바퀴는 잠시라도 멈추면 속도를 잃게 된다. 워싱턴 콘센서스(미국의 신자유주의), 베이징 콘센서스(국가자본주의)도 우리에게 모델이 될 수 없다.

오로지 우리의 선택과 판단으로 앞으로 닥칠 수많은 견제와 도전을 이겨나가고 더 나아가 세계를 움직이는 세력으로 자리매김을 해야 한다.

2부에서는 현재의 글로벌 시장 상황과 지역별 상황을, 그리고 세계 경제 추세를 이해하는 데 놓쳐서는 안 될 몇 가지 특성을 선별하고 우리가 어떻게 위기를 이겨나갈지에 대해 얘기했다. 3년 전의 세계 금융위기 때보다 현재 우리의 위상은 크게 올라갔지만 앞으로의 전투에서 오늘의 위상이 반드시 유리하게 작용하리란 보장은 없다. 오히려 불리하게 작용할 가능성이 더 크다. 이제 우리 몸은 더 이상 감출 곳도 없이 노출되어 있다. 이 상태로는 공개된 적들뿐만 아니라 숨은 적들까지도 모두 실력으로 상대해나갈 수밖에 없다.

1990년대 말 외환위기와 3년 전 금융위기 때 나는 우리 경제가 유리한 세계시장 여건과 환율 등에 힘입은 수출의 덕으로 일어선 상황을 중국 소설에 나오는 '절도봉주絕渡逢舟'라는 고사성어를 인용해 표현했다. 끊어진 길에서 만난 배처럼 수출은 절망적인 상황에서도 위기를 극복하게 해주고 기회를 가져다줬기 때문이다. 오늘날 우리가 세계시장이라는 큰 전장Battle Field 안에서 처한 상황은 역시 중국 고사성어를 인용해 '중원축록中原逐鹿'이라 표현하고 싶다. 중원이라는 사방이 탁 트인 벌판에서 맹수가 사슴을 쫓으려면 사슴보다 빨라야 할 뿐만 아니라 함께 사슴을 쫓는 다른 맹수들보다도 빨라야 한다. 뒤처진 맹수는 먹잇감은커녕 다른 맹수의 밥이 될 수도 있다.

다시 한 번 사활을 건 전투가 시작되었다. 살아남기 위해서는 우리 스스로에 대한 재점검이 필요하다. 편중된 수출 구조를 시급히 개선해나가고 한국 기업에 대한 세계의 재평가를 바탕으로 그동안 축적해온 경험과 노하우, 위기 극복 능력, 그리고 스피드와 유연성 등 우리의 강점을 최대한 살려 무기로 활용해야 한다. 위기 때마다 수많은 난관을 극복해온 우리의 저력과 새로 관찰된 경쟁력의 힘을 과소평가해서는 안 된다. 분명한 것은, 이번 위기의 활로도 밖에서 찾아야 된다는 점이다. 우리 모두가 사력을 다해 위기에 대응해나간다면 세계시장에 다시 폭풍이 불더라도 우리는 계속 '사는 줄'에 서 있을 것이라고 나는 믿는다.

글로벌 플레이어에게 국경은 없다

3부에서는 앞으로 글로벌 시장에 뛰어들어 전사의 후예가 되고자 하는 젊은이들에게 들려주고 싶은 이야기들을 담았다. 계주경기에서 가장 빨라야 하는 마지막 주자에게 들려주는 이야기들이다. 지금까지 잘 달려왔는데 골인점을 앞에 두고 속도를 늦출 수는 없다. 이 땅의 모든 젊은이들이 세계무대에서 더욱 속력을 내야 하는 마지막 주자라는 사실을 잊지 않았으면 한다.

요즘 젊은이들은 언어와 국제 감각은 많이 나아진 듯하지만 세계 속의 주역이 되고자 하는 도전정신은 기성세대들보다 오히려 부족해 보인다. 앞으로 우리 경제의 미래를 책임져야 할 젊은 주자들은 글로벌 플레이어로서 세계경제 지식, 실전 능력, 개척 마인드, 국제 감각 등을 제대로 갖추고 키워나가야 한다. 그래야 세계시장의 흐름을 꿰뚫을 수 있다.

통상 전선의 전사는 계속 이어져야 한다. 이제 세계시장이 이 땅의 젊은이들에게 손짓하고 있다. 앞서 달린 주자들의 시행착오마저도 이들에게는 훌륭한 길잡이가 될 것이다. 아직도 세계는 미개척 시장 천지다. 그러므로 우리는 계속해서 밖으로 뛰어나가야 한다. 한국이라는 지역은 젊은 코리언들이 미래를 설계하기에 너무 좁다. 좀 더 넓은 무대에서 세상을 바라봐야 안목도 넓어지고 새로운 기회도 찾을 수 있다. 통상 전선의 전사들은 이러한 의미에서 계속 훈련되어지고 키워져야 한다.

나는 이 책을 집필하면서 가급적 경제서의 딱딱하고 지루한 느낌이 들지 않도록 쓰려고 했다. 대신 독자들에게 경제사의 재미있고 감동적인 다큐멘터리 한 편을 보는 듯한 느낌을 주고 싶었다. 이 책을 통해 독자들이 수출 현장에서 뛰고 있는 우리의 통상 전사들을 이해하고 격려해주는 계기가 되었으면 한다. 또한 젊은이들이 세계무대에서 글로벌 플레이어로 뛰면서 한 번뿐인 인생에서 좀 더 크고 값진 보람을 느낄 수 있기를 기대해본다.

Chapter 2 링 위에서 맷집 키운 한국 수출

Part 2 다시 폭풍 속으로 들어가며

Chapter 5 '뉴노멀'이 경제 패러다임을 바꾼다

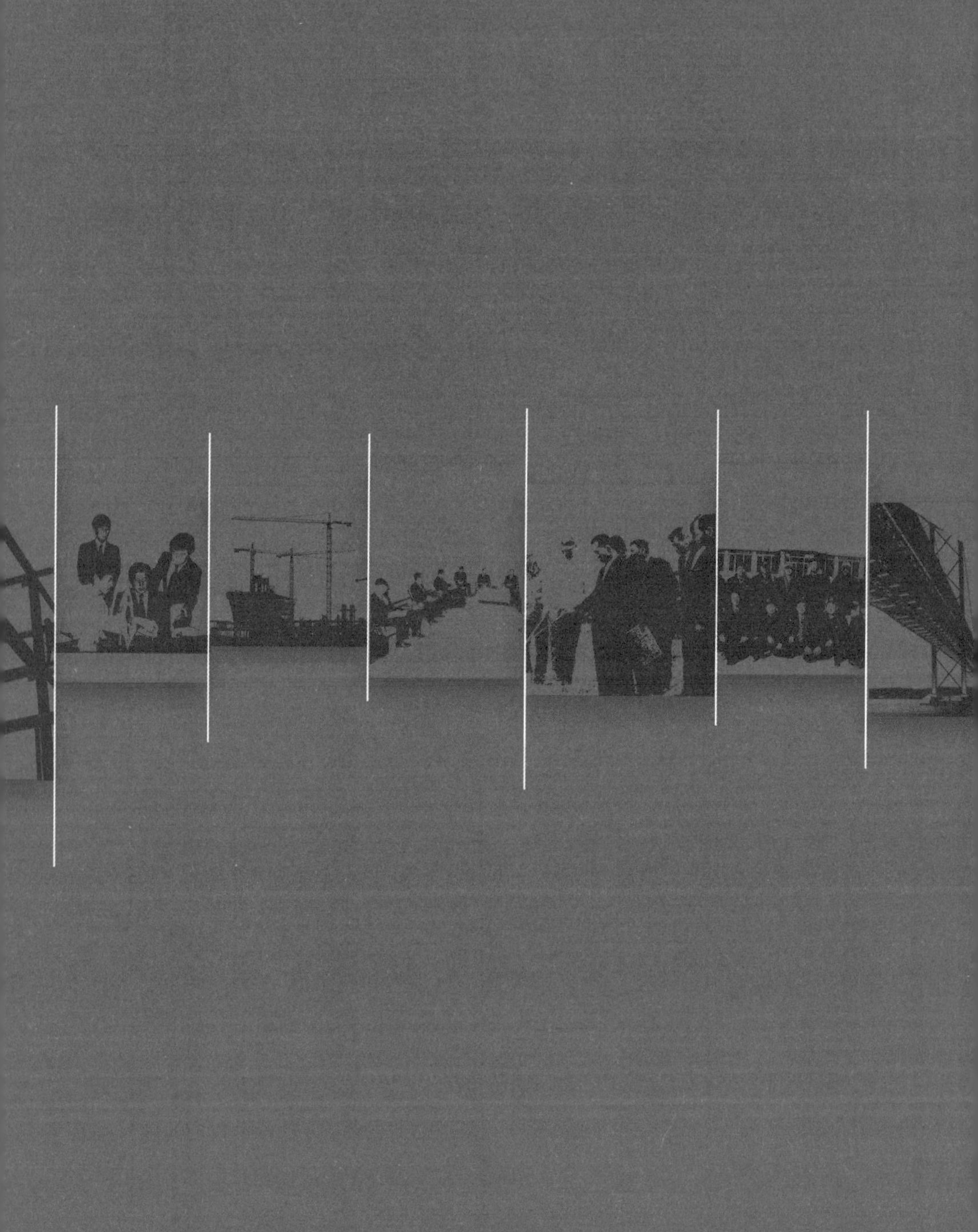

모래 폭풍을 뚫고
새로운 신화를 쓰다

지금까지 한국 수출은 전투력을 갖추기 위한 거의 모든 과정을 수료했다. 괴나리봇짐 장사처럼 이 나라 저 나라를 다니며 물건을 팔던 시절에는 인내를 배웠다. 미국, 유럽에서 불어온 거센 통상 마찰의 회오리 속에서는 맷집을 키웠고 시장을 관리하는 방법을 배웠다. 외환위기로 숨이 넘어갈 것 같았던 상황에서는 극복과 소생의 능력을 키웠다. 그리고 최근의 미국발 세계 금융위기에서는 반전을 경험했다. 이제는 세계 구석구석을 찾아다니며 현지화를 통해 장기적이고 지속 가능한 진출을 위한 뿌리를 내리고 있다.

우리나라가 수출을 시작한 지도 어느덧 반세기가 됐다. 세계 어느 나라도 이 짧은 기간 동안 이렇게 많은 허들을 넘어 세계시장의 중심권에 들어온 나라는 없다. 한국은 자본도 자원도 없었다. 게다가 6·25라는 민족상잔의 비극까지 치렀다. 원전기술은 꿈도 꾸지 못했다. 디자인, 브랜드 등은 책에서나 볼 수 있는 용어였다.

광산물과 수산물 몇 가지를 일본에 내다 판 것은 수출이 아니었다. 그것은 일본 상인들의 수거일 뿐이었다. 미국이나 일본으로부터의 주문자상표부착(OEM) 방식에 의한 전자제품 수출은 주문자들의 수확에 불과했다. 세계에서 알아주지도 않았지만 그나마 우리 브랜드로 수출하기 시작한 것은 40여 년밖에 안 된다.

우리는 그동안 수많은 모래 폭풍을 뚫고 여기까지 왔다. 그런 면에서 일본과도 다르고 중국과도 다르다. 일본은 일찍 나라의 문을 열고 상술과 기술을 축적해왔고 종합상사를 중심으로 한 광활한 세계시장 개척사가 있다. 하지만 한국처럼 밑바닥의 설움과 생사의 갈림길을 경험해보지는 않았다. 짧은 기간에 세계 최대 수출국이 된 중국은 우리와 비슷한 점이 있지만 그들의 수출사에는 아무런 드라마가 없다. 중국은 풍부한 노동력과 이에 따른 임금 경쟁력으로 천문학적 수출을 하고 있지만 중국 경제의 거품이 꺼진다면 과연 어떻게 될지 제대로 검증된 적은 없다.

그러나 우리의 수출사에는 열악한 환경 속에서도 세계 방방곡곡 오지를 찾아다니며 신발 한 켤레, 직물 한 폭이라도 더 팔아보려고 안간힘을 쓰던 수출 전사들의 설움과 희망의 이야기가 있다. 통일신라 말 청해진을 근거로 바다를 누비며 물건을 팔러 다닌 무역왕 장보고로부터 시작된 우리의 개척 DNA는 시장을 발견하면 극지의 에스키모인들에게라도 찾아갈 것이고, 우주를 개척하면 그곳에 무엇부터 팔 수 있을까 고민하지 않고는 못 배길 것이다. 우리에겐 훌륭한 개척자의 피가 흐르고 있는 것이다.

1

개척의 전설은 이어진다

우리 수출의 시작은 대부분 바이어가 만들어달라는 대로 만들어주는 주문자상표부착 방식
이었다. 이때는 독자적 시장 개척의 필요성도 또 그럴 능력도 없었다. 선진국 제품에 비해
품질과 성능이 크게 뒤떨어지고 거래관계가 쌓인 바이어도 없는 무명의 한국 제품이 세계
시장에 독자적 진출을 시도한 것이다. 자연스럽게 수출 경쟁력은 저렴한 인건비에서 찾을
수밖에 없었다. 바이어와의 협상은 언제나 일방적이었고 우리 수출업자들은 그들의 자비
심을 바랄 수밖에 없었다.

우간다 장관이
탄비행기를
찾아라

1977년 5월, 나는 상공부의 통상진흥국의 아프리카 지역 담당 사무관으로 발령을 받았다. '미국도 있고 유럽, 아시아 등 그 많은 지역들을 놔두고 하필이면 첫 발령지가 아프리카일까' 하는 마음도 있었지만, 남들이 가지 않은 길을 개척해보겠다는 도전의식이 은근히 불타올랐고 그 기대감에 설렘도 컸다.

어느 날 노진식 통상진흥국장의 호출이 있었다. 노 국장은 당시로는 드물게 능통한 영어 실력과 두둑한 배짱, 포용력 있는 리더십으로 부하직원들로부터 존경을 받은 분이었는데 상공부를 나온 후 1998년에 교통사고로 안타깝게 타계하셨다. 현재 그분의 아들이 코트라의 아프리카 지역 센터장으로 재직하고 있는데 묘한 인연이 아닐 수 없다.

노 국장의 지시는 아프리카 우간다에서 상공부 장관이 오는데 영접 계획을 짜고 통상장관 회담 등을 준비하라는 것이었다. 그해 우간다의 주 생산품인 커피가 풍년이 들었는데 상공부 장관이 커피를 팔아

번 달러를 가지고 일본 쇼핑을 나온다는 정보를 듣고, 업계에서 한국에도 초청해달라는 요구를 해와 비공식 접촉을 통해 초청을 했다는 말씀이었다. 물론 대외적으로는 업계 초청의 형식을 취했고 숙박비 정도만 정부에서 부담해주었다.

우간다 상공부 장관 행차는 주일 우간다 대사와 국영무역공사 사장이 수행한다고 했다. 우간다 장관의 나이는 당시 29세였고 쿠데타로 집권한 독재자 '이디 아민Idi Amin'의 서자라는 설이 있었다. 이디아민은 당시 유럽, 특히 영국으로부터 강력한 배척을 받는 독재자였는데 백인 모멸 행위 등 잔혹하고 기괴한 폭력을 서슴지 않아 우간다는 대부분의 나라가 공식적인 외교관계를 꺼리는 국가였다. 심지어는 차를 탈 때 백인의 등을 밟고 올라탄다는 루머가 돌 정도였으니 유럽인들에게는 그야말로 증오의 대상이었다.

하지만 우리에게 우간다의 외교적 고립은 별도 고려사항이었다. 우리는 달러 보따리를 갖고 오는 우간다 장관에게 어떤 식으로든 물건을 팔아야겠다는 생각밖에 없었다.

우간다 장관은 오후 2시에 파리에서 직접 한국으로 들어오는 비행기를 타고 올 예정이었으나 어찌된 영문인지 해당 비행기의 탑승자 명단에 없었다. 우리는 공항 관제탑을 통해 그 시간 이후에 한국으로 들어오는 모든 비행기의 우간다 장관 탑승 여부를 확인해달라고 부탁했다. 다시 말하면 한국행 비행기들 중에서 그들이 탄 비행기를 찾아달라는 요구였다.

얼마 후 우여곡절 끝에 우리는 예상보다 세 시간 늦게 홍콩을 통해 그들이 들어온다는 답변을 들을 수 있었다. 파리에서 과음을 하는 바람에 우리가 주선한 비행기 편을 놓쳤다는 이야기도 나중에 듣게 되었다. 예감이 좋지 않았다. 약속을 아무렇지도 않게 생각하는 사람들이니 한국에 머무르는 동안 고생깨나 시키겠구나 하는 생각이 들었다. 그러나 어쨌든 일국의 장관이 온다 하니 최각규 상공부 장관은 공항으로 출영을 나갔고 귀빈실에서 환영 미팅도 했다.

첫 해외 나들이라서 그런지 우간다 장관은 무척이나 수줍고 어눌해 보였다. 어떻게 보면 촌스러워 보일 만큼 하는 행동들이 어색했고, 자신이 배척받는 국가의 장관이라는 사실을 상대가 업신여기지는 않는가 하는 의심의 눈초리도 가끔씩 드러내곤 했다. 반면 수행자로 함께 온 주일 우간다 대사와 국영무역공사 사장은 매우 세련된 매너를 보였다.

우간다 장관의 원님 행차

이 시절에는 이처럼 외빈이 오면 장관이 직접 마중을 나가기도 했다. 수출 규모가 100억 달러도 못 미치는 나라가 겪어야 할 서글픔이었는지도 모른다. 하지만 우리나라의 국력이 커지면서부터는 외국 장관 방문에 우리나라의 장관이 공항까지 출영 나가는 일은 점차 지양되었다.

우간다 장관 일행이 공항을 빠져나오자 우리는 외무부에서 대여해 온 링컨 컨티넨털 리무진에 경찰 콘보이까지 붙여 호텔로 모셨다. 말하자면 '원님 행차'였다. 장관 일행이 지나가는 곳들은 교통을 적절히 통제했고, 리무진이 지나가면 교통경찰은 부동자세로 칼 경례를 붙였다. 이러한 경의 표시는 외빈에 대한 당연한 예의라고 여겼던 당시의 분위기도 있었지만, 우간다에서 온 젊은 장관의 기분을 최대한 맞춰주기 위한 연출이었던 셈이다.

조선 호텔에 도착할 때쯤에는 나의 파트너인 김종갑 사무관이 미리 체크인 절차를 마치고 키를 들고 기다렸다. 김종갑 사무관은 이후 우리나라가 배출한 걸출한 통상의 고수가 되었는데, 나와는 특별한 인연으로 아직까지 돈독한 관계를 이어가고 있다. 탁월한 외국어 실력과 투철한 국가의식, 치밀한 판단력 등 공직자가 갖춰야 할 장점들을 두루 갖고 있었던 그는 산업자원부 차관을 거쳐 하이닉스 사장을 지냈고 현재는 지멘스코리아 사장을 역임하고 있다.

우리는 우간다 장관 일행을 정성스럽게 호텔 방까지 안내한 뒤 첫날은 아무 일정도 잡지 않고 편하게 쉬도록 배려했다.

좀처럼 속내를 털어놓지 않던 우간다 장관

다음날 우리는 우간다 장관 일행을 리무진에 태워 광화문 정부종합청사 4층에 있는 상공부 장관실로 안내했다. 물론 나는 우간다 장관이 탄 차 앞자리에서 긴 다리를 접고 수행비서처럼 앉아 그의 모든 일정을 수행하는 의전관 역할을 했다. 첫 일정은 한-우간다 상공부 장관 공식 회담이었다. 우리는 사전에 예상 의제도 만들고 우리가 경협 차원에서 우간다에 해줄 수 있는 것과 관심 사항 등을 정리해 회담에 임했다. 당연히 우리는 달러 보따리를 싸

들고 온 우간다 장관이 우리나라 제품에 많은 관심을 보일 것이라며 잔뜩 기대에 부풀어 있었다.

그러나 우리의 예상은 완전히 빗나갔다. 그들은 우간다의 아름다운 자연과 관광코스에 대한 이야기만 길게 늘어놓으면서 한국의 상공부 장관이 우간다를 한 번 방문했으면 좋겠다는 등 온통 맥 빠진 이야기만 하다 회담을 끝냈다. 한국의 이곳저곳을 시찰하면서 한국 경제의 성장 비결이나 배우고 가겠다는 심사였다. 물건 팔 기대로 잔뜩 들떠 있던 우리 측 사람들은 모두 적잖이 실망한 눈치들이었다. 회담이 끝나자, 상공부로 그들이 어떤 품목에 관심을 보였는지 물어오는 업계의 전화가 이어졌지만 대답해줄 말이 없었다.

상공부 장관 주최의 공식 만찬은 그들이 묵고 있는 호텔 양식당에서 이루어졌다. 우간다 장관은 회담 때보다는 다소 풀어진 분위기에서 자국이 한국 제품을 구매할 수 있을 정도로 외환 사정이 좋아졌다며 속내를 슬쩍 내비치기는 했지만 시원하게 마음을 열지는 않았다. 우리의 윗분들은 이러한 상황에서 빈약한 공통의 화제로 겨우겨우 대화를 이어나갔다. 가까이에서 보니 상대방의 기분을 최대한 맞춰주려고 노력하는 윗분들의 노고도 보통 일은 아니었다.

요정 접대에 칙사 대접으로 맞다

업계에서 주최하는 만찬은 상공부 공식 만찬과는 분위기가 완전히 달랐다. 대부분은 요정 접대로 이루어졌다. 지금은 일부만 명맥을 이어나가고 있고 그 규모도 초라하기 짝이 없지만, 당시에는 요정이란 곳이 대규모 요식 기업이자 사교와 정치, 외교의 장 역할까지 해냈던 대표적 고급 엔터테인먼트 산업이었다. 삼청각, 도원, 오진암 등이 당시 유명한 요정이었는데, 각 요정마다 상당한 수준의 학벌과 교양을 갖춘 '신기생'을 수백 명씩 고용하고 있었다. 이 중에는 외빈 접대를 위해 상당한 어학 실력을 갖춘 기생도 적지 않았다. 지금 생각해보면 이분들도 우리나라 수출 초창기 역사에서 커다란 역할을 한 전사들이었다.

업계에서 마련한 요정 만찬이 시작되자 상다리가 휘어질 정도로 진수성찬이 대령되었고 장고춤, 부채춤에 이어 밴드까지 나와 외빈들의 혼을 빼어놓았다. 게다가 아프리카에서는 상상도 못할 미인들이 옆에 앉아 시중을 들고 좋은 술 등으로 대접을 하자 이들의 기분은 한껏 고조된 듯 보였다. 우리나라 수출 기업의 대표들이 어떤 사람들인가? 모든 수단과 방법을 동원해 상대방의 마음을 휘어잡는 특출한 능력을 가진 사람들이다. 분위기가 이쯤 무르익으면 비즈니스 이야기가 자연스럽게 오가고 그들은 서서히 갑의 자세 또는 바이어의 자세로 나오기 시작한다. 처음에는 이런 자리를 서먹서먹해하고 부자연스러워하던 그들도 만찬이 두세 번 이어지면 점차 대담해지고 능숙해진다. 심지어는 우리 같은 정부 인사에게는 부탁을 못하지만 업계 측에는 모종의 밤행사를 요구하는 경우도 있다고 한다. 물론 초청된 외빈들의 모든 행동은 파견 나온 외사계 형사들에 의해 감시당하고 보호받았다.

우간다 장관 일행의 낮 일정은 산업 시찰, 기업체 방문 등이 대부분이었다. 그러나 당시 외빈들에게 산업 시찰을 할 수 있도록 허락해

준 곳은 수원 일대의 전자조립업체와 원사, 직물업체 정도였다. 그래도 우간다 장관 일행에게는 꿈같은 산업 시설이었다. 그들은 우리나라의 산업 설비와 작업 환경을 둘러보는 내내 감탄을 금치 못했다. 산업시찰을 할 때도 그랬지만 이들은 시찰 지역으로 가는 도중 서울시와 경기도 경계선에서 선도경찰 오토바이의 절도 있는 교대 광경을 매우 감동스러운 표정으로 바라보았다.

그런데 시찰을 마치고 서울로 돌아올 때 해프닝이 벌어졌다. 똑같은 역순의 임무교대가 이루어진 후 서울시경의 오토바이 한 대가 발동이 안 걸리는 바람에 출발을 못 한 것이다. 공교롭게도 만약의 사태를 대비하기 위해 준비되어 있던 다른 한 대도 선도를 하다 얼마 못 가 검은 연기를 내며 툴툴거리더니 멈춰버렸다. 결국 외빈을 태운 리무진은 선도차 없이 한참을 혼자 가다 뒤늦게 연락을 받고 나온 경찰 백차의 선도를 받았다. 뒷자리에 앉아 이 광경을 지켜보고 있던 우간다 장관과 주일 대사는 낄낄거리며 이렇게 말했다.

"저 오토바이들이 왜 저러지? 엉망이군."

"네, 일제는 저럴 리가 없는데 품질 수준이 낮은 한국산이라서 그런 것 같습니다."

세계 최빈국 중 하나인 우간다 장관과 주일 대사의 비아냥이었다. 27세의 젊은 대한민국 사무관의 가슴에 비수처럼 꽂혔던 그들의 대화를 나는 아직도 생생하게 기억하고 있다.

어쨌든 우리는 그들에게 방문기간 동안 산업 시찰의 기회도 주고 식사도 융숭하게 대접하고 수출 기업의 대표들과 상담도 주선했다. 하지만 그들의 속내는 좀처럼 알 수가 없었다. 풀듯 풀듯하면서도 끝까

지 달러 보따리를 풀지 않았다. '이거 공연히 헛품 파는 것 아닌가?'
하는 자괴감까지 들 정도였다.

마음이 열리자 돈가방도 열렸다

반전은 그들이 대우그룹을 방문할
때 이루어졌다. 남대문에 있는 대우 사옥은 지은 지 얼마 되지 않아 외
관상의 위용을 과시하며 그들의 눈길을 끌기에 충분했다. 하지만 무엇
보다 그들의 마음을 움직인 건 김우중 회장과 대우실업 간부들의 환대
였다. 결국 그들은 대우를 방문한 뒤 돈가방을 열었다. 대우 사옥의 큰
접견실에 들어갔을 때 사실은 우리 일행들도 깜짝 놀랐다. 상공부에서
도 그렇게 구하기 힘들었던 우간다의 대형 국기가 정면 벽에 떡하니
걸려 있었던 것이다. 그리고 이어진 김우중 회장의 악수와 뜨거운 포
옹, 도열해 있던 전 간부들의 박수. 그것은 순전히 우간다 장관 일행들
만을 위해 마련된 감동스러운 장면이었다. 그 순간 우리는 우간다 장
관의 눈시울이 붉어지는 것을 엿볼 수 있었다.

그 당시 어찌 보면 오늘날 국제 사회의 이단아인 북한과 같은 대접
을 받던 우간다의 장관을 누가 그렇게 마음 깊이 반겨주었겠는가? 그
러나 김우중 회장은 그들의 이와 같은 서러움을 누구보다도 먼저 알아
차렸다. 그리고 그들을 위해 무엇을 준비해야 할지도 재빨리 파악했
다. 물론 다른 기업들도 성의를 다해 만나주고 융숭한 접대를 했지만
그들이 진정으로 원하는 것을 제대로 파악하지는 못했던 것 같다. 그

들의 바람은 자기들을 포용하고 인정해달라는 것이었다. 그것이 29세 우간다의 상공부 장관 두스만 사부니의 갈구였다.

드디어 돈가방을 연 우간다 사절단의 구매 규모는 우리의 예상보다 컸다. 물론 달러 보따리의 상당 부분은 대우가 차지했지만 다른 수출 기업에게도 일부 돌아갔다. 대우는 그 후 섬유류, 잡화, 농기구, 건축자재 등을 수출하면서 수년간 우간다와 꽤 짭짤한 거래를 할 수 있었다. 이것이 대우가 척박한 아프리카의 수단, 나이지리아 등지에서 수출시장을 개척해나갈 수 있었던 동력이자 비결이었다. 마음을 움직이면 지갑이 열린다는 것을 그들은 누구보다 잘 알고 있었다. 그리고 이러한 공략법이야말로 한국의 모든 수출 기업들이 갖고 있던 생존 DNA였다. 바로 무명의 코리아가 오대양 육대주에 발을 들여놓기 시작한 이야기다.

첫 해외 출전, 트리폴리, 나이로비, 릴롱궤를 가다

1978년 4월경, 내게는 신혼기간이었고 아내는 만삭의 임산부였지만 나는 담당 지역이었던 아프리카와 중동에서 오는 정부의 큰손들을 맞이하고 접대하느라 주말도 없었다. 당시는 우리나라가 아시아의 잠룡으로 서서히 부각되고 있던 때라 외국의 관심이 부쩍 늘어 더욱 분주했다. 그래서 나는 아예 집에서 '내놓은 가장'이 되어버렸다.

그러던 어느 날, L과장이 나를 부르더니 "국장께서 당신을 잘 보신 것 같다. 아프리카 세일즈맨단의 조정관으로 출장을 보내라신다."라고 말했다. 세일즈맨단의 명분은 미개척 지역의 시장 개척이었지만 한마디로 '보따리 장사'였다. 중소기업들의 제품을 해외에 알리고 시장을 뚫기 위해 정부에서 수입 과징금으로 조성한 무역특계자금을 통해 현지 전시 및 활동비를 보조하고 출장을 지원하는 상공부의 프로그램이었던 것이다.

파견 지역은 대부분 동남아, 아프리카, 중동, 중남미 같은 우리나라 기업이 개별적으로는 진출하기가 매우 어려운 지역이었다. 말하자면 나는 '아프리카 세일즈맨단의 조정관'이라는 타이틀을 달고 이 프로그램에 참여하게 된 것이다. 단장은 국책연구기관인 해외경제연구원에서 고문으로 있던 송 박사란 분이 맡으셨고 무역협회에서 1명, 중소 수출 기업 대표 10여 명으로 구성되었다.

약 3주 동안 집을 떠나 있어야 했기 때문에 만삭의 아내에게는 무척 미안했지만 한편으로는 첫 해외 출장의 기회가 드디어 내게도 왔다는 사실이 기뻤다. 게다가 아프리카는 반드시 유럽을 경유해야만 들어갈 수 있었기 때문에 일정을 잘 짜면 유럽도 잠깐 둘러볼 수 있을 것 같았다. 다른 직원들은 부러운 눈초리가 역력했다. 비행기 탑승은 대학 4학년 때 교수와 함께 속초에 갈 때 한 번 타본 뒤로 두 번째였다. 나는 마치 어린아이처럼 설레기까지 했다.

해외 입양아들과 함께 타고 간 비행기

우리가 방문해야 할 나라는 리비아, 케냐, 말라위 세 나라였다. 리비아와 케냐는 많이 들어본 나라였지만 말라위는 아프리카를 담당했던 나도 처음 접하는 생소한 나라였다. 탄자니아, 모잠비크, 잠비아 사이에 위치한 내륙 국가로 큰 호수를 끼고 있으며 남북으로 길쭉한 나라라는 것밖에 특별한 정보가 없었다. 왜 이런 나라가 수출시장 개척지로 선정되었는지는 알 길이 없었다. 어쨌든 우리 일행은 첫 목적지인 리비아를 향해 떠났다. 도쿄를 거쳐 로마를 경유하는 코스였다.

도쿄 하네다 공항에 도착했을 때 세계 각국의 비행기가 어지럽게 이착륙하는 광경이 눈에 들어왔다. 하네다 공항의 현대화된 공항 시설과 세련된 승무원과 공항 관계자들의 매너는 우리 일행을 기죽일 만큼 충분히 좋았다. 도쿄에서 일박을 하면서 둘러본 긴자의 밤거리는 휘황찬란했다. 긴자 거리에는 서양인들이 왜 그리 많은지……. 나는 한없이 기가 죽어서 내 생애 동안에는 우리나라가 절대로 일본을 따라잡을 수 없을 것이라 생각했다.

그런데 도쿄에서 갈아탄 유럽행 비행기 안에서 우리는 참으로 가슴 아픈 상황에 맞닥뜨렸다. 북유럽으로 입양되는 신생아들이 10명도 넘게 동승했던 것이다. 안타깝게도 모두 한국 아이들이었다. 자신들의 운명을 알기라도 하는 듯 10여 시간 동안의 비행 중에 아이들은 내내 울었다. 그 모습을 지켜보던 우리 송 단장님도 따라 우셨다.

나중에 들은 이야기이지만 송 단장님 고향에서도 전쟁이 끝난 후 해외 입양아들이 많았다고 한다. 아이를 데려가는 입양기관은 아이의 이름과 부모 사진 한 장만 달랑 건네받고 한국과의 인연을 모두 끊어버린다고 했다. 송 단장님은 아기 얼굴을 한 번이라도 더 보려고 몸부림치는 이 땅의 어머니들을 생각하며 설움이 복받치셨는지 눈물을 감추지 못하셨다.

그때 입양된 아이들은 이제 30대 중반의 중년이 되었을 것이다. 그들은 오늘날 부강해진 모국을 보며 자부심도 느끼겠지만 그동안 피부색이 다른 나라에서 많은 원망과 분노 속에서 살았을 것이다. 모두 가난 때문에 일어난 가슴 아픈 현실이었다. 당시 나는 비행기 안에서 울어대는 아이들을 보며 가난과 무능의 대물림을 '내 세대에는 반드시 끝내야 한다'고 생각했다.

코펜하겐에서 아이들과 헤어진 우리 일행은 로마로 가서 일박했다. 리비아의 트리폴리로 가는 비행기는 대부분 로마에서 출발했기 때문이다. 로마에서 일박할 때 이탈리아에 대한 첫인상은 그렇게 좋지만은 않았다. 지저분한 거리와 소매치기들의 극성, 바가지 택시요금 등 전반적으로 도시의 이미지가 상쾌하지 않았다. 그저 "우리 조상들은 자리도 제대로 못 잡고 관광 자원도 못 물려주었는데 이 나라 국민들은 조상 잘 만나 관광 수입으로 잘들 사네"라는 푸념이 저절로 나오는 도시였다.

영어는 한 글자도 구경할 수 없었던 리비아 공항

우리 일행이 지중해를 건너 대망의 첫 목적지인 리비아 트리폴리에 도착했을 때 무역관(무역관의 명칭은 2008년부터 KBC, 즉 Korea Business Center로 바뀌었다)의 Y관장이 공항에 마중나와 있었다. 그곳에는 이미 코트라가 진출해 있었기 때문이다. Y관장의 공항 마중은 다행한 일이었다. 만약 그날 코트라 관장이 마중을 나오지 않았다면 우리는 꽤 당황할 뻔했다. 공항에서 영어로 된 안내판을 하나도 보지 못했고 영어 안내 방송도 전혀 없었기 때문이다.

우리로서는 의미를 짐작조차 할 수 없는 아랍어로 모든 안내가 되고 있었던 것은 쿠데타로 집권한 지 몇 년 안 된 무아마르 카다피 Muammar Gaddafi 대령 겸 원수의 외세 배격 반미노선에 따른 극단적인 행위였다. 당시 국민들로부터 큰 추앙을 받고 있었던 카다피는 집권 초기 몇 년 동안은 대위계급장을 떼지 않았고, 호사스런 대통령 궁이 아닌 초원 막사에서 기거하며 외국인이 소유하던 기반시설을 국유화해 그 혜택들을 국민에게 나눠줬다고 한다. 최근 최악의 독재로 42년 만에 축출된 카타피와는 대조적인 모습이었던 것이다.

당시 리비아는 이미 한국과 대수로사업 등 많은 건설사업 상담이 진행되는 등 활발한 교류가 이뤄지고 있었고 오일달러 확보를 위해 국내 몇몇 수출 기업들이 진출을 시도하고 있었다.

트리폴리 시내는 평화로웠다. 사람들은 가난을 벗어나지 못했지만 친절했고 낚시를 즐기며 여유롭게 사는 듯 보였다. 하지만 예상했던 대로 도로 등 사회 기반시설은 열악하기 짝이 없었다. 오늘날 리비아 내전에서 카다피 군과 카다피 반군이 일진일퇴하던 트리폴리 벵가지 간 북부도로는 그 당시 리비아의 유일한 고속도로였는데, 도로에 바퀴자국이 20킬로미터 이상 계속 나 있었다. 고속도로 건설 마무리 단계에서 아스팔트가 굳기 전에 군용트럭이 지나갔기 때문이라는 어처구니없는 이야기도 들었다.

우리 보따리 장수들은 도착하던 날 저녁에 곧바로 호텔에서 리셉션도 열고 다음날부터는 본격적으로 전시상담회도 가졌다. 전시상담회라고 해봐야 고작 제품의 샘플 몇 점과 카탈로그를 가지고 하는 게 전부였다. '과연 이런 것이 먹힐까' 하고 걱정했지만 결과는 의외였다.

한국에 관심을 갖기 시작한 리비아의 수입상과 에이전트 등이 많은 참여를 해주었고 우리는 의류, 공구, 잡화 등의 제품에서 예상보다 크고 많은 계약 실적을 올릴 수 있었다. 생활물자가 궁해 이탈리아와 거래하고 있던 리비아의 입장에서는 한국 제품이 유럽이나 일본 제품과 비교도 되지 않을 만큼 저렴했기 때문이다.

우리 단원들은 크게 고무되었다. 그들에게는 현장 계약도 중요했지만 리비아의 꽤 괜찮은 비즈니스맨들과 명함을 주고받은 것이 무엇보다 큰 소득이었다. 시장개척단의 가장 큰 성과도 명함을 주고받으며 자연스럽게 인맥을 쌓은 이런 교류들에서 나왔다.

여담이지만 나는 그곳에서 현대건설에서 파견 나온 고교 동창을 만났다. 그는 리비아로 온 지 1년이 다 되어가는데도 아직 숙소도 따로 정하지 못하고 호텔에서 숙식을 해결하고 있었다. 하루 세 끼 양고기에 신물이 난다는 그는 야윌 대로 야위어 봐줄 수 없을 정도였다. 그래서 나는 코트라 무역관장 댁에서 우리 사절단을 위한 만찬이 열릴 때 그를 데려갔다. 관장 댁에서 직접 가꾼 양배추로 만든 김치를 먹고 감격해하던 친구의 모습이 지금도 선하다. 세계의 오지를 돌며 한국의 기적을 이뤄낸 주역들은 바로 중동의 사막에서 내 친구처럼 먹을 것 제대로 못 먹어가면서 고생한 사람들이 대부분이었다.

한국보다 더 잘사는 나라, 케냐

다음 목적지는 케냐였다. 리비아에

서 케냐로 가려면 다시 로마로 나와 나이로비행 비행기로 갈아타야 했다. 나이로비의 케냐타 공항에 내렸을 때 우리 눈에 들어온 공항의 규모나 시설은 그야말로 '충격'이었다. "아프리카에 이런 곳이 있었다니!" 그 이상의 놀라움이었다. 우리나라의 김포공항은 언제 케냐타 공항 정도가 될까 하는 생각이 절로 들었다.

시내로 들어가니 현대식 호텔들이 죽 들어서 있고 주택가는 프랑스풍으로 깔끔하게 정돈되어 있었다. 나이로비는 케냐 언어로 '맑은 강'이라는 의미를 갖고 있다고 했는데 이름만큼이나 도시도 맑고 깨끗했다. 그 당시 케냐는 아프리카 동부의 중심지로, 인도를 통한 아시아권과의 교역이 활발한 나라였다. 일본은 나이로비에 관광시설 등의 투자는 물론 이미 시장을 선점하고 있었고 홍콩도 부르스 리(이소룡)를 통해 케냐에 잘 알려져 있었지만 한국에 대해서는 제대로 알려진 게 없었다.

우리는 트리폴리에서 그랬던 것처럼 묵고 있던 호텔에서 리셉션도 열고 전시상담회도 열었다. 그런데 일본 업체들의 방해작전 때문이었는지 참석자 수에 비해 대어급 상담자들이 많지 않았다. 패션의류 쪽의 호의적인 반응에도 작은 상담만 많았고 눈에 띌 만한 수확은 없었다. 한 중소기업이 그동안 리비아에서 한 건도 성사시키지 못한 벨벳 섬유 계약을 꽤 괜찮은 가격으로 체결한 것이 큰 수확이라면 수확이었다. 벨벳의 부드러운 촉감이 고급품을 좋아하는 케냐 상류층의 기호에 맞았던 것이다.

케냐에서는 큰 수확은 없었지만 최초의 한국 무역사절단으로서의 홍보효과는 충분했다고 생각한다. 우리가 다녀온 후 서신교환과 초청

등을 통해 케냐와의 무역에 크게 성공한 사람도 있었으니 말이다. 케냐 대사와 코트라 무역관장도 사절단의 방문과 현지 활동을 매우 흡족해했다. 그러나 한국 상사주재원 중에 말라리아로 급사한 분이 있다는 말을 케냐 대사에게 전해듣고 우리 일행은 숙연해지기도 했다.

전시상담회가 끝난 다음날에는 사파리 투어 일정이 잡혀 있었다. 다음날의 여행 계획으로 다소 들뜬 단원들은 모두들 아프리카의 진주 나이로비의 나이트 라이프를 즐기기 위해 고삐를 풀었다. 그중 일부는 당시 우리나라 상사원들이 해외에 나가면 그 나라에 대한 두려움과 사람에 대한 콤플렉스를 극복하기 위해 현지 여자에게 하던 일명 '태극기 꽂기'를 시도했다고 한다.

다음날 예정대로 일행은 킬리만자로 산이 바라다보이는 사파리의 동물농장을 감상하면서 출장의 피로를 풀었고, 나이로비로 돌아오는 도중에는 마사이족 마을에 들러 기념품들을 샀다. 나는 이때 25달러를 주고 산 에보니(흑단)로 조각한 흑인녀 반신상을 우리 집 가보처럼 여기며 지금도 가지고 있다.

듣도 보도 못한 말라위까지 뻗친 개척의 발길

마지막으로 방문해야 할 목적지는 말라위였다. 우리 일행은 며칠에 한 번씩 나이로비에서 말라위의 수도 릴롱궤를 왕복하는 말라위 항공을 이용했다. 작은 비행기였지만 약 2시간 동안 목적지를 향해 무리 없이 날아갔다. 비행기에 탄 승객들은 넥타이에 양복을 말끔하게 차려입은 우리 일행들이 탑승하자 눈이 휘둥그레졌다. 그러나 이내 '일본인들이겠지' 하는 표정이었다. 그만큼 당시에는 일본의 힘이 전 세계 구석구석 미치지 않은 곳이 없었다. 비행기를 타고 해외를 거침없이 다니는 동양인은 일본인밖에 없을 것이라는 그들의 생각은 당연했던 것이다.

말라위에는 한국 공관도 코트라 무역관도 상사의 지사도 없었다. 아니 한국인 자체가 없었다. 아마 한국의 공식 사절단 방문도 그때가 처음이었던 같다. 릴롱궤 공항은 마치 우리나라의 시골 역처럼 한산했다. 그나마 우리가 도착하는 걸 알고 경제부 차관이 마중을 나와주어 덜 쓸쓸했다.

이후 우리 일행은 장사는 뒷전이고 그들이 마련해놓은 공식 일정에 시달리느라 정신없었다. 장관과 정치인들을 만나고 경제 단체를 방문해 관련자들과 오찬과 만찬을 했다. 물론 초청은 그들이 했어도 경비는 우리가 다 냈다. 그들의 바람은 한결같았다. 말라위에 한국 같은 선진국에서 꼭 투자를 해달라는 부탁이었다. 특히 병원이나 학교 등에 물자를 공급해달라고 신신당부를 했다.

관공서와 호텔들이 모여 있는 말라위의 중심거리는 그나마 깨끗이 정돈되어 있었다. 그러나 호텔 주위를 조금만 벗어나면 어디 숨어 있었는지 청년과 아이들이 떼를 지어 달려들면서 조악한 공예품을 사달라고 떼썼다. 아예 "마스터(주인님)!" 하면서 구걸하는 아이들도 있었다. 안내원들은 어느 한 명에게 물건을 사주거나 돈을 주면 순식간에 다른 아이들도 우르르 몰려들기 때문에 아예 피하는 게 좋다고 말했다. 그 아이들을 보면서 안쓰러운 마음이 들기는 했지만 일행들은 안내원 말을 듣기로 했다.

말라위에서도 우리는 다른 나라에서 했던 것처럼 리셉션도 열고 전시회도 개최했다. 다행히 리셉션은 리비아와 케냐에서보다 성황이었다. 말라위의 주요 인사들이 대거 참석했기 때문이다. 우리 사절단으로 인해 말라위 호텔은 오랜만에 대박을 터뜨린 셈이었다. 상담 성과는 빈약했지만 큰 기대를 하지 않았기 때문에 실망스럽지도 않았다. 오히려 처녀림에 첫발을 디딘 개척자처럼 마음이 뿌듯했다.

말라위에서는 말라위 정부 측의 주선으로 아프리카의 3대 호수 중 하나라는 말라위 호수 근처 식당에서 식사를 한 것이 유일한 즐거움이었다. 그런데 막상 식당에 들어가보니 온통 백인들뿐이었다. 시내에서는 백인들을 한 명도 못 봤는데 신기하기만 했다. 안내원에게 물으니, 이들은 말라위 호수에서 휴가를 즐기고 있는 유럽인들이라고 했다. 이곳에는 그들이 휴식을 위해 직접 만든 리조트와 호텔도 꽤 있다고 했다. 현지인들은 언감생심 꿈도 못 꿀 일이었다. 유럽인들에 대해 아프리카인들이 왜 그토록 적개심을 갖고 있었는지 조금은 이해가 되었다.

말라위를 떠나기 전에 우리는 깜짝 놀랄 만한 이야기를 들었다. 말라위에 한국인이 한 명 살고 있다는 것이었다. 방문하기 전까지는 듣도 보도 못한 나라에 한국인이 살고 있다는 말에 우리 일행은 놀라면서도 반가워했다. 언제 말라위로 들어왔는지는 모르겠지만 현재 채석장을 운영하고 있는데 현지인들을 한국말로 호령하면서 그들과 같은 옷을 입고 함께 먹고 자면서 일한다는 것이었다. 순 한국말로 명령하고 한국말로 대답하도록 현지인들을 훈련시켰다는 말에 우리는 너무 놀랍고 신기해서 그를 한 번 보고 싶었지만 연락도 쉽지 않았고 무엇보다 우리 일정이 너무 바빠서 시간이 나질 않았다. 나는 말라위 노동자와 섞여서 한국말로 호령하는 한국인의 개척 DNA는 현지인들과 멀리 떨어져 리조트에서 선탠이나 즐기는 유럽인들과는 분명히 다른 것이라고 생각했다.

우리는 그렇게 약 3주간의 출장을 무사히 끝내고 케냐와 방콕, 홍콩을 거쳐 귀국했다. 귀국길에는 지인들에게 줄 선물 걱정으로 잠깐 머리가 아프기도 했다. 당시는 외국 출장이 흔치 않던 시절이었기 때문에 볼펜 한 자루라도 선물해야 후환(?)을 막을 수 있었다.

그 후 30여 년, 절대 권력은 부패하기 마련이다

그 후 30여 년이 지났다. 리비아, 케냐, 말라위 세 나라는 지금 어떤가? 이들 나라 국민들은 여전히 행복하지 않다. 리비아는 지금 시민혁명으로 내전을 치르며 동족끼리 살상을 하고 있고 한때 국민들로부터 존경을 받던 카타피는 파렴치한 독재자가 되어 쫓기는 신세가 되었다. 오랜 세월이 흘렀지만 국민의 생활수준도 크게 나아지지 않았다. 케냐는 어떤가. 케냐에 처음 방문했을 때 내가 느꼈던 맑고 영롱한 분위기가 아직도 살아 있을지 의문이다. 수차례의 정치적 불안정을 겪은 케냐의 부패한 정부는 나라를 황폐하게 만들었을 뿐만 아니라 한때 많은 에이즈 감염 인구로 인해 병든 국가가 되었다. 말라위는 지금도 UN 원조 없이는 살기 힘든 아프리카 최빈국이다. 이 나라 역시 에이즈 때문에 큰 고통을 받고 있다. 최근 우리나라의 선교사들이 들어가기 시작했고, 서울에서 G20 정상회의가 개최되었을 때 말라위 대통령이 아프리카 대표로 초청되어 그나마 한국에는 조금 알려진 나라가 되었다.

이 세 나라의 공통점은 '1인 장기집권 체제' 국가라는 데 있다. 카다피, 케냐의 케냐타Kenyatta, 말라위의 반다Banda 등은 초기에는 국부 칭송을 받고 국민의 존경과 사랑을 받았지만 장기 집권과 독재로 부패의 늪에서 헤어나오지 못하고 결국 국가의 성장을 가로막은 결과를 가져왔다. '절대 권력은 절대 부패한다'는 말처럼 독재는 결국 경제와 문화를 모두 희생시키는 등 국가를 후진시킬 수밖에 없다.

아무튼 이렇게 나의 처녀 출전은 무사히 끝났다. 하지만 그때는 이것이 내가 평생 지구를 쏘다니게 될 개막전이 될 줄은 꿈에도 몰랐다.

일본의
숨은 무역장벽을
찾아라

이후 나는 국비유학을 갈 수 있는 행운을 얻어 뉴욕대학에서 MBA과정을 마치고 1981년 귀국했다. 당시 정부는 국가 발전에 기여할 인재를 전략적으로 육성하기 위해 노력했다. 공무원들도 세계를 보는 눈을 가져야 하고 먼저 글로벌화되어야 한다면서, 이에 대한 해결책으로 공무원들의 장기 국비유학제도를 마련했다. 외화 사정이 넉넉지 않았던 시절인데도 한 해에 거의 100명에 달하는 공무원들을 과감하게 해외유학을 보낸 것이다. 당시 민간기업에서도 시행하지 못했던 사업을 정부가 먼저 실행한 것은 높이 평가할 만한 선견지명이었다.

나는 미국에서 공부하면서 더 넓은 세계에서 합리적인 사고를 배울 수 있었다. 공부와 아르바이트를 병행하면서 틈틈이 여행도 했다. 나는 세계경제의 중심지이자 세계 각국의 예술가들이 몰려드는 뉴욕의 화려함을 보면서 앞으로 내가 가야 할 길은 세계 속에 있다고 다짐

했다. 그리고 그러한 염원은 점차 현실이 되어갔다.

유학을 마치고 돌아온 나는 또다시 상공부 통상진흥국에서 일하게 되었다. 그런데 이번에는 뜻밖에도 일본 담당 직책이었다. 일본어도 모르는 나는 어리둥절할 수밖에 없었다.

무역역조는 접어두고 '밥이나 잘 먹고 가라'

당시 전두환 대통령은 대일 무역역조 문제를 우리 경제의 아킬레스 건으로 보고 있었다. 그 시절 우리가 일본에 수출하고 있는 품목들은 청어, 김, 나무합판, 잠사 등 땅을 파거나 바닷속에 직접 들어가서 잡는 1차 생산품 중심이었다. 이에 전두환 대통령은 자동차와 가전제품 등 주요 공산품 생산 공정에서 필수적인 금형산업의 발전을 강조하면서, 일본에 전적으로 의존하고 있는 우리나라의 공업 수준을 한 단계 높여 어떻게든 대일 무역역조를 극복할 방법을 찾아보라고 했다.

대통령의 이와 같은 강력한 입장 때문에 상공부는 일본 담당자를 경험 많은 고참으로 발령을 낼 수밖에 없었고 당시에는 내가 적임자로 판단되었던 것 같다.

이후 나는 대일 무역역조 개선 5개년 계획안을 열 번도 더 만들어 위에 보고했지만, 근본적으로 한국이 일본으로부터 기계나 부품, 소재 등을 수입하지 않으면 수출이 안 되었던 상황이라 획기적인 해결 방안은 있을 수 없었다. 또한 견직물 회담, 무역 회담 등에 참석하면서 꾸

　　　　　　　　　　　PART 1 모래 폭풍을 뚫고 새로운 신화를 쓰다

준히 일본 측에 불균형 개선을 위한 성의 표시를 요구했지만 그때마다 일본은 "한국의 대일 무역 역조는 한국 경제에 꼭 해로운 것만이 아니며, 기본적으로 무역 불균형 문제는 민간 부문에서 해결되어야 할 사항으로 정부가 해줄 것이 별로 없다"라는 판에 박힌 답변으로 일관했다.

하지만 세계 2위의 무역 대국인 일본은 그때까지도 생사, 견직물, 참치, 방어, 가죽 신발 등에 대해 일본 내 산지의 입김이 좀 세면 쿼터제 등으로 수입 제한을 했다. 또한 겉으로는 수입 자유화의 모양을 취했지만 실질적으로는 각종 검사나 빈산 규격 등을 통해 비관세 장벽을 높게 쌓아두고 있었다. 견직물의 경우 우리의 대일 수출 규모는 1억 달러도 채 안 되었는데, 그마저도 매년 협상을 하면서 계속 쿼터 물량을 줄여나갔다. 그 때문에 협상자리에 실무자로 한 번 참석하면 약자로서의 좌절감이 이루 말할 수 없을 정도로 밀려왔다.

그들은 무역 불균형 시정을 위한 우리의 요구에는 아주 인색하게 굴면서 한국 대표단을 위한 만찬은 늘 최고급 호텔에서 거창하게 치렀다. 공연히 되지도 않을 이야기 늘어놓지 말고 밥이나 한 끼 잘 먹고 가라는 듯한 태도였다. 하지만 우리는 일본 측의 비위를 거스르면 안 되었기에 눈물 젖은 빵을 먹을 수밖에 없었다.

무역장벽 뒤에 숨겨진 일본의 본심

그러던 어느 날, 나는 내 인생에 큰 영향을 준 사람을 만나게 된다. 바로 경제기획원에서 상공부로 온 국장급 박운서 통상진흥관이었다. 개인적으로는 대학 선배이기도 했던 그는 길들여지지 않는 야성과 앞뒤 가리지 않는 업무 추진력으로 이미 관가에서 소문이 자자했다. 피가 끓을 정도로 애국심이 넘쳤던 그는 대일, 대미 통상 협상에서 강경파로 이미지를 굳혀 상대국 인사로부터 '타이거 박'이라는 애칭으로 불리기도 했다. 투박한 경상도식 영어에 다 F 발음도 제대로 안 되는 된장영어를 구사했지만 논리나 사례 제시 등에서는 탁월한 능력을 발휘했기 때문에 붙여진 별명이었다. 그만큼 상대국 인사에게는 힘든 상대였다.

그는 수많은 바람을 일으키고 일화를 남긴 사람으로도 유명하다. 산업자원부 차관을 거쳐 한국중공업 사장, LG상사 부회장, 데이콤 부회장 등을 역임하더니 어느 날 돌연 필리핀 원주민 촌으로 들어가 선교활동과 농업에 종사하고 있는 개성 있고 훌륭한 분이다.

1982년 여름 어느 날, 타이거 박이 나를 부르더니 일본과의 협상에서 질질 끌려 다니지만 말고 그들이 꼼짝 못하는 사례를 제대로 들이밀어 협상과 시장 개척의 물꼬를 터보라고 했다. 당장 현지로 떠나, 시간이 걸리더라도 꽁꽁 숨겨져 있는 일본의 비관세 무역장벽을 파헤쳐 보고서를 만들어보라는 것이었다. 보고서가 만들어지면 한일 무역회담이나 장관회담, 더 나아가서는 정상회담 등에서 활용해 일본으로부터 양보를 얻어내려는 속셈이었다.

나는 막막하기 그지 없었다. '전문가들이 그렇게 철저하게 조사했는데도 안 나오는 정보를 내가 어떻게 제한된 시간 내에, 나는 그것도 한 번 출장으로 찾아낼 수 있단 말인가.' 나는 큰 부담감을 안고 일본행 비행기에 몸을 실었다.

우리 일행은 먼저 도쿄와 오사카를 중심으로 우리나라 진출 기업들을 중점적으로 면담한 뒤 일본의 수입상, 세관, 검사기관 등을 검토하기로 했다. 그런데 첫 단계인 한국 기업과의 면담에서부터 벽에 부딪히고 말았다. 그 누구도 일본과 관련된 어떤 이야기도 해주지 않았다. 그들은 자신들이 일본의 숨은 규제들에 대해 이야기하면 일본 거래선은 누가 발설했는지 금세 알아차릴 것이고, 그럴 경우 반드시 거래가 끊기는 등의 보복을 받을 것이라며 우려했다. 이러한 태도는 중소기업보다는 대기업이 더 심했다. 사례에 대한 확인은 더 어려웠고 이런저런 난관은 그야말로 첩첩산중이었다.

그런데 어느 날부터 중소기업 대표들이 조심스럽게 말문을 열기 시작했다. 낚싯대를 일본에 수출해서 관세 혜택을 받으려면 핵심 부품은 일본제를 부착해야 한다거나, 일본에 수출되는 견직물은 직물 양 끝에 자수로 'made in korea'를 표시하도록 하여 공정비용이 더 들게 한다거나, 수산물에 대해서는 수입 상사별로 수입 허용 물량을 내부적으로 정해준다거나 하는 내용들이었다. 특히 한국산 시멘트는 통관 때 특별한 기준을 적용해 품질검사를 매우 까다롭게 한다는 내용도 있었다. 또 한국산 철강재를 수입하는 철강재 대리점에게 일본 사업자 단체가 한국산 철강재를 계속 수입하면 앞으로 일본 철강재 공급을 중단하겠다는 협박을 하고 있다는 이야기도 들었다.

가장 재미있었던 사례는, 인기 수출품인 어린이용 2층 침대가 일본 당국의 안전검사를 통과하려면 250킬로그램짜리 모래주머니 두 개를 각 층에 올려놓고 12시간 동안 견뎌내야 한다는 이야기였다. 이 테스트에서 침대가 조금이라도 내려앉는 기미를 보이면 필증을 내주지 않았다는 것이다. 정말 기가 막히고 어이가 없는 테스트였다. 일본 어린이들이 아무리 잘 먹는다 해도 체중이 200킬로그램을 넘는다는 것은 말이 안 되었기 때문이다. 이외에도 많은 사례들이 파악되었지만 확인할 수 없는 내용이 대부분이었다.

기초 자료를 확보한 우리는 코트라 무역관의 일본인 현지 직원과 함께 현장 확인에 나섰다. 우리나라 수출품에 대한 일본 고객의 불만 조사를 통해 품질을 높이고자 한다는 취지를 설명하고 협조를 얻었다. 우리를 믿었는지, 아니면 자기 직업에 충실해서 그랬는지는 알 수 없었지만, 코트라의 일본 현지 직원들은 다행히도 우리와 계속 동행하면서 자기 일처럼 성심껏 도와줬다.

세관 문제에 대해서는 통관회사 직원들이 오히려 우리 편이 되어주었다. 이런저런 일본 세관의 까다로운 관행을 이야기하면서 오히려 우리가 그런 문제들을 풀어주길 기대하는 눈치였다. 가장 상대하기 어려웠던 곳은 일본의 민간 사업자 단체였다. 그들의 경계와 의심 속에서 대화는 겨우 진행되었지만 결론은 늘 한국산 품질이 문제라는 말로 귀결되었다.

무역역조 개선은 결국 우리의 몫

이렇게 2주간 발품을 팔아 만든 비관세 장벽 보고서는 그 후 일본과의 통상 협상을 할 때마다 인용되었고, 금진호 상공부 장관이 일본의 나카소네 야스히로中曾根康弘 수상을 면담할 때에도 거론되었다. 물론 일본 정부는 알 수 없는 일이라며 철저하게 부인하고 나섰다. 심지어는 오히려 민간의 관행일 수도 있으니 우리더러 입증을 해달라고 요청했다. 가히 일본인다운 행동이었다.

그러나 누가 이런 사안을 공개적으로 입증을 해주겠는가? 일본은 비관세 장벽에 관해 한국이 조사한 내용들이 구체성이 없고 입증이 안 되는 사실이라며 반박했고 우리는 더 이상 협의를 진전시킬 수 없었다. 그러나 일본 측은 우리와의 협상이 끝난 뒤에 이러한 사례를 암암리에 조사한 듯했고 그 후 상당수의 비관세 장벽 관행이 개선되었다는 사실을 우리 수출업계로부터 들었다. 일본의 이러한 태도는 이후 한국에 구매사절단을 파견하고 한국물산전을 개최하고 한국 관심 품목에 대한 관세를 다소라도 인하하는 계기가 되었다.

하지만 크게 변한 것은 없었다. 대일 무역역조는 매년 눈덩이처럼 불어났고 급기야 우리나라의 대기업들까지 수출을 포기하고 수입만을 위해 지사를 유지하거나 아예 철수하는 지경에 이르렀다. 물론 이러한 결과는 우리나라가 일본시장의 기준을 못 맞춘 것이 가장 큰 원인이었다. 또한 일본 이외에도 수출할 나라가 많은데 그 고생을 해가면서 일본을 꼭 뚫어야 하냐는 우리 기업들의 안이한 태도에도 문제가 있었다.

어쨌든 이러하던 대일 무역역조가 최근 들어 개선의 조짐이 뚜렷이 보이는 것은 아주 고무적인 일이다.

봇물 터진 북방 통상과 연해주 광개토 프로젝트

      1991년 초, 청와대 경제비서실에 근무할 때의 이야기다. 88올림픽을 계기로 정부는 과감한 북방 외교를 펼쳐 헝가리 등 동구권을 시작으로 러시아와 중국까지 외교관계 수립을 추진했다. 기업들도 이러한 분위기를 업고 새로운 시장 진출을 서둘렀다. 노태우 대통령 집권기간이었던 1989년 2월, 헝가리를 시작으로 1992년 12월 베트남과 수교할 때까지 5년간 우리나라는 37개 공산권 국가와 수교를 하는 개가를 이뤄냈다.

      소련과는 1990년 9월, 중국과는 1992년 8월에 공식 외교관계가 수립되었다. 이들 북방 국가들과 외교관계를 수립하고 통상을 본격화할 때 특히 코트라의 역할이 눈부셨다. 어느 지역이든 공관이 들어가기 전에 코트라 무역관을 개설해 수교와 외교공관 개설 준비를 돕는 등 사실상 한국 대표부의 역할을 해왔다.

      모스크바의 코트라 무역관 개설 준비 요원들은 모스크바 시에서

41킬로미터 밖으로는 허가 없이 나갈 수 없었다. 현지 직원 채용도 모스크바 상공회의소를 통해야만 가능했고 국제전화가 되는 직통 전화선도 없어 교환전화를 하기 위해 전화통 앞에서 몇 시간을 기다려야 했다. 또 이런 식으로 천신만고 끝에 연결된 한국과의 통화는 소련 당국에 의해 모두 도청된다고 봐야 했다.

의식주의 불편도 말할 수 없을 정도였다. 무역관 개설 준비 요원이 장기간 묵고 있는 호텔은 물을 틀면 뻘건 녹물이 나왔고 전기도 수시로 나갔다. 현지에서 식품을 구입하는 일도 쉽지 않았다. 몇 시간씩 식품점 앞에서 줄을 서야 했는데, 특히 겨울철에는 영하 20~30도의 날씨에 덜덜 떨면서 장시간 고통스럽게 기다려야 했다.

이런 불편함과 고생 끝에 드디어 철의 장막과 죽의 장막이 뚫리자 우리 기업들은 과다 경쟁이 우려될 정도로 봇물 터지듯 이 지역으로 몰려들어갔다. 이는 물론 소련과 동유럽에 불어닥친 개혁과 개방의 물결에 힘입은 바도 컸지만, 소련 등과 수교 시 약속한 경협자금이 도화선 역할을 했다. 헝가리와 6억 2,500만 달러, 러시아와 30억 달러 규모의 경협차관 제공 약속이 바로 그것이었다.

러시아 수출의 교두보가 된 30억 달러 차관

내가 상공부에서 청와대로 자리를 옮기자마자 경제비서실은 소련의 유리 마슬류코프Yuri Maslyukov 경제 담당 부총리의 방한을 준비하느라 벌집 쑤셔놓은 듯 분주했다. 이 행사는 1990년 8월, 김종인 경제수석을 단장으로 한 수교 협상의 한국 대표단이 모스크바를 방문해 이미 합의한 '수교시기를 앞당기고 30억 달러 규모의 경협차관을 제공한다'는 약속에 따른 것이었다.

이에 따라 1990년 9월 30일, 러시아와 공식 수교가 이루어졌고 마슬류코프 부총리는 수교 대가로 '내 보따리 달라'는 의미의 방한을 했다. 역사 이래 처음 한국을 방문하는 소련의 최고위급 인사인 만큼 경호와 의전 대우는 국가 정상급으로 이루어졌다.

우리 정부의 총리 이하 핵심 각료와 수석비서관 등이 주최한 공식 만찬은 성대했다. 만찬 후일담으로 우리 측이 겁 없이 소련 측에 폭탄주 제의를 했다가 감당이 안 되는 소련 측 인사의 술 실력에 혼났다는 에피소드도 들려왔다. 우리 측이 권한 맥주에 양주를 조금 탄 폭탄주는 물같이 싱겁다며 소련 측에서 순도 높은 보드카로 공세를 하는 통에 우리 측 참석자들이 거의 모두 전사 상태가 되었다는 얘기였다. 특히 마슬류코프 부총리는 김종인 수석이 모스크바를 방문했을 때에도 사무실에서 대낮부터 보드카를 들이마실 정도로 술의 강자로 소문이 자자했다.

이때 한국 정부는 러시아와의 경제협력을 증진하기 위해 한-소 정부 간 협정을 맺어 경협차관 30억 달러를 제공하기로 약속했다. 소비재차관 15억 달러, 현금차관 10억 달러, 플랜트 수출지원 5억 달러를 3년에 걸쳐 제공하기로 한 것이다. 이에 따라 실제로 한국 정부는 산업은행이 주관한 현금차관 10억 달러와 수출입은행 소비재차관 4억 7,000만 달러 등 총 14억 7,000만 달러를 건넸고 1991년 말 소련이 해체되면서 잔여분은 지급 중단되었다.

업계의 관심이 집중된 것은 4억 7,000만 달러 상당의 소비재차관이었다. 이는 러시아가 희망하는 400여 개 품목의 한국 상품을 사준다는 조건으로 수출입은행이 빌려주는 것이었기 때문이다. 차관 자금은 그동안 러시아 무기 도입 등 현물 상환을 거쳐 현재는 잔액을 현금 분할 상환 중에 있다.

주요 대기업들은 소비재차관을 통한 자사 제품의 러시아 수출을 위해 필사적인 공세를 취했다. 4억 7,000만 달러의 용도 중에는 러시아의 생필품이나 기자재 등 우리 중소기업의 몫도 있었지만 TV 등 전자제품과 부품 등은 주로 삼성, LG, 현대, 대우 등 대기업의 몫이었다. 그러나 액수의 크고 작음을 떠나 경협자금을 통해 소련에 진출한다는 것은 장기적으로 잠재력이 매우 큰 소련시장에 자사 제품의 뿌리를 내리는 일이었기 때문에 기업의 입장에서는 한 치도 양보할 수 없는 상황이었다. 거의 매일같이 청와대에 들어와 떼를 쓰는 기업의 고위층을 주무 부처인 상공부로 공손히 돌려보내는 것이 당시 나의 하루일과였을 정도였다.

대 소련 경협차관은 제공 및 상환 과정에서 역사적으로 논란이 없지 않았지만 이때 소비재차관에 의해 소련에 들어간 한국 전자제품과 부품이 결국에는 한국 제품이 일본과 대만 제품을 누르고 러시아 시장을 석권하게 되는 씨앗이 되었다. 러시아, 동구권 및 중국 등 북방 국가들과의 무역 규모는 수교 2~3년 후의 시점에서 수교 전과 비교했을 때 거의 10배 수준으로 비약적 증가를 이뤄냈다.

각 지역과의 수교는 어느 곳이나 숨 막히는 비사와 희생과 난관이 따랐지만, 당시 이들 나라와 수교와 통상을 맺지 않았다면 아마 대부분의 시장을 일본이나 경쟁국들에 빼앗겼을 것이다.

민족의 한이 담긴 연해주 광개토 프로젝트

1992년 4월이었다. 당시는 이미 소비에트 연방이 해체되고 러시아가 들어서면서 우즈베키스탄, 카자흐스탄 등 중앙아시아 국가들이 CIS(Commonwealth of Independent States, 독립국가연합) 국가로 독립을 성취했을 때였다. 나는 김종인 경제수석으로부터 러시아 출장 준비를 하라는 특별 지시를 받았다. 노태우 대통령의 지시로 러시아 연해주를 대상으로 대형 프로젝트를 구상하고 있는데 투자조사단을 구성해 사전조사를 해오라는 미션이 떨어진 것이다. 조사단은 상공부, 코트라, 토지개발공사, 산업단지관리공단, 안기부, 농어촌개발공사, 광업진흥공사 등으로 구성되었고 내게는 형식상 대표가 되는 코트라 본부장 대신 코트라 부장의 신분으로 참가해 조사단을 지휘하라는 것이었다.

1938년에 연해주에 살던 고려인들은 스탈린의 '소수민족 강제 이주 정책'으로 인해 중앙아시아로 강제 이주를 당했다. 이때 열차 편으로 시베리아 횡단을 하던 사람들 중 일부는 이르쿠츠크 등지에서 떨어져나가기도 했고 추위와 굶주림으로 운명을 달리하기도 했다. 하지만 대부분의 사람들은 톈산 산맥 아래 위치한 우즈베키스탄과 카자흐스탄 등에 정착해 짐승처럼 토굴생활을 하면서 맨손으로 밭을 일구며 강인한 생존력 하나로 버티며 살아왔다.

정착을 위한 그들의 초기 투쟁 과정은 그야말로 처절한 도전의 연속이었다. 원주민들의 멸시와 박해 속에서도 그들은 스스로를 '꼬레 사람'이라 부르며 50여 년간 종족과 우리 문화를 보존하기 위해 애썼다. 그리고 피땀을 흘린 대가로 대규모 집단농장의 대표, 대형 공장의 책임자, 고급 공무원 등으로 자리를 잡을 수 있었다. 이들이 바로 '카레이스키'였고 당시 이 지역에만 20만 명이 넘게 살고 있었다. 그러나 소련에서 독립된 후 이들 국가가 이슬람 국가로 바뀌면서 '카레이스키'들은 또다시 차별과 박해를 받을 상황에 놓이게 되었다. 이미 독일은 이런 상황에 놓인 독일계 주민들을 본국으로 이주시키려는 노력을 하고 있었다.

이런 배경 하에서 정부는 우리 조사단에게 우즈베키스탄과 카자흐스탄 등지의 고려인들 생활상을 살핀 뒤 지원책을 강구하고 다시 연해주(그들은 원동이라고 불렀다) 지역으로 귀환하고 싶다면 그렇게 해줄 수 있는 방안을 찾아보라고 했다. 그리고 이들이 연해주 지역으로 다시 이주해 정착하려면 생활터전 및 땅과 일자리가 필요하므로 그 지역에 주거지역과 농장 및 공업단지를 조성할 수 있는지 그 타당성 여부를 조사해오라는 임무도 맡겼다.

우리 조사단에게 주어진 역사적 임무에 나는 가슴이 벅찼다. 다만 이 모든 계획과 앞으로의 활동은 극비에 부쳐야 했으므로 무척 조심스러웠다. 우리 일행은 우선 유럽을 거쳐 모스크바로 들어갔다. 그리고 모스크바의 기록보존소와 투자청 등을 방문해 고려인에 대한 역사적 기록과 정부의 소수민 정책, 투자유치 정책 및 투자 여건에 관한 일반적인 조사를 수행했다.

우리는 두 팀으로 나뉘어 우즈베키스탄과 카자흐스탄으로 출발했다. 나는 우즈베키스탄을 조사하기로 했다. 타슈켄트 공항에 나온 사람은 카레이스키 1세대 영감님이었다. 어렸을 때 그곳으로 온 김 선생은 이미 60세를 넘었고 꽤 큰 농장의 주인이라고 했다. '조선말' 의사 소통에는 불편함이 없었다. 다만 북한 말투에다 표현 방식이 남한과는 다른 것들이 많았다. 이 지역에 고려인이 얼마나 사느냐고 묻자 "약 양 백천 될 겁니다."라고 대답해 그게 무슨 말이냐고 다시 물었더니 20만 이라 했다. '양'은 2이고 '백천'은 천이 100개인 10만을 의미하는 말이 었다.

당시 이들에게 조국은 북한밖에 없었다. 북한에서 제공하는 교과 서로 '조선말'과 '조선역사'를 공부했으며 남한을 미 제국주의의 압제 하에 길거리에 거지가 넘쳐나는 곳으로 인식하고 있었다. 이러한 믿음 에 혼란을 준 것은 88올림픽이었다. 거지의 나라로 알았던 남한이 TV 를 통해 보니 올림픽을 개최할 정도로 발전된 나라이고, 길거리 풍경 이나 사람들의 모습도 자신들이 알고 있었던 것과는 너무나 다르다는 걸 알게 되면서 그들은 큰 혼란에 빠졌다.

카레이스키 김 선생은 고려인들 사이에서 이제 남한이 조국이 되

어야 한다는 주장까지 나오면서 갈등을 겪고 있다고 했다. 나는 그를 통해 많은 고려인들을 만났다. 집으로 초대받아 그들의 생활상도 살펴 봤고 고민과 희망에 대한 이야기도 들었다. 개중에는 어렵게 사는 사람들도 있었지만 역시 한민족의 후예로서 자부심이 강했고 나름대로 그 지역에서 성공한 사람들도 꽤 많았다. 지금도 그들은 한국 음식을 보존하고 있고 심지어는 보신탕도 즐겨 먹는다고 했다. 물론 2세와 3세들은 한국어를 못하지만 그래도 대부분 대를 이어오고 있었다.

김 선생의 소개로 나는 우즈베키스탄에서 최대로 큰 야금공업 단지의 대표도 만났다. 블라디미르 박이라는 고려인 2세였다. 소련이 붕괴되기 전까지 골수 공산당원으로 지내며 출세를 했는데 독립 후부터는 신분의 불안을 느끼고 있었다. 조사를 해보니 고려인들 절반은 그 지역에서 거주하는 것을 원하고 있었고 나머지 절반 정도는 연해주에 터전만 마련된다면 뿌리를 찾아 떠나고 싶다고 했다.

우리 조사단은 다시 모스크바에 모여 연해주 블라디보스토크 행

비행기를 탔다. 모스크바에서 블라디보스토크까지는 10시간이 넘게 걸렸는데 아에로플로트 항공은 끔찍했다. 그들은 내국인보다 10배나 많은 요금을 받으면서도 외국인들의 탑승은 맨 마지막에 시켰다. 그것도 러시아인들이 좋은 자리를 다 차지하고 남은 자리에 앉혔다. 코끼리 같은 러시아인들 사이에 앉아 덜렁덜렁 흔들리는 등받이에 제대로 기대지도 못하고 차렷 자세로 장시간을 가야 했던 불편함은 거의 고문 수준이었다.

역사 속으로 사라진 동토 개발의 꿈

블라디보스토크 공항에 내리니 지옥을 탈출한 듯한 기분이었다. 4월인데도 곳곳에 눈이 쌓여 있었고 기온도 꽤 쌀쌀했다. 도시 전체는 유럽풍의 해군 도시로 정갈해 보였다. 블라디보스토크는 러시아로서는 태평양으로 나갈 수 있는 유일한 부동항이자 대륙의 용의 눈 같은 전략적 요충지였다.

우리는 블라디보스토크를 거점으로 본격적인 현지 조사에 들어갔다. 주 대상은 공단과 농장 건립의 제1후보지로 꼽혔던 나호드카 지역과 보스토치니 항 일대였다. 이 지역 개발에 관심을 갖고 또 역사적 소명 의식까지 갖고 있었던 고합그룹의 장치혁 회장과 흥중물산의 고 김흥중 회장 등이 물심양면으로 우리의 조사활동을 지원했다. 이들의 도움으로 헬기를 빌릴 수 있었던 조사단은 공중 시찰을 통해 지형, 교통, 용수 등의 입지 여건과 농장 및 주거지역으로의 확장 가능성을 살펴보았다.

보스토치니 지역은 수심도 깊고 부산과의 직항로가 개설되어 있었다. 지형도 평탄해 공단 확장이 용이해 보였으며 인근에 미국과 러시아가 공동으로 조성하는 테크노파크 공업단지가 위치해 있었다. 조사단은 공업단지로서의 적합성뿐만 아니라 은행, 항공, 식당, 관광업, 수산업 분야의 투자 여건까지 두루 조사한 뒤 대체적으로 이 지역이 이런 조건들에 양호하다는 판단을 내렸다.

하지만 농업 여건은 자연 조건 및 토양, 강수량 등을 따져봤을 때 대규모 기업 영농에는 적합하지 않다는 판단을 내렸다. 광물자원도 석탄, 중석, 아연 등은 풍부하게 보존되어 있었지만 광산 장비가 노후되어 있었고 광부의 생산성도 낮은 편이었다. 결과적으로 이 지역은 우선 공업단지 조성을 약 100만 평 규모로 추진하되, 입주 업종은 농수산물 및 목재 가공, 직물 및 의류, 가전제품 조립, 신발, 합성수지, 비누 등의 생필품과 자동차부품, 농기계, 완구, 주방용품 등이 유망한 것으로 의견을 모았다.

공업단지 조성에 필요한 조사를 마친 뒤 우리는 하바로프스크를 통해 한국으로 귀국했다. 귀국 후 조사단이 작성한 종합적인 보고서는 경제수석을 통해 고위층까지 보고가 되었고, 그 후 다시 정밀 조사단이 파견되어 민간 기업들과 손잡고 공단 조성 계획을 추진해나갔다.

하지만 문민정부가 들어서면서 이 계획들은 전면적인 재검토에 들어갔고 광개토 프로젝트는 역사 속으로 사라져버리고 말았다. 북방정책에 대해 기본적으로 부정적인 시각을 갖고 있던 문민정부는 노태우 정부가 북방정책을 국민들한테 지지를 얻는 정치적 수단으로 활용했다고 생각했다. 또한 카레이스키들을 연해주로 이주시키면 외교 마찰을 일으킬 수 있다는 점도 불편하게 여겼다. 결국 문민정부는 경제성도 뚜렷하지 않은 동토 개발에 힘을 쏟을 이유가 없다며 애석하게도 광개토 프로젝트를 좌절시켜버리고 말았다.

그러나 조사단으로 참여했던 나는 지금도 이 프로젝트가 진행되지 못한 것에 대한 아쉬움이 크다. 우리나라가 그 광활한 지역을 개발할 수 있었던 기회를 놓친 것이나 다름없기 때문이다. 당시 연해주를 개발했다면 지정학적으로도 우리나라는 매우 유리한 위치를 점했을 것이다. 지금 러시아가 극동지역 개발에 역점을 두고 있는 것을 보면 당시의 프로젝트가 얼마나 앞선 계획이었는지를 알 수 있을 것이다. 그때 우리가 100만 평 규모의 공단을 조성했다면 양국의 산업에 대한 기여는 말할 것도 없고 땅값만으로도 투자의 몇 배를 톡톡히 뽑고도 남았을 것이다. 아무리 생각해도 아쉽다.

그 후 농업용지 개발 가능성 등 다른 목적으로 연해주 개발 가능성이 정부와 업계 일각에서 검토되고 있다지만 아직까지 가시적인 것은 없다. 당시 조사단 일원으로 연해주를 오가신 분 중 현지에서 교통사고로 순직한 사람도 있었다. 연해주 광개토 프로젝트가 성사되었다면 한국 공단 한 곳에 그분을 기리는 비석이라도 세워졌을 것이다. 이 기회를 빌려 다시 한 번 그분의 명복을 빈다.

연해주 광개토 프로젝트는 많은 교훈을 남기고 역사 속으로 사라졌지만 우리는 앞으로 세계 각 지역에 한국 공단은 물론 농장과 주택단지를 건설해 작은 한국을 끊임없이 만들어나가야 한다. 나는 이러한 해외경제 거점 확보야말로 대한민국이 세계 속으로 뻗어나갈 수 있는 길이라고 믿고 있다.

북한
신포 지구의
눈물

YS 정부가 들어서면서 나는 국장으로 승진해 청와대를 나와 워싱턴에 있는 미국 국제전략연구센터에 객원 연구원으로 파견을 나갔다. 그 기간 중에 한국은 외환위기를 맞았다. 지금도 시시각각 다가오는 국가 부도의 조짐을 느끼며 불안과 절망감에 휩싸여 있었던 그날이 생생하다. 당시 〈뉴욕타임스 *The New York Times*〉, 〈월스트리트저널 *Wall Street Journal*〉, 〈파이낸셜타임스 *Financial Times*〉 등은 한국의 국가 부도를 기정사실화하면서 '그동안 잘나가던 척하더니 그렇게 될 줄 알았다'는 식의 비아냥성 기사를 거의 매일 쏟아냈다.

그러나 벼랑 끝까지 내몰렸던 한국 경제는 환율의 힘을 빌려 수출이 급증하면서 고비를 넘길 수 있었다. 전 세계가 놀랄 정도로 빠른 회복이었다. 그리고 위기는 오히려 기회가 되어 IT, 조선, 자동차 등 주요 산업 분야가 도약하는 계기가 되었다.

1998년 파견근무를 마치고 귀국한 나는 생각지도 못했던 경수로 기획단이라는 곳으로 발령을 받았다. 그러나 나는 오히려 그곳에서 일반 공직자로서는 누구도 접해보지 못할 진귀한 경험을 했고 남북관계에 대해서도 새로운 인식을 하게 되었다.

북한 경수로 발전소 건설과 남북관계의 변화

1998년은 여러 가지 의미에서 남북 간의 경제협력사업이 급격하게 증가했던 해로서 의미가 크다. DJ 정부가 들어선 첫해로 금강산 관광사업이 개시되었고, 개성공단 논의도 무르익었으며, 일반 상업적 교역도 확장의 기류를 탔다. 그러나 무엇보다도 대북 경협사업 중 가장 규모가 큰 사업은 한국이 미국, EC, 일본 등과 함께 추진하고 있던 '북한 경수로 발전소' 건설사업이었다.

워싱턴에서 귀국한 후 내가 발령받은 경수로사업기획단 건설기술부장직은 한전과 설계를 담당하는 KOPEC, 안전을 담당하는 KINS, 그리고 건설회사 등을 지휘해 북한의 경수로 건설을 총괄하는 자리였다. 경수로사업은 1994년 10월 제네바에서 카터 대통령 재임 시 체결된 미국과 북한 간의 합의사업이었다. 북한의 핵 무장에 위협을 느낀 미국이 북한에 대한 무력시위 직전까지 갔다가 제네바에서 극적으로 합의를 이끌어낸 후 북한의 핵 포기에 대한 대가로 원전 2기를 만들어주기로 한 것이다. 즉 북한의 핵 동결에 대한 대가로 100만 킬로와트의 전력을 생산할 수 있는 경수로 발전소 2기를 건설해주고 완공 시까지 매년 50만 톤의 중유를 제공하는 프로그램이었다.

이 사업은 미국이 주도하면서 미국이 직접 중유를 공급하고 한국은 발전소 건설 관련 비용의 대부분을 부담하며 건설사업의 주 사업자로 참여하기로 했다. 그리고 EC(European Community, 유럽공동체)와 일본은 일부 경비를 분담하면서 자재와 용역을 판매할 수 있도록 했다. 이 사업으로 공사 첫해인 1997년에 2,000만 달러 규모의 시멘트 철 구조물, 채굴 장비 등이 북한에 반입되었고, 2002년에는 6,000만 달러 규모의 물자가 북한에 들어갔다. 또 KEDO(Korean Peninsula Energy Development Organization, 한반도에너지개발기구)가 제공하는 중유도 연 4,000만 달러 상당이 공급되었다. 이와 함께 초기부터 북한 근로자가 1,000명 이상 고용되면서 발전소 건설지역인 신포 일대의 지역경제를 크게 활성화시켰다. 경수로사업은 외화와 에너지 절대 부족으로 경제적 어려움을 겪고 있던 북한으로서는 꽤 수지맞는 사업이었고, KEDO를 통한 미국과의 대화 채널도 보장되는 효과도 있었다.

경수로 기획단 단장은 장선섭 대사가 맡았다. 프랑스 대사를 역임한 분으로 전형적인 외유내강형 외교관이었던 장 단장은 각 참가국 대표뿐 아니라 북한 측 인사와도 원만한 관계를 유지하며 경수로사업이 완전히 중단되어버린 2006년까지 경수로 기획단을 잘 이끌어왔다. 당시 같이 호흡을 맞췄던 사람은 외교부에서는 현 천영우 대통령 외교안보 수석비서관, 박인국 전 유엔 대사, 조규형 전 브라질 대사가 있었고 통일부에서는 홍양호 전 통일부 차관, 재경부에서는 진병화 전 기술신용보증기금 이사장 등이 있었다.

내가 부임했을 때는 총규모 40억 달러가 넘는 프로젝트로서 전체

사업이 활기를 띠고 있었다. 당시에는 몇 년 동안 국내에 원전건설 공사가 없었기 때문에 설계, 기자재, 부품 및 건설업체에서도 경수로사업에 비상한 관심을 보였다.

KEDO 측과 북한의 원자력 사업국 측과는 정례적인 업무 협의가 이뤄졌다. 주로 건설에 관련된 사항으로 경수로 발전소 품질 및 안전 보장 문제, 공사대금 상환 문제, 공기 문제, 현장 인력수급 문제와 노임 수준, 그리고 발전소 건설과 관련된 북한 내 각종 인허가 문제 등이 협의의 대상이 되었고 협의 장소는 묘향산 밑에 있는 향산 호텔이었다. 이 호텔은 평양에서 개성 간 고속도로를 타고 2시간 정도 내려가면 있는 '향산'이라는 지역에 위치하고 있었는데 이름만 호텔일 뿐 이와 같은 행사가 있을 때만 일시적으로 사용되었다.

나는 부임 후 곧바로 향산에서 열리는 정례협의회에 참석했다. 통상 현장에서 그렇게 많은 나라들을 방문했지만, 북한만큼 내게 흥미로움과 불안감을 동시에 안겨준 나라는 없었다.

북한 초행길 답사기

북한으로 가는 길은 불안감과 설레임의 연속이었다. 북경에서 고려 민항기로 갈아탈 때부터 그랬다. 6월의 기내는 찜통이었지만 승객들에게는 부채만 하나씩 쥐어주고 비행기가 이륙하기 전까지 연료를 아낀다며 에어컨도 켜지 않았다.

약 한 시간 반 동안 날아가 도착한 평양 순안 공항은 마치 한가롭고 조용한 시골 역사 같았다. 비행기가 활주로에 내려 유도로로 접어들 때 멀리서 보이던 행색이 초라한 주민들의 모습이 인상적이었다. 순한 공항은 비행기가 하루에 몇 편밖에 안 들어와 한산한 곳이었지만 면세점과 VIP실 등 갖출 것은 다 갖춰져 있었다.

우리 일행은 한국 여권이 아니고 KEDO가 발행하는 특별 여권으로 비교적 간단히 입국 수속을 마친 뒤 곧바로 향산행 버스에 승차했다. 우리가 탄 차는 썰렁하고 규격화된 평양 시내에 잠깐 동안 들어갔다가 바로 평양–개성 간 고속도로로 접어들었다. 창밖으로 보이는 사람들의 모습은 대부분 초라해 보였다. 고속도로는 비교적 잘 정비되어 있었지만 달리는 차들이 없었다. 특히 우리는 고속도로에 화물차가 거의 보이지 않아 놀라워했다. 그것은 북한의 산업이 그만큼 빈사상태에 처해 있다는 것을 잘 보여주고 있었다. 달리는 차 안에서 공장으로 보이는 시설들이 가끔씩 시야에 들어왔지만 그마저도 대부분 녹이 잔뜩 낀 폐공장 같은 것들이었다.

고속도로에서 눈에 잘 띄는 곳에 있는 작물들은 아무도 관리하지 않는 것처럼 듬성듬성 제멋대로 자라고 있었지만 멀리 보이는 집 앞의 논과 밭은 제법 파릇파릇했고 정돈되어 보였다. 북한을 자주 다닌 일행 중 한 명이 집 앞 텃밭은 개인 소유이기 때문에 아무래도 정성이 들어갔을 거라고 설명해줬다.

고속도로에서 빠져나와 약 10분쯤 들어가니 향산 호텔이 나왔다. 10여 층의 규모로 크지도 작지도 않은 호텔이었지만 역시 전력 사정은 형편없었다. 침대, 샤워 시설 등도 생각했던 것보다 훨씬 불편했다. 우리는 호텔 방에 들어서자마자 어딘가 설치되어 있을 도청장치를 찾아봤지만 보이지 않았다.

회의는 다음날 아침부터 시작되었다. 천장이 높은 큰 회의실, 김일성 부자의 대형 사진, 빨간 카펫과 어두컴컴한 조명 등 회의장은 우리가 예상했던 그대로의 모습이었다. 회담 좌석 앞줄에 앉은 북측 공식 대표단들은 대부분 화색이 좋고 얼굴도 통통한 편이었다. 수석대표인 북한 원자력 부국장 옆에는 여성 통역원, 국가안전보위부 인사와 조국평화통일위원회 등 각 기관에서 파견 나온 고위급 인사들이 자리를 잡고 앉아 있었다. 우리 눈길을 사로잡은 것은 앞줄이 아닌 뒷줄에 앉아 있는 10여 명의 깡마른 체구에 시커먼 얼굴의 인사들이었다. 우리는 그들을 말단 실무 관료들로 생각했는데, 나중에 알고 보니 물리학 및 원자력 공학의 박사급 대가들이었다.

회담은 남북 간 대화가 아니고, 북한이 KEDO의 미국 대표와 대화를 하는 형식으로 진행되었다. 북한의 수석대표는 미국 대표의 맞은편 자리를 지키느라 애썼다. 나중에 애기를 들어보니 주파수 전력 안정성, 송배전 등 기술적인 분야의 실무 협의에서 뒷자리에 앉아 있던 컴컴하신(?) 분들이 보여준 실력은 놀라울 정도였다고 한다. 우리 측 한전 전문가들이 혀를 내두를 정도로 복잡한 산식을 컴퓨터가 아닌 두뇌로 풀어내며 해박한 지식을 과시했다는 것이다.

그날 저녁은 북측 대표들과 한바탕 어울리는 자리가 마련되었다. 호텔의 맨 위층을 스카이라운지처럼 꾸미고 만찬과 백두산 들쭉나무의 열매로 만들었다는 들쭉술 파티가 벌어졌다. 그런데 엘리베이터를 타고 호텔 스카이라운지에 올라갈 때 우리는 아주 재미있는 광경을 목격했다. 엘리베이트가 수동식으로 운행되었는데, 아래층에서 위를 쳐다보며 "승강기 내려보내라우!" 하면 엘리베이터가 슬금슬금 내려왔다.

파티에는 북측에서 소위 접대원이라고 불리는 여성들이 자리를 함께했다. 이들은 같이 술도 마시고 노래도 했는데, 한복을 입고 체구가 큰, 마담 분위기가 나는 여자가 가운데 앉아 지휘했다. "저쪽 미국 선생 테이블에 시중 들 사람이 없으니 빨리 가보라우" 하면 그중 한 명이 가서 시중을 들었다. 알고 보니 그 여성들은 대부분 군인이었다.

북측의 깡마른 박사급 대가들은 술을 급히 마셨고 나중에는 취해서 횡설수설했다. 몸에 기름기라곤 하나도 없어 술기운을 오래 버틸 힘이 없어 보였다. 대남 접촉담당 간부들 중에는 우리 측에 은밀하면서도 노골적으로 요구를 해오는 사람들도 있었다. 대부분 "남측에서 우리 배고픈 북측 인민들 좀 많이 도와주기요"라며 말을 걸어왔다. 내가 그중 한 명을 따로 불러 약간의 달러를 주자, 그는 주위를 살피면서 냉큼 받아 챙겼다. 달러를 준 효과는 다음날 묘향산 관광을 할 때 즉각 나타났다. 모형만 절인 보문사를 거쳐 묘향산을 가는데 차 한 대가 달려오더니 "조 선생 동지 타시라요" 하면서 어젯밤에 보았던 그 간부가 반갑지 않은 호의를 베풀었다.

묘향산은 명산이었으나 크고 좋은 봉우리마다 새겨진 '철강의 령장 장군님 만세!'와 같은 시뻘건 글씨들이 경관을 망치고 있었다. 거리에 지나다니는 학생들이나 군인들은 영양상태가 좋아 보이지 않았고 체구도 우리보다 서너 살 아래처럼 보였다. 사는 모습은 이렇게 달랐어도 KEDO측과 북측 간 협의를 통해 경수로 건설은 한 발 한 발 진행되어나갔다.

컴컴한 나라의 불야성, 신포 건설현장

경수로 발전소 부지 신포 지구를 탐방했을 때는 1998년 늦여름이었다. 나는 한전 및 건설회사 관계자들과 함께 함경남도 신포의 원전 건설현장을 방문했다. 역시 순안 공항까지는 고려 민항기를 이용했고 그곳에서부터 함흥까지는 소형 비행기를 임대해서 타고 갔다. 비행 중에 가솔린 냄새가 너무 많이 나서 불안했지만 함흥의 선덕 공항까지 무사히 도착했다.

함흥의 선덕 공항은 평양 공항보다도 훨씬 더 초라해 보였다. 군용기들만 몇 대 서 있을 뿐이었다. 함흥에서부터는 약 7시간 동안 미니버스로 주로 비포장도로를 덜컹대며 가야 했다. 도중에 홍수 때문에 길이 끊어진 곳은 차의 허리까지 물이 차는 길을 수영을 하다시피 해서 건너가야 했다.

함흥 시내는 비교적 깨끗했고 정돈이 잘되어 있었지만 아파트의 외관 상태는 엉망이었다. 외벽은 도장도 제대로 되어 있지 않았고 유리창은 유리가 아닌 비닐로 막아놓은 곳이 많았다. 함흥시로 들어가서야 우리 일행은 겨우 늦은 점심을 먹을 수 있었다. 함흥 시내에서 가장 큰 식당에서 꽤 많은 돈을 내고 먹은 점심은 맛은 정갈했지만 계란이나 과일, 김 조각들이 남쪽에 비해 크기와 양이 아주 빈약했다.

점심을 먹은 후에는 다시 홍원을 거쳐 신포로 향했다. 이른 오후인데도 거리에는 줄지어 퇴교하는 학생들이 많이 눈에 띄었다. 그중에는 신발이 닳을까봐 양손에 신발을 들고 맨발로 걷는 학생들도 있었다. 신포에는 대중교통 수단이 전혀 없었다. 벌건 화덕을 뒤에 실은 목탄

차만 가끔씩 지나가곤 했다. 아버지와 아들로 보이는 두 사람이 작은 리어카에 땔나무 같은 것을 잔뜩 싣고 고갯길을 힘들게 넘어가는 모습도 볼 수 있었다. 신포의 산들은 거의 민둥산이었고 토담집들은 허리를 굽히고도 들어가기 어려울 정도로 낮았다.

약 1킬로미터 앞에 선도차가 앞서가면서 주민들을 통제했는지 거리에서 주민들을 보기가 쉽지 않았다. 어쩌다 보이는 트럭에만 주민들이 빼곡히 타고 있었다. 트럭들은 배터리가 약해서인지 터널을 통과할 때도 라이트를 켜지 않았는데 어쩌다 캄캄한 터널 안에서 서로 마주치면 깜짝 놀라곤 했다.

그렇게 날은 점점 어두워졌고 우리는 가로등 하나 없는 컴컴한 길을 몇 시간 더 달렸다. 그러다가 어느 순간 갑자기 불야성 같은 환한 불빛의 도시가 나타났다. 바로 신포의 금호지구, 발전소 건설현장이었다. 남쪽에서 양화항을 통해 들어오는 석유로 발전기가 가동되면서 밝혀진 빛이었다. 이곳에는 KEDO측의 미국인 파견자, 한국의 외교부 상주 파견자, 한전 및 관련 기관 대표자와 근로자들, 건설회사 관계자와 엔지니어, 의사와 간호사, 외환은행 직원 등이 머물고 있었다. 이들은 우리 일행을 보자 한밤중임에도 이산가족 만난 듯 박수와 포옹으로 반겨주었다. 현장은 부지정지(땅을 평탄하게 고르는 작업) 작업을 거의 마치고 구조물 야적장과 숙소 건설이 한창 진행 중이었다. 그때까지 이들의 숙소는 컨테이너 하우스였다.

외교부에서 파견 나온 이현주 대표를 통해 우리는 이곳의 실상을 상세히 전해들을 수 있었다. 북측 근로자들은 버스로 출퇴근을 했는데, 반드시 2인 1조 또는 4인 1조가 되어 상호 감시체계 하에 움직였고 그들에게 지급된 임금의 대부분은 당국에서 가져갔다고 했다. 우리로서는 이해가 되지 않는 일이었지만 그들은 점심 한 끼라도 배불리 먹는 것만으로도 크게 혜택을 받는 것으로 여긴다고 했다. 그래서 우리 측은 그들에게 가끔 초코파이를 공급했다고 한다.

건설현장에는 제법 활력이 넘쳤다. 덤프트럭이 쉴 새 없이 장비와 물자를 날랐고 점심때가 되면 북한 근로자 식당에 북한 근로자들이 떠들썩했다. 북한에서도 원자력국 및 정보기관, 남북 관련 업무기관 대표들을 현장으로 파견해 상주하도록 했는데, 이들과 한국의 파견자들은 비교적 원만하게 잘 어울렸다. 가끔 저녁식사와 함께 술을 거하게 마신 후 아침에 부지 내에 설치된 사우나 시설을 함께 이용하기도 했다.

북측 관계자들은 평양에 갈 때가 되면 은근히 우리 측에게 양주나 한국 상품 등 평양의 높으신 분들께 상납할 선물 보따리를 마련해줄 것을 부탁했다. 그러면 우리 측은 선물 보따리에 달러까지 얼마 넣어줬고 그때마다 북측 관계자들은 당연하다는 듯 받아가곤 했다. 반면에 우리 측은 남쪽 이산가족들의 부탁을 받고 북측 연고자의 생사나 주소 등을 물었고 이들은 2~3주 후에 정보를 알려주곤 했다. 나도 두어 번 이들 대표급에게 비슷한 부탁을 한 적이 있었다. 그러면 그들은 "요즘 어디나 기름 치지 않으면 제대로 나오는 것이 없어" 하며 노골적으로 돈을 요구했다.

북한은 공산독재 체제 하의 일사불란한 상명하복 체제로 보이지만 실제로는 일 처리가 답답할 만큼 느리게 진행되기 일쑤였다. 아무리 국책 사업이라 설명해도 부지 근처에 농로를 수용해 화물도로를 내는 일 하나까지도 지역 당국, 농업 관련 기관, 정보 당국, 군 당국 등으로 부터 수많은 허가를 개별적으로 받아내야 했다. 우리 측 상주자들은 실제 맨입으로 되는 것은 하나도 없다면서 여러 가지 애로사항을 털어놓았다. 한 가지 예로 현장에서 근처의 남대천 물을 끌어 공사에 필요한 용수로 사용하면서 그 하천의 자갈이 비교적 풍부해 건축 자재로 활용했는데, 북측이 이에 대해 엄청나게 비싼 대금을 요구했다고 한다.

남측 사람과 KEDO 관계자는 원칙적으로 부지 내에서만 활동하도록 규제되어 있었으나 우리는 가끔 감시를 피해 가까운 북청시 근처도 가 보고 인근 마을도 탐방했다. 주민들은 우리를 다소 경계했지만 가까이 마주하면 대부분 친절하게 대해주었다. 대다수 사람들은 발전소 건설부지에 살던 주민들로 인근 지역으로 이전한 뒤 건설현장에 우선적 취로 등 다소의 혜택을 받았던 것 같다.

우리 측 파견자나 근로자들은 몇 달에 한 번씩 귀국의 기회가 있었지만 모든 생활이 건설부지 범위 내에서 이루어졌기 때문에 수용소 생활과 다름없을 정도로 답답한 일상을 보내야 했고 이로 인한 스트레스도 많았다. 그래서였는지 이현주 대표 등 체류자들은 부지 내에 타석이 5개 정도인 골프연습장을 만들어놓고 스트레스를 풀곤 했다. 얼핏 들으면 북한에서 만들어진 최초의 골프연습장이 아닌가 하겠지만 실제로 평양에는 연습장을 갖춘 18홀 골프장이 하나 있으며 최근에는 금강산에도 골프장이 들어섰다.

며칠간의 현장 시찰을 마치고 귀국하는 길에 우리 일행은 평양 고려호텔에서 1박을 했다. 고려호텔의 불고기와 냉면 맛은 소문대로 일품이었다. 인상적이었던 장면은 호텔 내 노래방에서 한국 노래 '아침이슬'을 부르던 북한의 젊은 오렌지족들의 모습이었다. 무슨 이유에선지 '아침이슬'은 그 당시 북한에서 허용된 유일한 한국 노래였다고 한다. 고려호텔을 나오면 북한의 실상이 짐작되는 컴컴한 거리와 초라한 모습의 사람들이 전부였지만 호텔 안에서는 꽤 괜찮은 디자인의 티셔츠를 입고 농구화를 신은 젊은 청년이 대형 노래방 스크린 앞에서 노래를 하기도 했다. 바로 북한의 양면성이었다.

2000년 10월에는 속초와 함경남도 양화항을 잇는 정기선이 다니기 시작했고, 2001년에는 우즈베키스탄의 노무인력이 투입되었다. 2002년에는 금호항 및 여객터미널 공사 완료와 함께 금호병원 준공, 경수로 1호기 콘크리트 작업이 시작되었다. 이후에도 나는 신포 건설 현장에 몇 번 더 다녀왔고 그때마다 공사가 진척되는 것을 보면서 많은 보람을 느꼈다.

집토끼 들토끼 다 놓친 북한

그러나 안타깝게도 1998년 북한의 대포동 1호 미사일 발사로 긍정적 변화를 기대했던 남북관계 및 북미관계는 다시 경직되고 말았다. 미사일 발사는 미국과의 지루한 협상 과정에 대한 북한의 불만 표시였다. 여기에 2002년 제임스 켈리 미국 특사 방북 시 고농축 우라늄 계획을 북한이 시인했다는 발표와 동시에 경수로사업은 파국으로 치닫기 시작했다.

KEDO는 2002년 말 급기야 중유 공급을 중단했고 2003년부터 공사 속도를 늦추면서 사실상 경수로 발전소 건설은 중단되었고 2005년에 완전히 종료되고 말았다. 그 후 원자로 건물은 콘크리트 더미가 되었고 각종 철 구조물들은 흉측하게 녹슬어갔다. 한국은 그동안 원자로 설비와 터빈 발전기 등에 이미 약 11억 달러를 투자한 상태였다. 결국이 모든 상황에 대한 손실은 국민이 감당할 수밖에 없는 결과가 되어버렸다.

그러나 한편으로는 이때의 원전건설 경험이 10여 년 후 우리가 아랍에미리트UAE에서 원전을 수주할 수 있는 밑거름이 되어주었다. 경수로 발전소 건설 때 만들었던 각종 매뉴얼을 그대로 활용했고 당시의 전문가들이 UAE 원전협상에도 투입되어 실력을 발휘할 수 있었던 것이다. 특히 UAE 관계자들은 한국에 새로운 자료를 요구하면 하루 만에 만들어내는 신속함에 감탄을 했다고 한다. 이는 바로 우리가 11억 달러라는 비싼 수업료를 내고 얻은 귀중한 경험과 자료 덕분이다.

하지만 우리와 달리 북한은 모든 것을 다 잃었다. 100만 킬로와트급 원전 2기라면 일대 지역의 가정과 산업에 충분한 전기 공급을 하고 제조업은 물론 농업 분야까지 업그레이드할 수 있었던 기회였다. 북한은 그 기회를 영구히 놓쳤고 이로 인해 공급되고 있던 발전소 기자재, 전반적인 남북 경협 확대 분위기와 인적 교류 등 모든 것이 중단되었다. 결국 북한은 스스로 집토끼 들토끼를 다 놓친 입장이 되어버렸다. 그리고 결국 남북 모두의 눈물이 되어버렸다. 이후 북한은 더 강도 높은 세계적 고립과 압박을 피할 수 없게 되었고 내부의 경제난도 악화되어갔다.

UAE
모래 폭풍 속의
김밥 도시락

우리나라는 현재 중동지역의 여러 나라로부터 매년 수백억 달러의 플랜트를 수주받고 있으며 실제로 이 것이 우리 플랜트 건설업계의 사활을 좌우하고 있지만, 본격적인 시장 개척은 2000년대 초로 거슬러 올라간다.

당시 오랜 저유가 시대가 끝나고 유가가 다시 상승하자 중동 국가 들은 각성하기 시작했다. 원유 수출에만 의존할 수 없다는 인식을 하 게 되면서 정유 공장, 담수화 공장, 석유화학 공장 등 대형 플랜트 프 로젝트의 건설붐이 일어났던 것이다. 한국의 건설업체나 엔지니어링 업체, 중공업업체들도 이 지역으로부터의 플랜트 수주에 관심을 갖기 시작했지만 이미 유럽이나 일본계 기업들이 시장을 선점하고 있었고 기술 수준에서도 한국 기업들은 많이 뒤처져 있었다. 특히 고부가가치 산업인 설계 분야는 우리나라에게는 그야말로 그림의 떡이었다. 대부 분의 업체가 과거의 실적도 없었고 심지어는 그 나라에 건설업체로 등

록도 안 되어 있는 경우가 많았다.

한국 건설업계는 과거와 같이 도로공사나 주택공사 같은 일로는 더 이상 중국 등 후발 개도국과 경쟁이 될 수 없는 상태였고 중공업업체들도 장비나 선박 제조에서 복합적인 플랜트 제작으로 넘어가지 않으면 기업의 존립 자체가 어려운 상황이었다. 여기에 한국 기업의 중동 진출도 지금까지의 단순한 상품 수출만으로는 한계를 느끼고 있었다. 때문에 중동지역에 대한 플랜트 수출은 이제 선택의 문제가 아니고 반드시 뚫어내야 할 사안이었다.

그러나 그동안 중동시장의 상황이 좋지 않은 이유로 우리 기업들이 이 지역으로부터 지사를 대부분 철수해 영업망이 정체된 상태였다. 또한 한국과 한국 기업에 대한 신뢰도는 물론 한국 금융권의 구조조정으로 인해 입찰 보증 여력도 떨어져 그야말로 3중고 4중고의 매우 불리한 상황이었다. 따라서 과거와는 다른 전략이 필요했고 이에 정부에서는 과감한 중동 플랜트 시장 공략의 신호탄을 쏘게 되었다. 정부 차원의 플랜트 수주단은 이런 배경에서 구성되었다.

중동 모래 폭풍 속에서 플랜트 수출 기회를 찾다

2000년 4월, UAE 두바이 아부다비와 오만의 무스카트, 이란의 테헤란을 대상 지역으로 한 플랜트 수주 사절단이 구성되었다. 정부 쪽에서는 산업자원부·건설교통부·국무조정실·외교통상부가, 업계에서는 한국중공업·삼성물산·동아건설·SK건설·LG상사 등 10개 기업이, 지원기관에서는 수출보험공사·기계공업진흥회·해외건설협회가 참여했다.

전체 단장은 산업자원부 무역투자 실장이었던 내가 맡았고, 업계 대표는 당시 한국중공업의 윤영석 사장이 맡았다. 플랜트 수주 사절단의 실무 총책임자는 현재 지식경제부 제1차관으로 있는 윤상직 수출과장이 맡았다. 그는 플랜트산업협회를 만드는 등 우리나라가 플랜트 강국이 되는 데 큰 기여를 한 사람이다.

당시 방문했던 UAE, 오만, 이란은 우리나라가 천연가스와 원유를 가장 많이 수입하는 나라들 중 하나이기도 했다. 당시만 하더라도 천연가스 수입은 원유와 달리 '생산국이 팔아주는 시장', 즉 셀러즈 마켓 seller's market이 아니라 '소비국이 사주는 시장', 즉 바이어즈 마켓 buyer's market이었기 때문에 한국의 가스공사는 얼마든지 유리한 조건을 달아서 공급 계약을 맺을 수 있었다. 그러나 현실은 한국 기업들의 플랜트나 대형 건설 프로젝트 수주와 연결되지 않고 가스 구입 따로 플랜트 수주 따로 진행되었다.

우리 사절단의 첫 번째 목적지는 아부다비였다. 한밤중에 두바이 공항에 도착한 일행은 호텔에서 잠깐 눈을 붙이고 바로 방문 일정에 들어갔다. 두바이는 당시에도 중동의 물류와 항공의 허브 역할을 했고, 특히 이란으로 들어가는 수출 상품의 중개지 역할을 하는 등 중동의 요충지로서 점차 비중이 높아가고 있었다. 하지만 오늘날 세계 첨단의 도시가 되리라고는 당시에는 아무도 예상하지 못했다. 두바이의 과거 어촌의 모습은 비록 사라졌지만 아직 고층건물은 그리 많지 않았고 도시의 인프라도 완전히 구비되지 않은 상태였다. 이런 곳에 불과

10년 후에 세계 최고층 빌딩으로 기록되고 있는 버즈 칼리파Burj Khalifa가 들어서고 해상도시가 건설되고 전 세계의 투자자금이 몰릴 것이라고 누가 예측했겠는가. 국가 지도자의 역할이 얼마나 중요한지 우리는 두바이를 통해 분명하게 알 수 있다.

우리는 두바이 상공회의소를 방문해 두바이의 개발 계획을 브리핑 받고 우리나라의 경제 상황에 대한 설명과 함께 양국 간의 산업협력 방안을 논의했다. UAE 방문 목적은 UAE의 수도인 아부다비를 방문해 담수화 설비 등 플랜트 수주를 협의하는 것이었으므로 일행들은 두바이에서 간단한 일정을 마치고 차로 약 2시간 거리에 위치한 아부다비로 향했다. 사막을 가로질러가는 길이었으나 간간이 과수가 보이는 녹지대가 나타났다. 이러한 녹지대에는 밑에 계속 물을 뿌려주는 파이프가 반드시 깔려 있었는데, 이것이 바로 바닷물의 염분을 제거한 뒤 민물로 만들어주는 담수화 설비의 일환이라 했다. 이들의 담수화 설비는 프랑스 등 유럽이 주로 제공하고 있었지만 우리 기업들도 부분적으로 해외 진출에 성공해 이미 높은 평가를 받고 있었다.

아부다비로 가는 도중에 우리는 방향을 틀어서 한국중공업의 담수화 설비 공장을 방문했다. 한국에서 파견 나온 현장 소장이 공사 현장을 구석구석 안내했다. 그는 한국 설비의 우수성이 현지에서 매우 높게 평가되고 있으므로 정부 측에서 외교적 노력과 금융 뒷받침을 좀 더 적극적으로 해주면 담수화 설비 외에도 발전, 정유 등 다른 분야까지도 수주가 가능하다는 자신감을 표명했다. 우리는 그를 힘껏 격려했다.

모래 폭풍 속에서 김밥 도시락을 먹은 것은 바로 그날이었다. 점심은 그곳에서 현장 소장 등 파견 나온 엔지니어들과 간단하게 김밥 도시락으로 때우기로 했는데 때마침 몰아친 모래 폭풍으로 모래 반 쌀 반인 도시락을 먹을 수밖에 없게 된 것이다. 현장 직원들은 그런 상황에 익숙한지 모래 도시락을 맛있게 먹었고 우리도 내색하지 않고 도시락을 먹으면서 플랜트 수주를 위한 전의를 다시 한 번 다졌다.

우리 사절단은 그 뒤 아부다비석유공사, 아부다비공업부, 아부다비가스공사 등을 방문하면서 한국 기업의 능력과 품질 수준, 빠른 납기, 그리고 그동안 중동에서 이뤄낸 많은 기적과 같은 사례 등을 설명했다. 그리고 한번 인간관계를 맺으면 끝까지 가는 신의 등을 강조하면서 한국에 많은 플랜트를 발주해줄 것을 요청했다. 더불어 같이 참석했던 기업 대표들에게 회사를 소개할 기회를 주었다. 그들은 한국 정부와 업계가 사절단을 구성해 진지하게 설명하는 태도에 꽤 감명을 받은 듯했다. 그동안 유럽과 일본 기업들이 독점적 위치에서 무리한 요구를 해오는 것에 불만을 느껴 새로운 플랜트 공급선을 찾던 중 한국 사절단의 방문이 반가웠던 것이다. 그 후 우리 기업들은 그들과의 접촉을 늘려가면서 개별 프로젝트에 대한 협상을 진척시켜나갔다.

이때만 해도 우리는 실무급 사절단이었지만 중요한 기관의 장들이 대부분 만나주었다. 그들은 한결같이 '구트라'라고 하는 아랍의 전통 복장과 모자를 쓰고 우리를 맞아주었는데, 해외 경험이 많아서인지 영어 실력과 세계경제에 대한 상식이 우리보다 한 수 위였다. ADNOC, 즉 아부다비석유공사Abu Dhabi National Oil Company는 그 후 우리나라 해외 플랜트의 최대 수주처가 될 정도로 엄청난 플랜트 수주의 보고가 되었다. 지금은 우리나라 재벌 기업의 대표도 ADNOC 회장을 한 번 만나는 것이 하늘의 별따기가 되었다.

이 방문을 계기로 한국중공업은 아부다비 수전력청으로부터 5억 달러 규모의 해수 담수화 플랜트를 수주할 수 있었다. 이 담수화 플랜트는 바닷물을 걸러 하루 30여만 톤의 담수를 생산해 60만 명 이상의 인근 지역 주민에게 공급하는 획기적 사업이었다. 한국중공업은 그 공기를 다른 선진국의 3분의 1 수준인 12개월로 크게 단축해 중동에서 이 분야 최고의 평가를 받았고 시장의 25퍼센트를 차지하며 세계 1위의 점유율을 지켰다. 그리고 당시 처음으로 추진된 아부다비에 대한 플랜트 수주 노력은 최근 원전 수주 성공의 개가로까지 이어졌다.

작지만 강한 나라, 오만에서 만난 신드바드

다음 방문국은 《아라비안나이트》에 나오는 상인 신드바드가 태어난 나라로 잘 알려진 오만의 무스카트였다. 우리가 방문한 3개국 중 인구수와 경제력 면에서 규모가 가장 작았지만 독립전쟁에서 포르투갈을 몰아낼 정도로 독립심과 자부심만큼은 강한 나라였다. 절대왕정의 안정적인 통치체제 하에서 천연가스 수출 등으로 경제성장을 도모하고 있는 오만은 한국의 두 번째 규모의 천연가스 수입국이다. 그것도 대부분 5년 정도의 장기공급 계약을 맺고 있다. 이때만 해도 천연가스는 수요자가 큰소리치는 바이어즈 마켓이었으므로 오만은 한국과 늘 좋은 관계를 맺으려 노력했다. 당시 오만에서는 10억 달러 규모의 소하르 정유공장 건설과 가스개발 플랜트, 탈황 설비 등 굵직굵직한 사업들이 있었는데 한국 기업들이 높은 관심을 보였다.

이곳에서도 우리 일행은 가스공사와 공업성, 무역성 및 오만 정유사 등 주요 발주처를 찾아 한국 산업에 대한 전반적인 설명과 함께 업체들의 개별 상담을 진행했다. 오만 관계자들은 아랍 전통복장에 반달칼까지 차고 나와 우리들에게 최대한 예의 표시를 했고 진지하게 협상에 응했다. 특히 한국에 가스를 공급하는 오만 가스공사는 매우 적극적이었다. 발주될 주요 프로젝트 리스트를 우리에게 보여주고 발주기관 방문에도 동행해 우리의 입장을 적극 옹호해주었다. 또 일본 등 경쟁국의 동향도 알려주면서 한국 업계는 한국 업계끼리의 지나친 과당경쟁을 멈추고 일본 업계의 일치단결을 배워야 한다며 따끔한 충고도 아끼지 않았다. 한국 업계가 컨소시엄으로 입찰을 하면 승산이 클 것이라는 조언도 빠트리지 않았다.

이후 오만에서 LG정유는 5,000만 달러 규모의 정유공장을 위탁운영하는 기술판매 계약자로 선정되었으며, SK건설은 오만 정유사의 탈황산 설비공사를 수주하는 성과를 거두었다.

살인적인 일정으로 환대해준 이란 대사

다음 목적지는 이란이었다. 인구수가 6,500만 명이나 되는 이란은 중동지역에서 정치적으로나 경제적으로 대국이다. 이란은 당시 이라크와의 전쟁을 종료하고 전후 복구와 각종 개발사업을 활기있게 추진하고 있었는데 한국 기업, 특히 한국 건설회사에 대해 매우 좋은 감정을 갖고 있었다. 전쟁 당시 일본 등 다른 나라 기업들은 일찌감치 파견 직원들을 건설현장에서 철수시킨 반면 한국 기업들은 끝까지 남아 현장을 지켰다는 사실을 의리 있게 생각하고 있는 듯했다.

이란은 같은 아랍권 국가라도 다른 중동 국가와 민족도 문화도 좀 다르다. 과거 페르시아제국답게 찬란한 문화를 보존하고 있고 상업적 거래에서 신의를 제일 중요시한다. 이란과 수출 거래를 하면 대금을 떼이는 경우가 거의 없다고 할 정도다.

이란은 한국의 두 번째 규모의 원유 수입국이고, 5대 가스 수입국에도 포함된다. 한때 이란은 한국에 대해 최대의 플랜트 발주국이기도 했다. 이 모든 상황이 우리나라가 진출하기에 아주 좋은 여건이었기 때문에 이란에서의 우리 일행의 활동은 어느 지역보다도 활기를 띠었다. 대표단은 이란 최고지도자에게 보내는 우리나라 대통령의 친서도 갖고 있었다. 친서에는 한국과 이란의 장기적 경제협력 기반을 강화하기 위해서 이란의 각종 개발 계획에 한국 기업의 참여를 지원해달라는 내용이 들어 있었지만 직접 전달되지 못했다.

테헤란 주재 한국 대사관 신장범 대사는 떡본 김에 제사 지낸다고 숨 막히는 일정을 짜놓고 우리 일행을 기다리고 있었다. 이란 정부의 경제 관련 주요 장차관 면담, 석유 및 가스 관련 기관, 주요 개발사업청, 산업 현장 시찰까지 말 그대로 살인적인 일정이었다. 심지어 외곽의 꽤 먼 곳에 있는 자동차 조립공장까지 방문해야 했다. 그런 데까지 꼭 방문해야 하는 건지 다소 이해가 안 되는 일정도 있었지만 신대사의 업무 열정만큼은 높이 살 만했다. 신 대사가 준비한 공식 일정이 모두 끝나자 일행은 모두 녹초가 되었다.

다음날은 휴일이라서 이란에 유일하게 하나 있다는 골프장을 찾았다. 그런데 말이 골프장이지 당초 18홀이었던 것이 하룻밤 자고 나면 군 막사가 들어와서 한 홀을 잡아먹고, 또 어느 날은 한 홀에 과수를 재배하는 통에 야금야금 줄어들어 14홀이 되어버렸다고 한다. 물론 잔디 관리도 엉망이었다. 그러나 이나마도 이란에 주재하는 외교관과 기업 주재원들에게는 유일한 낙이라고 했다.

골프장에 나가 보니 한국인과 일본인들이 대부분이었다. 근처 테니스장에서는 젊은 여성이 히잡을 착용하고 테니스를 치고 있었다. 불편한 차림으로도 테니스를 곧잘 치는 것이 인상적이었다.

3국 방문 일정을 무사히 마치고 귀국한 우리 일행은 결과와 시장 전망을 국무총리실과 청와대에 보고해 정부 차원의 특별 지원을 이끌어냈고 업계에도 중동 플랜트 수출붐을 일으켰다. 이후 플랜트산업협회가 설립되었고 정부는 해외 플랜트 수주의 경제성 조사를 위한 기업의 타당성 조사활동에 용역비 지원까지 해주었다. 이어 12월에는 산업자원부 장관이 단장이 된 플랜트 수주단이 같은 지역에 파견되었고, 이듬해에는 박태준 국무총리가 이 지역들을 방문하는 등 중동 플랜트 수주를 위한 고위층의 활발한 행보가 이어졌다. 이러한 활동들은 오늘날 우리나라의 한 해 플랜트 수주 700억 달러의 첫걸음이 되었다.

여담이지만 당시 우리 일행은 방문국 중 하나인 오만의 이름을 딴 '오만클럽'이라는 모임을 만들었으며 만날 때마다 회비 5만 원을 내고 꽤 오랫동안 친밀한 유대관계를 유지해왔다.

링 위에서 맷집 키운 한국 수출

한국 수출은 미국시장에 자동차를 상륙시키면서 탄력이 붙기 시작했다. 하지만 이내 거대한 통상 마찰의 회오리바람을 맞아야 했다. 그것은 개방 압력과 개도국 졸업이라는 운명이었다. 선진국과 링 위에서 헤드커버를 벗고 대등한 경쟁을 하기에는 아직 역부족이었던 우리나라는 사력을 다해 시간을 벌어야 했고 맷집도 키워야 했다. 한국 수출은 결국 개도국으로서의 모든 혜택을 벗어버릴 수밖에 없었고 러시아, 중국, 중동 등의 새로운 시장 개척을 통해 활로를 찾아보려는 정부와 기업의 노력은 힘겹기만 했다.

미국발
통상 마찰의 파도가
몰려오다

1980년 초반, 한국 수출이 본 궤도에 오르자 미국을 비롯한 많은 수입국들이 본격적으로 견제구를 던지기 시작했다.

1984년, 나는 사무관에서 미주통상 과장으로 승진했다. 그러나 동료들과 승진의 기쁨을 나누기도 전에 곧바로 통상 마찰의 전선으로 투입되었다. 전년도에 제소된 삼성, 금성, 대우 등 한국산 컬러 TV에 대한 미국의 반덤핑 제소 때문이었다. 미국의 GE, 제니스Zenith, RCA가 대만과 한국의 컬러 TV가 60~70퍼센트 선까지 덤핑 판매를 하고 있다고 미 상무부에 제소를 하는 바람에 정부와 업계는 초긴장 상태에서 이에 대비하고 있는 상황이었다.

한국 제품의 미국 수출이 1980년대에 들어 부쩍 늘어나자, 미국 업계는 경계를 하기 시작했고 마구잡이로 반덤핑 관세, 보조금상계 관세, 특허권 침해 등 미 통상법 상의 수입규제 제도를 남용했다. 이전에도 섬유나 철강 제품, 금속제 식기, 잡화류 등에서 미국 업계의 제소가 끊이지 않았지만 그 결정판은 삼성, 금성, 대우의 컬러 TV에 대한 반덤핑 제소였다.

우리나라 입장에서 컬러 TV의 미국 수출은 큰 의미를 갖고 있었다. 선진국형 제품들을 미국에 수출해서 그 뿌리를 내려보겠다는 의지의 발현이었다. 이를테면 국민적 자부심, 미래에 대한 희망 등이 버무려진 역사적 대사건이었다. 당시 현대자동차는 미국시장에 막 진출하고 있던 상황이어서 미국 내 자동차업체와는 경쟁상대가 될 수 없었지만 컬러 TV 등 전자제품은 수출이 급속히 늘어나면서 양국의 산업간 마찰의 조짐이 조금씩 보이고 있었다. 미국 내 업체들의 경쟁력은 쇠퇴하는 상황에 놓여 있었기 때문에 통상 마찰은 결국 내국 산업과 외국 산업이 시장 장악을 놓고 벌이는 충돌이었다.

컬러 TV 등 우리나라의 전자제품의 수출은 자동차보다 먼저 시작되었다. 그러나 미국 내 할인점 판매대에서 맨 아랫자리에 배치되어 있을 정도로 미국 사람들에게 주목을 받지 못하다가 현대자동차가 미국시장에서 성공을 거두면서 동시에 급격하게 인지도가 올라갔다. 실제로 현대자동차의 미국시장 진출 성공에 힘입어 컬러 TV 등 한국산 제품의 전반적인 브랜드 가치가 상승되기 시작했다.

현대자동차의 미국시장 초기 진출과 관련된 에피소드가 하나 있다. 1980년 초중반에 미국시장에 명함을 내민 개도국의 자동차는 우리나라의 현대Hyundai와 유고의 유고Yugo였다. 그런데 유고는 미국인들 입장에서 발음하기 편하고 기억하기가 쉬워 우리나라 자동차보다 사람들 입에 더 많이 오르내리며 인기가 있었던 반면, 현대자동차는 하이언다이, 히윤대 등 미국 사람들이 발음하기에는 이름이 어려웠고 혼다의 모사브랜드 같은 느낌까지 주어 초기에는 주목을 받지 못했다.

그러나 현대의 광고 전략이 이러한 문제를 단칼에 해소시켜주었다. 제대로 된 이름을 되찾기 위한 노력은 'Hyundai like Sunday'라는 카피로 본격화되었다. '선데이, 몬데이, 현데이'라는 리드미컬한 광고 카피로 미국 사람들의 관심을 사면서 현대차는 일요일에도 월요일에도 항상 소비자와 함께하는 차라는 이미지를 분명하게 심어주었다. 그러나 유고는 'I go, you go, 나도 가고 너도 가야지'라는 처량한 메시지를 전하면서 미국 사람들의 관심에서 점점 멀어져갔다. 결국 유고는 미국시장에서 퇴출당했고 그 후 독자 브랜드의 자동차를 생산했다는 말은 듣지 못했다.

컬러 TV 덤핑 판정으로 수출길이 막히다

다시 컬러 TV 얘기로 돌아가보자. 1983년, 우리나라는 미국에 약 200만 대의 컬러 TV를 수출했다. 이는 전년도의 세 배가 넘는 수치였다. 상황이 이러했으니 미국 기업들이 민감하게 반응하지 않을 수 없었다.

당시 일본 기업들은 우리나라 기업들과는 비교도 안 될 정도로 많은 제품들을 팔고 있었음에도 미국 현지 투자를 통한 현지 생산과 수출 급증을 자제하는 시장관리 전략을 통해 미 통상법 상의 '시장파괴market disruption' 혐의를 피해갔다.

하지만 우리나라의 경우는 달랐다. 미국 기업의 한국 TV에 대한 덤핑 제소는 국내에서 엉뚱하게 반미감정의 불까지 당겼고 언론에서도 이를 부채질하는 듯한 논조의 기사들이 매일 쏟아져 나왔다. 이에 미 상무성은 덤핑 제소는 정부가 일방적으로 취하는 수입규제가 아니고 업계의 제소에 따라 국내 가격과 수출 가격의 비교, 원가 구성 등을 따져 덤핑 여부와 요율을 정하는 준사법적 절차라고 밝혔지만, 한국 국민들의 반미감정은 돌아설 기미를 보이지 않았다.

시장 피해 판정은 내가 미주통상 과장직에 부임하기 전에 이미 ITC(International Trade Commission, 미국 국제무역위원회)에서 내려져 있었고 요율을 정하는 상무성 예비 판정도 내려진 상황이었다. 상무성 덤핑 예비 판정이 3.15퍼센트로 예상보다 낮기는 했지만 최종 판정이 어떻게 진행될지는 아무도 예측할 수 없을 정도로 불안한 상태였다.

우리의 예감은 좋지 않았다. 그것은 상무성 조사관들이 전년도 말에 방한해서 실사를 했을 때 채프만이라는 조사반장의 거친 분위기와 조사 기준에서 비우호적인 느낌을 받았기 때문이다. 여기에 우리나라의 언론들이 상무성 실무자들의 프라이버시와 추적 취재 내용 등을 여과 없이 마구 써대면서 당사자들을 자극시키기도 했다. 아니나 다를까 내가 미주통상 과장직에 부임한 직후 내려진 최종 판정은 예비 판정의 다섯 배나 되는 평균 14.64퍼센트였다. 이 정도 판정이면 우리나라 컬러 TV의 미국 수출길은 사실상 막혀버린 것이나 다름없었다. 설상가상으로 대만에 대한 판정률은 우리보다 훨씬 낮았다. 한국으로서는 대재앙이었다.

통 큰 구매 사절단과 바꾼 통상 교훈

그 무렵 우리나라는 미국과의 통상 마찰 완화를 위해 대규모 구매사절단을 보낼 계획을 갖고 있었다. 그러나 이런 와중에 내려진 덤핑방지관세 최종 판정은 한국을 초상집 분위기로 만들었다. 당연히 원인 분석과 책임 추궁이 따랐다. 실사를 해보니 덤핑 제소를 받은 삼성, 금성, 대우는 서로 정보 교환도 하지 않고 있있고 변호사노 각자 따로 쓰고 있었다. 당연히 공동전략 수립은 어려운 상황이었다. 그들에게는 최종 판정에서 낮은 반덤핑 관세를 받는 것도 중요하지만 다른 경쟁사와의 대결도 매우 중요했던 것이다.

어쨌든 수출 대체 지역이 마땅치 않았던 컬러 TV의 고율 반덤핑 관세 부과가 가전산업의 궤멸을 가져올 것이라는 위기감이 고조되자, 정부와 업계는 미 상무성에 재심 청구를 요구했다. 그것도 일반적인 연례 재심이 아니고 특별한 경우에만 예외적으로 하는 조기 재심이었다.

미주통상 과장직에 막 부임한 나에게 떨어진 첫 과제는 바로 조기 재심의 관철이었다. 이때 작업을 진두지휘한 사람은 훗날 상공자원부 장관을 지낸 김철수 차관보였다. 그는 자타가 공인하는 한국의 통상 분야 최대 고수로 '매사추세츠 김'이라는 별명으로 불렸으며 미국을 비롯한 세계 각국의 통상 분야 고위층들과 막역한 관계를 유지하고 있었다.

금진호 상공부 장관 명의로 말콤 볼드리지Malcolm Baldrige 미 상무성 장관에게 조기 재심을 요구하는 간곡한 서신이 전달되었고, 연일 대책 회의가 열렸다. 그러나 미국의 변호사와 로비스트들에게 한국 정부와 기업은 봉이었다. 준사법적 절차인데도 로비로 해결해보려던 한국은 이때 톡톡히 대가를 치르고 많은 교훈을 얻었다. 그들이 요구하는 수임료, 성공 보수는 천문학적 수준이었다. 사실 이때부터 한국의 기업과 정부는 미국 로펌이나 컨설팅펌에게 최대 매력적인 시장이 되어버렸다. 어쩌면 그 후 셀 수 없이 많았던 한국에 대한 제소와 개방 요구 등은 오히려 그들이 뒤로 부추긴 것은 아니었나 의심이 들기도 했다.

미국시장에서 33억 달러의 통 큰 구매를 한 한국통상사절단 대표인 금진호 상공부 장관의 조기 재심 요청은 상무성 차관이었던 라이오넬 올머Lionel Olimer의 차갑고 까다로운 성격 때문에 더 이상 진전되지 못했다. 아이러니한 것은 미국 기업들의 이야기만 듣고 한국 기업들을 그렇게 힘들게 했던 올머 차관이 은퇴 후에는 미국의 한 로펌에 취업해 섬유 품목 등 한국 산업을 위한 활동을 했다는 사실이다.

김철수 차관보는 워싱턴으로 날아가서 미국 정부를 상대로 재심 교섭에 임했고, 한국에 우호적인 단체인 미 농산물 수출 단체와 수입업자 단체 등을 통해 관련 상하원 의원들과 교섭을 했다. 나는 이 모든 일의 실무 책임자가 되어 평일은 물론 주말까지 반납하고 사무실에서 날밤을 새며 일해야 했다.

그런데 어느 날 내게 발신자도 없는 편지가 한 통 배달되었다. 누가 내게 보내는 투서인가 하고 뜯어보니 놀랍게도 아내의 편지였다. "한밤중에 파김치가 되어 들어왔다가 새벽 햇살이 스며들면 용수철같이 뛰어나가는 유령 같은 남편에게"로 시작되는 편지는 내 건강에 대한 걱정과 집안일에 대한 이야기로 가득 채워져 있었다. 집에서 대화할 시간이 없을 정도로 바쁜 남편이었으니 할 수 없이 편지로 대화를 요구했던 것이다. 그것이 러브레터였는지 옐로카드였는지 모르겠지만 나는 아직까지도 답장을 못했다. 다행히 그 후 레드카드는 받지 않아서 현재까지 쫓겨나지 않고 살고 있다.

집에도 못 들어갈 정도로 바쁘게 움직인 노력의 결실인지 약 3개월 후 미국 상무성으로부터 조기 재심 수락 통보가 왔다. 우리는 기업들과 함께 총력을 다해 재심에 응했지만 재심 예비 판정률은 30퍼센트가 넘었다. 혹 때려다 오히려 혹 붙이는 상황이 되어버린 것이다. 여론은 점점 더 악화되었다. 주변이 예기치 못한 상황으로 흘러가자 조기 재심을 재촉했던 한국 측은 이제 시간을 벌기 위해 최종 판정을 연기해 달라는 요청을 해야 하는 낯 뜨거운 상황에 봉착하고 말았다. 다행히 그해 말 최종 재심 판정은 10퍼센트 수준으로 다소 낮아져서 간신히 활로를 찾고 어렵게나마 수출이 재개될 수 있었다.

한국 정부와 기업들이 컬러 TV 통상 마찰로 말할 수 없는 곤욕을 치르고 한동안 반미감정이 악화되기도 했지만, 이를 계기로 우리나라는 통상 문제에 눈을 뜨게 되었고 대처 방안도 한 단계 성숙시킬 수 있었다. 또한 정부가 통상 관련 조직과 제도 개편, 인력 양성에 본격적인 지원을 하게 되는 계기도 되었다.

"미국에 수출 못한 앨범 사주세요"

컬러 TV와 비슷한 시기에 터졌지만 성격이 완전히 다른 사건이 그 다음해 초에 터졌다. 바로 한국산 앨범에 대한 미 업계의 덤핑 제소였다. 미국의 제소 업계들도 말할 수 없는 영세 업계였지만 한국의 업계들도 대표적인 영세 업계였다. 그래도 미국에 한때 3,600만 달러 정도 수출을 한 산업이기는 했다. 컬러 TV를 수출하는 기업들은 한국을 대표하는 대기업이었지만, 앨범을 판매하던 기업들은 변호사를 선임할 비용도 없었고, 미국 업계의 제소에 대처하는 방법도 몰라 정부만 바라보고 있는 상황이었다.

이에 우리는 변호사 비용의 상당 부분을 무역협회를 통해 지원해주고 국내 유수의 회계법인까지 참여시켜 자료 작성과 실사에 대비하도록 도움을 줬다. 하지만 그해 말에 내려진 최종 판정은 64퍼센트 수준이었다. 그야말로 경악과 분노를 금할 수 없는 결과였다. 그것도 당시 함께 제소를 당한 영어권인 홍콩 업계는 3퍼센트 수준이었으니 국민의 반미감정은 불에 기름을 붓는 형국이었다.

이러한 판정은 우리 업계의 주장과 자료는 전혀 반영되지 않고 미국 업계의 주장만 그대로 반영된 결과로 보였다. 이 판정으로 인해 앨범업체들이 수개월 사이에 모두 도산하자 우리나라에서는 학생들까지 나서서 "미국에 수출 못한 앨범 사주세요"라는 글씨를 써놓고 가두판매를 벌였고 앨범은 반미감정의 국민정서를 업고 불티나게 팔려나갔다.

당시의 앨범 덤핑 판정 사건은 컬러 TV 때보다 훨씬 더 폭발적으로 반미감정을 불러일으켰다. 그 후 앨범의 대미 수출은 사실상 중단되었고 대만 등을 통한 우회 수출과 해외투자를 통해 간신히 명맥을 유지하다가 사실상 사양의 길을 걷게 되었다.

이 사건을 통해 우리 정부와 기업은 일방적인 보호무역주의가 얼마나 무서운지 엄청난 비용을 치르면서 알게 되었고 이때의 경험으로 이후 해외시장에서 마찰을 빚지 않고 수출을 늘리는 방법들을 강구해 나갈 수 있었다. 아픈 만큼 성숙하게 된 계기가 된 것이다. 한국산 앨범에 대한 미국의 통렬한 공격은 세계시장에서 우리 상품을 팔 때 그만큼의 대가와 의무가 동반된다는 것을 뼈저리게 알게 해주었지만, 다른 한편으로 볼 때는 한국이 세계시장에서 눈에 띌 만큼 성장했다는 평가이기도 했다.

대미 통상 마찰의
최일선에서
뛰다

　　미주통상 과장직에 부임해 1년을 대미 통상 마찰의 불을 끄는 일로 내내 시달리던 나는 1985년 4월, 주미 한국대사관 상무관으로 발령을 받았다.

　　이때 3년간 나와 함께 동고동락한 동료 2인 중 한 명은 박인구 씨였다. 능통한 영어 실력에 판단이 무척 빨랐던 그는 과장으로 있을 때 일찍 공직을 떠나 지금은 동원그룹 부회장으로 있다. 또 한 사람은 나와 함께 미국에 들어온 오영호 사무관이었다. 그는 서울대 공대를 졸업하고 행정고시에 합격한 인재로 쾌활한 성품에 추진력 있는 의리파였다. 김종갑 씨에 이어 산업자원부 차관을 역임했고 지금은 무역협회 부회장으로 있다. 그러고 보니 산업자원부 차관은 나부터 시작해서 김종갑, 오영호, 임채민, 이재훈 등 주로 미국통으로 이어져왔다.

　　통상 마찰의 최일선에서 미국 상무관으로 근무할 때 치른 통상 전쟁은 하도 많아서 일일이 셀 수도 없을 정도다. 미국 텍사스인스트루먼트TI의 한국 메모리 반도체에 대한 특허권 침해 제소 및 휴대폰과 모피코트 등에 대한 특허 소송, 자동차용 전지·전화 교환기·주철관 이음쇠·금속재 취사도구·해상 시추 설비·피아노·래디얼 타이어 등에 대한 덤핑 제소, 냉연강판·형강 및 해상 시추 설비에 대한 상계관세 제소, 주물제품·지게차 및 신발류에 대한 긴급 수입제한조치 등 한국산 제품에 대한 굵직굵직한 제소들이 줄을 이었다.

이외에도 젠킨스 법안이라는, 미국 의회의 섬유 생산지 출신 의원들이 한국, 대만, 홍콩을 겨냥해서 발의한 섬유 수입 규제 법안과 게파르트 의원이 제안한 한국 등 선발 개도국에 대한 일반 특혜 관세 철회 법안 등의 보호주의 입법 저지도 현장에서 해야 할 일이었다. 또 한국의 시장개방과 지적소유권 보호 등을 밀어붙이기 위한 미 통상법 301조 제소에 따른 대응에도 대부분 참여해야 했기 때문에 이 시기에는 정말 쉴 틈이 없었다.

섬유 쿼터 따기만 하면 돈이다

먼저 섬유 분야 이야기부터 하고 넘어가자. 섬유와 의류에 대한 수입규제는 무역사에서 가장 체계적이고 긴 역사를 가지고 있다고 봐도 과언이 아니다. 섬유나 의류 분야는 어느 나라나 대부분 고용 효과가 큰 노동집약 산업이기 때문에 자유무역을 지향하는 GATT에서도 예외 조치를 허용해 MFA(Multi Fiber Agreement, 다자간섬유협정)라는, 특별히 수입규제를 허용해주는 협정에 의해 교역이 제한되고 있었다. 특히 미국, 유럽, 캐나다 등 섬유 수입국은 주요 수출국인 대만, 한국, 홍콩, 중국, 중남미와 동남아 국가 등에 대해 섬유쿼터제를 설정해 수입을 제한하고 있었다. 국가별 쿼터를 매년 협상을 통해 정하면 수출국에서는 과거의 수출 실적 등을 감안해 업계에 쿼터 물량을 배분한다. 배정된 쿼터, 특히 미국에 대한 쿼터는 그 자체가 달러박스였다.

쿼터는 한편으로는 수출에 대한 제한적 조치이기는 하지만 수출국이나 수출 기업의 입장에서 보면 쿼터 물량만 넉넉하면 타국이나 타업체와 경쟁하지 않고 수출 물량을 확보할 수 있는 특혜 성격의 양면성이 있다. 대우가 초기에 성장기반을 구축한 것도 와이셔츠 쿼터를 넉넉히 확보했기 때문이다. 그래서 한국 기업들은 쿼터의 전체 총량을 늘이는 것도 중요했지만 정해진 쿼터 물량에서 자기들의 몫을 더 많이 확보하기 위해 혈안이 되어 있었다.

미국과의 섬유쿼터제 협상은 1970년대에는 한국의 대미 통상 외교의 거의 모든 것이었다. 상공부의 차관보가 미국 상무부나 통상대표부의 실무 책임자를 상대로 교섭을 해오던 종목이었다. 내가 워싱턴에서 근무할 때는 본부의 훈령을 받아 직접 교섭에 임하기도 했다. 미 상무부는 워싱턴 시내 한 블록의 반을 점거할 정도로 큰 규모를 자랑하고 있지만, 미국 통상대표부(United States Trade Representative, USTR)는 자그마한 건물 안에서 소수 정예로 운영이 되는 기관이었다.

미 상무부는 현재 한국의 지식경제부 같은 기능에 코트라와 같은 해외시장 개척, 그리고 서비스 산업 육성 등의 업무까지 다 포괄하고 있었기 때문에 조직이나 인원이 방대했지만, 국가 간 통상 협상에 관해서는 미국 통상대표부를 지원하는 역할에 그치고 있는 것 같았다.

협상에서 실무자와의 관계가 중요한 이유

미국 통상대표부와 상무부에 수시로 출입하게 되면서 나는 많은 핵심 중간 간부급들과 가깝게 지낼 수 있었다. 통상대표부의 피터 알가이어 대표보, 샌디 크리스토프 부대표보, 론 소리니 섬유협상 부대표보, 카렌 위버 섬유협상 과장, 상무부의 로저 세브란스 동아태국장, 데비 램 한국/대만 과장, 스카트 가든 한국 담당관, 이브 앤더슨 섬유쿼터 운용 과장 등과 특히 가깝게 지냈다.

나는 이들을 식사에 초대하고 스카프나 넥타이, 공예품 같은 부담스럽지 않은 선물을 주면서 늘 좋은 관계를 유지하려고 노력했다. 미국 통상대표부 직원들은 매우 실력이 있었고, 각 부처의 의견을 종합해 미국 정부의 입장으로 만들어내는 권한이 있었다. FTA 협상에 관해 한국의 통상교섭본부가 각 부처의 의견을 조율하듯 지금도 미국 통상대표부가 미국 정부의 FTA 입장을 정하고 협상을 주도하고 있다. 그래서 미국 통상대표부의 간부들은 출세가 빨랐다. 내가 가깝게 지내던 사람들도 훗날 대부분 부대표급으로 승진을 했고, 다른 부처의 차관급 또는 정치계로도 많이 빠져나갔다. 미국 통상대표부와 상무부의 엘리트들은 핵심적인 일을 하는 한국의 관료들이 밤을 새며 일하듯 주요한 협상이 있으면 주말이든 휴일이든 한국 관료들보다 더 무리해서 일했다.

섬유 협상을 비롯한 대부분의 협상은 미국 통상대표부의 2층 또는 3층의, 크지 않고 별 장식도 없는 소박한 회의실에서 열렸다. 그런데 당시 회의실 안에 유일하게 벽에 걸린 장식물이 있었는데 바로 알루미늄 야구 배트였다. 일본에서 만든 야구 배트가 미국시장에 피해를 많이 준다고 미국 통상대표부 직원들이 상징적으로 벽에 붙여 놓은 것이었다. 그들은 일본과의 통상 협상이 있을 때면 늘 그 배트를 보면서 전의를 불태운다고 내게 킥킥거리면서 이야기하곤 했다.

당시 미국과 일본은 '일본의 수출 위주의 경제정책 구조 자체를 바꾸라는 주제의 정책적 협의'로 매우 예민한 관계였다. 지금 미국은 중국과 이와 유사한 정책적 협의를 하고 있지만 중국에는 말이 잘 안 먹혀들어가는 것 같다. 이때의 미국 공세 때문에 일본의 잃어버린 10년이 시작되었다고 해도 과언이 아니다.

미국의 무역 정책의 초점이 일본을 규제하는 데 맞춰져 있었기 때문에 그 반발심으로 그랬는지는 모르겠지만 일본 사람들은 의외로 미국 사람들과 잘 사귀지 못했다. 그래서 미국 관계자들은 일본 협상자들과 만나면 답답해했고, 시간이 어느 정도 지나면 서로 어깨동무를 하게 되는 한국 사람들의 친화력을 배워야 한다면서 투덜대곤 했다. 미국 사람들 입장에서 볼 때 일본인들에게는 소위 인사이드 커뮤니케이션이 부족했던 것이다.

어쨌든 야구 배트 장식물은 일본인들에 대한 미국인들의 좋지 않은 감정에서 비롯된 하나의 일화로 내게 기억되고 있다. 협상에서는 대인관계의 스킬이 매우 중요하다는 것을 일깨워주는 한 대목이다.

미국과의 협상보다 한국과의 협상이 더 어렵다

미국과 섬유 협상을 할 때 협상 날짜가 정해지면 나는 필마단기匹馬單騎로 먼저 미국 통상대표부를 방문해서 협상 대표와 실무자를 상대로 사전 협상을 개시했다. 이 과정은 매우 중요했다. 모든 결정의 기준이 될 실체가 있는 협상이었기 때문이다. 사전 협상은 서로가 상대방의 속사정을 인정하고 진행되었기 때문에 서로에게 기대하는 수준과 지키고자 하는 선을 분명하게 이야기할 수 있었다. 다시 말하면 사전 협상은 어느 정도 상대방의 처지나 입장을 생각해 절충점이나 절충할 수 있는 방법을 찾아내는 과정이었다. 협의하다 시간이 길어지면 자연스럽게 같이 식사를 하러 나가기도 했는데, 식사 도중 개인적인 이야기도 나누고 실무자로서의 어려움도 나누다 보면 어느새 동병상련의 입장이 되어 있었다. 이럴 때마다 현실을 모르고 무리한 지시를 내리는 윗사람들은 우리의 공적이 되었고 아주 묘한 동지애 같은 것도 생겨났다.

모든 협상의 성패는 양측 대표 간의 개인적 신뢰에 달려 있다. 한미나 한-EU FTA 협상처럼 큰 규모의 통상 협상도 궁극적으로는 양측 수석대표 간의 친밀도나 신뢰가 좌우하는 비공식 개별 협의에서 결판이 나는 것이다. 현지 근무의 장점은 바로 이런 것에 있다. 현장에서는 서로의 입장이 달라 늘 아옹다옹 싸우면서도 어느새 정이 들고, 상대가 한 입으로 두 마디 안 하고 자신을 배려하고 있다는 믿음을 갖게 되면 신뢰 속에 진정한 협상이 이루어지는 것이다.

이런 과정을 거쳐 사전 협상이 이루어지면 나는 사전 협상을 통해 만들어진 절충안을 감추고 그때부터 서울 본부와 협상을 시작한다. 섬유쿼터제 협상에서 미국 측은 늘 물량과 융통성을 최대한 억제하고 신규 품목을 추가로 규제 대상에 넣기를 바랐다. 이러한 협상 과정에서 아무래도 논리적으로 명분이 있는 부분은 지켜지고 무리가 따르는 부분은 마지막 단계에서 양보할 수밖에 없다. 사전 협상을 마친 후 내가 정부에 협상 전망에 대해 비관적으로 보고를 하면 본부에서는 좀 더 노력해보라는 등의 요구를 하지만 그들의 기대수준은 상당히 낮아진다.

우리나라 대표단과 기업 관계자들이 장시간 비행기를 타고 오면 우리는 우선 워싱턴에 있는 유명한 한국 식당 우래옥으로 안내했다. 스스로 자진해서 양식을 찾는 한국 출장자는 거의 본 적이 없었기 때문이다. 그러나 낮에 협상이 있는 날에는 절대로 한국 식당을 소개하

지 않았다. 미국 사람들이 한국의 마늘 냄새를 너무 싫어했기 때문이다. 우리는 이처럼 사소한 부분까지 신경을 써가면서 협상에 임했다.

다음날 아침 협상 대표단이 협상을 위해 떠나면 기업 관계자들은 호텔에서 무운장구를 빌며 배웅을 했다. 기업 관계자들이 협상지까지 따라가는 경우는 그 목적이 단 한 가지였다. 협상 대표단을 응원한 공로를 인정받아 국내에서 쿼터 배분을 받을 때 좀 더 유리한 위치를 점하고자 하는 속셈이었다. 이들의 속셈은 우물가에 와서 물을 퍼 올릴 생각보다는 숭늉마실 생각부터 앞세우는 행위와 다를 바 없었다.

우리나라 협상 대표단의 모습은 TV에서 보는 것처럼 늘 짙은 색의 정장에 007가방을 들고 잔뜩 긴장해서 미국 통상대표부로 들어가는 모습이 대부분이다. 대표단의 모습은 제각각이다. 한 번은 우리 측 협상 대표단이 모두 남자들이었는데, 미국 측 대표단은 여자에 모두 골초들이었다. 특히 샌디 크리스토프나 카렌 위버는 소문난 골초로 앉자마자 담배를 피워 물었다. 그때만 해도 공공기관에서 흡연이 어느 정도 용인이 되었던 시절이라 그나마 이해가 되었지만 지금은 상상도 못할 일이다.

협상 첫날은 양측이 원칙만 내세우고 진전이 당연히 없다. 이러한 회담장 분위기는 호텔로 돌아온 후 기업 대표들에게 전해지고 분위기는 착 가라앉는다. 그러나 다음날 협상 때부터 나는 적극적으로 개입한다. 이미 상대방과 암묵적으로 협상이 된 절충안을 들고 우리 측 대표단을 코치하고, 마지막으로 양측 대표단 간 협의를 통해 타결을 짓도록 한다. 물론 나는 이미 답안을 알고 있었지만 이러한 방식으로 한국에서 온 대표단의 입장을 높이 세워주면서 협상의 결과를 그들의 성과물로 만들어줬다. 서울에서 온 협상 대표단이 가져온 훈령 상의 최대치보다 더 많은 쿼터를 확보하는 대수확을 거두어 호텔로 돌아와 그 결과를 기업 대표들에게 발표하면, 박수와 환호성 속에서 그들은 영웅이 되었다. 자축의 술 파티가 벌어지는 건 당연했다.

이런 방법은 협상을 여유롭게 할 수 있게 해주는 노하우와 기술이기도 하다. 처음부터 협상 대표가 과도한 목표에 부담을 느끼면 협상이 힘들어진다. 이것은 국가 간뿐만 아니라 기업 간, 개인 간 협상에서도 마찬가지라고 생각한다.

한번 시작하면 끝까지 싸운다

그러나 협상이 늘 원만하게 풀리는 것은 아니다. 어떤 경우에는 아무리 좋은 관계라 하더라도 목숨 걸고 싸워야 할 때도 있다. 미국이나 수입국에서는 섬유 품목 규제의 범위를 끊임없이 넓히려고 한다. 예를 들면 규제 대상이 아니었던 가방을 섬유제품으로 분류해 수입 총량을 할당한 경우도 있었다. 수입을 하는 갑의 입장인 나라에서 대략적인 명분을 가지고 시행하려 하면 결국 끌려갈 수밖에 없다. 또 어느 정도 미국 내 시장점유율을 보장받는 이점도 있다. 그래서 한국 내 해당 협회나 조합은 쿼터제가 시행되면 속으로 쾌재를 부르는 경우도 있다. 수출 물량이 확보되고 자기들은 이를 국내에 나누어주는 권한을 갖게 되니 그만큼 힘이 생겨 좋은 것이다. 미국이나 유럽의 쿼터제 등 직접적 수입규제가 없어지면서 한국의 그 많던 수출조합들이 다 없어진 것은 그들이 공생관계였음을 증명한 셈이다.

그런데 가방에 대한 수입규제는 참을 수 있었는데 피혁가방까지 포함시키겠다고 했을 때는 어이가 없었다. 피혁은 동물의 가죽이니 분명 섬유가 아닌 것은 인정하지만 가방 안감은 섬유로 되어 있으니 섬유 제품으로 포함시켜 쿼터 안에 가둬야겠다는 심사였다. 우리는 그대로 당하고 있을 수만은 없었다. 그들의 논리도 부당했지만 피혁가방은 고급품으로서 언젠가 중국이 가방 산업에서 우리를 추격한다 하더라도 고부가가치 제품인 피혁가방의 자유로운 수출은 우리가 끝까지 지켜야 할 분야였기 때문이다.

우리 측이 그들의 요구를 끝까지 안 들어주자 미국 측은 급기야 어느 상원의원과 연결된 업체가 강력히 규제 요구를 해와서 그러니 제발 봐달라는 사정까지 했다. 우리는 그래도 입장을 바꾸지 않았다. 그러자 그들은 품목분류 기준까지 바꿔가며 자기들 마음대로 처리를 해버렸다. 결국 우리 측은 이 문제를 GATT(지금의 WTO의 전신)의 분쟁해결기구에 제소해 공정한 판결을 요청했다.

이 문제를 해결하기 위해 우간다 장관 방문 때 나와 함께 투캅스로 불렸던 김종갑이 미주통상과에 근무하면서 제네바로 가서 대표선수로 출전했고 미국 측에서는 나와 좋은 관계를 유지하던 소리니가 출전했다. 이날의 분위기는 아무래도 힘이 있는 미국의 목소리가 클 수밖에 없었다. 그런데 패널 분위기가 미국 쪽으로 막 넘어가려는 순간 우리의 투캅스 김종갑이 결정적인 한마디를 던졌다.

"피혁가방 안감이 섬유로 되어 있다고 이를 섬유로 분류해 수입규제를 하면 자동차는 어떻게 분류해야 합니까? 자동차 시트가 섬유로 되어 있으면 자동차도 섬유로 분류해 수입규제를 해야 합니까?"

김종갑의 이 말 한마디로 미국 측은 유구무언이 되었고 그날의 승리는 당연히 우리 차지가 되었다.

때때로 적과의 동침도 불사하다

한국, 대만, 홍콩으로부터 신발 수입이 급증하자 미국 신발업계는 미 통상법 201조에 의한 긴급수입제한조치(수입규제조치의 일환으로 덤핑 여부와 관계 없이 수입 증가만의 이유로도 수입 제한을 할 수 있는 조치)를 미 정부에 요청했다. 물론 미 의회는 강력한 뒷받침을 해줬다. 이처럼 미국의 여러 가지 형태의 수입규제에 대응하기 위해서는 때때로 같은 처지의 나라와 공조할 필요도 있었다. 특히 대만과 홍콩은 우리나라와는 경쟁을 하는 나라였지만 일본 다음으로 미국의 표적이 되어 있는 국가였다. 이들 국가는 신발, 섬유 등 미국에서 우리와 함께 규제를 받고 때로는 그 안에서 조금이라도 피해를 덜 보려고 치열하게 눈치싸움을 했지만, 공멸의 상황이 오면 언제라도 공동보조를 취했다. 그 대표적인 사건이 신발에 대한 미 통상법 201조에 의한 긴급수입제한조치였다.

이 제도는 특정 품목의 수입이 국내 산업에 심각하게 피해를 줄 정도로 급증할 경우 덤핑이나 보조금 혐의가 없더라도 그 산업에 대한 수입제한조치를 취할 수 있는 제도로서, 해당 사업에 구조 조정을 지원하기 위한 조치 등 자체적인 조치도 있지만 관세 인상, 쿼터제 등 강력한 수입규제도 취할 수 있는 GATT 상의 용인된 조치다. 하지만 결국은 힘 있는 수입국가를 위한 조치다. 이를테면 시장판에서 오래전부터 있던 식당이 새로 들어온 식당에 손님이 몰린다고 당국에 제소해서 장사를 못할 정도로 세금을 높게 물리도록 하는 제도다.

물론 이렇게 직접적인 수입규제조치를 할 경우에는 피해를 본 수출국도 보상을 받아야 하는데 실질적 보상을 받지 못하면 수출국은 이에 대한 보복 조치를 취할 수 있다. 이런 경우 변호사들은 "싸워라, 싸우면 승산이 있다. 이럴 때 숨죽이고 있으면 미국 업계나 정부가 더 무지막지하게 나올 수 있다."라면서 싸움을 은근히 부추기기도 한다. 때리는 시어머니보다 말리는 시누이가 더 밉다는 속담이 딱 어울리는 경우다.

그러나 현실적으로 힘이 없는 수출국들이 수출을 자율적으로 규제하겠다는 타협안으로 미 정부나 업계를 구슬려 극단적인 상황으로 안 가게 만드는 게 일반적인 관행이다. 수출국 간의 공조 방식은 변호사나 로비스트의 정보를 공동으로 활용하거나 미국 국제무역위원회의 공청회에서 수출국의 입장을 공동으로 표명해 미국 측에 약점을 잡히지 않도록 하는 방법 등이 있다.

미국 내 우리 편을 활용하라

젠킨스 섬유수입규제 법안 등 미국 상하원의 규제 입법 동향에 대한 대응은 좀 달랐다. 당시 미국 하원의 젠킨스 의원과 상원의 최고령자인 서먼드 의원 등이 한국 등 섬유 수출국의 섬유 수출 물량을 3년간 동결시키겠다는 내용의 법안을 상정시켰을 때 미 중남부의 섬유 의류를 생산하는 주의 의원들은 이를 통과시키려고 앞장서서 다른 의원들을 규합했다.

이에 주요 수출국인 대만, 홍콩, 일본과 한국은 신속히 힘을 합쳤고 당시에는 수출 물량이 많지 않았던 중국까지도 공동 대처했다. 또 다행히 미국 내 소비자 단체와 한국 등 아시아 지역에 수출을 많이 하는 농산물 단체 등이 섬유 수입규제를 반대하는 운동을 벌여줬고, 한국 진출을 서두르는 은행, 보험, 증권회사 등 금융회사들도 의회에 편지쓰기 운동 등을 통해 반대 여론을 조성해나갔다.

미국 의회가 강력한 수입규제 법안을 발의할 경우 표면적으로 반대 입장에 서는 것은 미 행정부도 마찬가지다. 이럴 때 관련국들은 미국 통상대표부 등 미 행정부가 의회에 '우리가 아시아 국가들로부터의 섬유 수입을 강도 높게 막을 테니 강력한 규제 법안은 철회해달라'는 요구를 할 수 있도록 명분을 줘야 한다. 이를테면 적절한 수준에서 섬유, 의류 수출을 자제해줘야 하는 것이다.

이러한 총체적 노력이 통했는지, 거의 통과가 확실시되던 미 의회의 강력한 섬유수입규제 법안은 일촉즉발의 순간에서 저지되었다. 이는 1980년대 후반과 1990년대 초에 벌어졌던 상황이었는데, 섬유와 신발 등 당시 우리나라의 주력 수출 품목인 경공업 제품은 물론 미국과 유럽시장에 수출되고 있던 거의 모든 제품들에 대해 이와 같은 전선이 형성되었다. 그 후 우리나라의 수출 품목이 점차 자동차와 전자 제품 등 고부가가치 품목으로 바뀌면서 새로운 형태의 산업 간 마찰로 이어졌다.

당시 우리나라 일부 학자들은 섬유와 신발은 언젠가는 중국에게 수출시장을 다 뺏기게 될 것이니 미국의 신경을 건드리면서까지 괜한 집착하지 말고 빨리 고부가가치 수출 품목으로 수출 구조 조정을 하라고 조언했다. 하지만 지금 생각하면 당시의 어려운 여건 속에서도 섬유와 신발 등의 수출 물량을 어느 정도 지켜냈기 때문에 오늘날까지 그 명맥을 유지하고 있는 것이라고 생각된다. 게다가 오늘날 이들 제품은 IT, BT 등과 융합해 기능성 제품과 브랜드 제품으로 다시 태어나 중국산 저부가가치 제품과 차별화되어 세계시장에서 높게 인정을 받고 있다. 이는 당시 미국과의 마찰을 지혜롭게 잘 극복한 덕택이라고 생각한다.

개도국 졸업도 좋지만 시간부터 벌자

　　　　　　　　　워싱턴에 근무하는 대사관 직원들은 한국 시간으로 생활한다는 말이 있다. 한국에서 대표단이 밤늦은 시간에 도착하면 다음날 회의 준비 때문에 새벽까지 같이 있다가 낮에 회담장에 가서 조는 경우가 비일비재하기 때문이다. 또 한밤중에 무턱대고 걸려오는 전화를 받아야 할 때도 많다. 대체로 서울의 업무시간은 워싱턴의 한밤중이다. 그러나 서울의 높으신 분들은 지시할 것이 있거나 물어볼 것이 있으면 시차는 생각지도 하지 않고 아무 때나 전화를 하곤 한다. 한밤중 전화는 대부분 '시장개방'과 '개도국 졸업'에 관한 통상 이슈였다.

미국 수출길 가로막는 저승사자 '슈퍼 301조'

워싱턴의 통상 전사들은 전 품목에 걸친 수입규제를 막기에도 바빴지만, 한국에 대한 '개도국 졸업과 시장개방' 압력도 만만치 않았다. 미 행정부는 새롭고 강력한 통상 조치를 발동할 때마다 반드시 미국 의회의 전주곡을 들려줬다.

1980년, 미국 의회는 상대국이 개방한 만큼만 시장을 열어준다는 상호주의 법안, 수입 과징금 법안 등 노골적인 보호주의 법안을 제출했다. 물론 이는 1984년에 1,200억 달러 수준이던 무역 적자액이 이후 매년 거의 200억 달러씩 급증한 데서 기인한 것이었지만 미국의 관련 기업이나 이익 단체들의 압력이 가장 큰 원인으로 작용했다.

그해 9월, 미국 통상대표부는 일본의 가죽 제품과 담배, EC의 과일 통조림, 브라질의 컴퓨터, 대만의 의약품 등의 문호개방에 1차 미 통상법 301조 발동을 걸었고 한국은 보험시장 개방을 대상으로 했다. 곧 이어진 2차 발동에서는 EC의 소맥, 대만의 포도주, 담배 등을 대상으로 수입 자유화를 요구했다. 301조 조치는 미 통상법 상 가장 포괄적이고 강력한 조치이면서도 매우 추상적이고 불명확한 조치로 다음과 같은 내용을 골격으로 하고 있다.

외국의 정책이나 법규, 제도, 관행을 정당화할 수 없거나 불합리하거나 차별적이거나 미국 무역에 부담을 주는 경우 미 대통령은 불공정 무역 대상을 제거하기 위해 모든 적절하고 가능한 조치를 취한다.

여기서 미국은 이러한 조치를 '취할 수 있다'도 아니고 '취한다'이다. 미국같이 자유무역을 신봉하는 나라에서 어떻게 이런 법이 생겨났는지 도저히 이해가 되지 않는 대목이었다. 물론 1년간의 충분한 조사와 협의 및 보상 등의 절차가 따르고, 의견이 맞지 않을 경우 분쟁 해결의 절차가 있다. 그러나 실제로는 대부분 일방적 조치로 끝난다.

세계 최강 제국의 통상법 301조는 가공할 만한 위력이 있었다. 특히 어디에 하소연할 데도 없는 한국 같은 나라에게는 더욱 그랬다. 미레이건 행정부는 '공정fair'이라는 개념을 무역적자 및 재정적자라는 쌍둥이 적자로 몰린 미 정부의 구원투수로 삼았다. 현재 한국도 국내적이긴 하지만 역시 공정이라는 개념을 양극화나 불균형 문제를 해소하는 데 유력한 도구로 사용하고 있다는 점에서는 비슷한 상황이라고 할 수 있다.

당시 우리는 GSP(Generalized System of Preference, 일반특혜관세제도)의 졸업 압박을 받으면서 2기 GSP 연장 협상에 들어가 있는 중이었다. 그런데 미 통상법 301조라는 무역 보복조치는 첫째, GSP와 같이 상대국에 주는 특혜의 철회 또는 중지를 할 수 있었고 둘째, 새로 관세를 부과하거나 새로운 쿼터를 실시할 때 문제가 되고 있는 분야 이외에도 다른 분야나 품목에도 실시할 수 있게 되어 있었다. 다시 말하면 우리의 보험시장 개방이 만족스럽지 않을 경우 미국 측은 이제 막 길이 열린 한국산 자동차 수출의 싹을 잘라놓을 수도 있었다.

　　　　　　　　　　

총력 대처는 홍보용

레이건 정부의 미 통상법 301조 발동은 컬러 TV와 앨범에 대한 덤핑 제소 이후에 터져 나온 최대의 통상 마찰이었다. 한국은 또 한 번 큰 소란에 빠졌고 반미감정도 다시 불타올랐다. '제2의 신미양요' '왜 또 한국이냐?' 등등의 자극적인 언론 기사 제목도 연일 등장했다.

한국 정부는 이에 대한 협상을 전담하고 대미 통상 마찰을 근원적으로 완화시키기 위한 '해외협력위원회'를 새로 만들었고 차관급인 초대 기획단장을 미국통인 인사가 맡게 되었다. 또한 주미 한국대사관도 보강되어 본부 통상국장 출신으로 개성이 강한 선준영 씨가 경제공사로 와서 현장을 지휘했다.

시장개방에 대해서는 야이터 미 통상대표부 대표, 스미스 부대표, 알가이어 부대표 등으로 내려오는 미 협상라인이 생각보다 고압적이어서 우리 측이 열심히 방어했지만 수세에 밀릴 수밖에 없었다. 어차피 칼자루를 쥔 쪽의 주장대로 상황이 흘러갈 것은 불 보듯 뻔한 일이었다. 우리 입장에서는 시간을 최대한 벌고 피해를 최소화하는 것밖에는 달리 방법이 없었다.

수차례에 걸쳐 워싱턴과 서울을 왕래하면서 약 7~8개월 동안 개최된 협상에서 우리는 결국 보험시장 개방, 지적소유권 보호조치 등의 문제를 타결했다. 나는 이 기간 동안 한국에서 온 협상단과 기업인들 외에 정치인들을 수없이 만나야 했다. 대부분 미국이 한국에 가하고 있는 수입규제나 시장개방 압력에 대해 한국 국민과 국회의 의견을 전달하고 그 부당성을 지적해 시정시키겠다며 큰소리를 치고 오는 사람들이었다. 그런데 한미관계에서 매우 중요했던 그 시기에 정작 그들을 안내하는 일이 내게는 워싱턴 근무 시절 가장 힘들었던 일로 기억되고 있다.

한국의 국회의원이 미국에 공식 대표단으로 오거나 의원 교류 프로그램에 초청받아 올 경우를 제외하고는 미 의회 인사나 행정부 인사 면담은 매우 어려운 일이었다. 그것도 출발하기 며칠 전에 연락할 경우에는 일정 주선이 거의 불가능했다. 물론 상공부를 관할하던 국회 상공위원회 소속의원의 경우에는 대부분 본부의 지엄한 지시가 있어 비상수단으로 따로 일정 주선을 시도하기도 한다. 평소에 친하게 지내던 보좌관 또는 상무성이나 통상대표부 실무자들에게 선물을 가져다 주며 떼를 쓰기도 하는 것이다. 그러면 사진만 잠깐 찍는다는 조건으로 1분 면담이 허락된다. 이런 경우 한국에서 온 높으신 분들은 대부분 미리 준비해온 시장개방 항의문을 봉투째 전달하고 사진을 찍는다. 그러고는 한국에 돌아가서는 미국 측에 강력한 입장을 전달했다고 홍보를 하곤 했다.

한 번은 영어가 조금 되는 의원이 워싱턴을 방문한다는 소식을 들었는데 그 후 아무 연락이 없었다. 오히려 잘됐다 싶었는데, 그날 상무성에 일이 있어서 들어갔더니 그분이 가장 낮은 직급의 실무자 스카트 가든의 책상 옆에 놓인 의자에 앉아 대화를 나누고 있었다. 순간 내 얼굴이 다 뜨거워졌다.

한 단계 업그레이드된 우리의 통상 대처 능력

협상이 타결된 후 협상 결과에 대해 충분히 선방했다는 의견과 너무 많이 양보했다는 의견이 엇갈렸다. 지금까지 방식에만 부여하던 특허권을 물질에도 부여하도록 한 것과 함께 소급 적용 문제를 요구한 지적소유권 협상에 대해서는 특히 국내적으로 논란이 많았다. 왜냐하면 이 문제는 국내 입법사항이었음에도 불구하고 미국 측에서 입법 날짜까지 지정하는 등 거세게 밀어붙였기 때문이다. 지금 같았으면 한국 국회에서 어림도 없었을 내용이었다. 물질특허의 소급화를 주장해 관철시킨 미국 제약업계가 과연 이를 통해 특허실시권 등의 혜택을 얼마나 받았는지는 알 수 없었다.

보험시장 개방은 몇 개사를 추가로 허용하느냐의 문제가 있었지만 이는 사실 '청명에 죽나, 한식에 죽나'의 상황처럼 차이가 얼마 안 나는 시간상의 문제일 뿐이었다. 다만 협상에서 보험시장의 개방을 타 부문의 레버리지로 활용하지 못한 것이 못내 아쉬웠다.

우리 대표단은 해협위에서 지휘했지만 완벽한 리더십을 발휘하지 못해 적전 분열을 보여준 적이 많았고, 미국 측은 이를 이용해 한국 각 부처에 대한 각개격파 작전을 펴곤 했다. 특히 한국 정부의 부처 이기주의를 잘 아는 미 통상대표부의 스미스 부대표는 한국을 방문할 때마다 각 부처를 개별적으로 찾아가 공 다툼 하듯이 털어놓는 각 부처의 개별 입장에 대한 정보를 미리 파악한 후 협상장에서 이를 적절히 활용하곤 했다.

미국 측은 그 뒤에도 컴퓨터, 고급 쇠고기, 담배 등의 개방을 지속적으로 요구해왔고 우리는 하나둘 옷을 벗어야 했다. 지금 우리나라는 상품과 서비스 및 투자 등 거의 모든 분야의 시장이 개방되어 있지만 당시 미국의 강력하고 조급한 시장개방 압력이 우리에게 독이 되었는지 아니면 오히려 경쟁력을 갖추게 하는 자극제가 되었는지는 이 시점에서 다시 한 번 평가해볼 만하다고 생각한다.

우리가 시장개방을 놓고 고지전에서 이겼다고 볼 수는 없지만 그래도 최후의 고지는 지켜냈다고 자평해본다. 분명한 것은 미국 측의 개방 요구를 시작으로 거의 모든 부처, 심지어는 국내 업무만 담당하던 정부기관도 국제통상 문제를 시급하게 인식하고 국제관계 부서를 설치하는 등 정부 행정의 투명화와 글로벌화가 앞당겨졌다는 사실이다. 나는 국가 간, 기업 간 또는 개인 간이라도 통상 협상에서는 다음과 같은 몇 가지 원칙을 지켜야 한다고 생각한다.

첫째, 상대방을 속이는 일은 절대 금물이다. 당시에는 잘 넘어가는 것 같지만 속임수는 언젠가 반드시 드러나게 되어 있고 이렇게 되면 협상 과정에서 가장 중요한 신뢰 관계가 깨진다.

둘째, 될 수 있으면 속내를 드러내지 말아야 한다. 한국인에게 가장 취약한 것이 바로 이 부분이다. 협상에서는 급한 성미를 참지 못하고 자기 카드를 먼저 내보이는 쪽이 진다. 상대가 카드를 내보일 때까지 인내하면서 기다릴 줄만 알아도 협상에서 유리한 위치를 차지할 수 있다.

셋째, 상대방 입장을 헤아리고 배려하는 노력이 중요하다. 협상 대표로서 혹은 개인적으로 동병상련의 마음을 나누고 서로에게 유익한 쪽으로 협상을 마무리하겠다는 태도를 보이면 협상은 일사천리로 진전된다.

　마지막으로 강조하고 싶은 원칙은 협상 사안들에 대해서는 사소한 내용까지 철저히 파악하라는 것이다. 내 경험으로 볼 때 협상 내용을 잘 파악하고 있으면 영어도 훨씬 잘된다. 당연히 사전 연습도 중요하다. 협상 과정에서는 논리보다는 사례가 더 확실한 무기가 된다. 같은 주장이라도 양면성이 있는 논리는 상대방에게 공격할 수 있는 틈을 주기가 쉽지만 분명한 사례는 상대가 대항하기 어렵다. 거부할 명분을 찾기 힘들기 때문이다. 여기에 유머 감각까지 있으면 금상첨화다.

몬트리올
UR 협상장
한국 대표단의 교훈

올림픽이 열리던 1988년 봄, 나는 워싱턴에서 상무관 3년 근무를 마치고 본사에 귀임했다. 귀임 후 한 번쯤은 통상 분야를 벗어나 다른 일을 해보고 싶은 기대가 있었지만 다시 통상 업무 분야로 발령을 받았다. 그것도 통상 업무 분야 중 가장 힘들다고 소문난, 다자간 통상 협상을 담당하는 국제협력과 과장 자리였다.

국제협력과는 GATT, UNCTAD 등의 세계경제 기구와 다자간 통상 업무를 수행하기 때문에 1년 내내 국내 기업인들은 거의 한 명도 방문하지 않았고, 공부만 엄청나게 해야 되는 부서였다. 이곳에서 업무를 보려면 외국어 실력은 물론 국제통상 업무의 경험도 풍부해야 했다.

김철수 차관보는 부득이 나밖에 시킬 사람이 없어 다른 부서로 가게 되어 있는 사람을 빼왔다며 미안하다고 양해를 구했다. 국제협력과에는 이미 배성기 사무관(전 산업자원부 기획실장), 안현호 사무관(전 지식경제부 차관), 김동선 사무관(현 중소기업청장), 김용근 사무관(전 산업자원부 차관보) 등 막강한 스태프들이 포진해 있었다. 지금은 많이 개선되긴 했지만, 당시 다자간 통상 무대에서 한국의 존재는 정말 미약했다.

통상 협상은 여러 나라 대표가 모인 자리에서 논리적 공방을 하는 무대다. 어느 나라이든 그 나라의 최고 대표선수들이 출전했고 그들은 대부분 10년 이상 통상 업무만 담당한 사람들이었다. 때문에 제네바에서 모이면 서로 퍼스트 네임을 부르는 친숙한 사이였을 뿐만 아니라 상대의 능력과 전략까지 훤히 꿰뚫고 있었다. 그러나 한국의 대표들은 매번 참가할 때마다 바뀌었고 협상장이나 리셉션장에서 늘 자기들끼리만 몰려다니는 촌닭이었다.

총회 석상에서의 각국 대표의 입장 발표는 다자간 협상에서 별 의미가 없다. 마치 우리나라 국회 본회의의 대정부 질의 때 의회석이 텅 비는 것처럼 각국 대표의 입장 발표는 이미 자료로 다 배포되어진 내용이라서 실제로 경청하는 사람이 거의 없는 맥 빠진 시간이다.

실질적 토의는 목소리 큰 핵심 멤버와 이해 당사자 간의 소그룹 미팅 때 불꽃 튀는 공방전으로 이루어진다. 이들 그룹을 주도 그룹steering group이라고 부르는데 특히 미국, EC, 일본, 캐나다 등 핵심 국가들이 모여 GATT의 주요 정책 방향을 정하는 모임은 녹색 카펫이 깔린 방에서 이루어진다 해서 그린룸Green Room 미팅이라고 불렀다.

그러나 불행하게도 한국 대표는 선수들의 모임인 그린룸 미팅에 적극적으로 끼지 못했다. 사안에 따라 참여하기도 하고 빠지기도 하는 정도였고, 기타 소그룹 미팅에서의 활약도 미약했다. 가끔 농수산 분

야 한국 대표가 GATT에 참석해 시장개방과 관련된 한국의 입장을 강
력히 주장하고 왔다는 국내 신문의 보도 내용은 대부분 청중 없는 빈
총회 장소에서 준비해온 원고를 읽고 오는 경우를 말하는 것이다. 다
행히 우리나라에는 김철수 차관보, 선준영 국장과 주 제네바 대표부의
최혁 공사 등 다자 분야에 능통한 몇 분들이 있어서 그나마 한국의 입
장을 대변할 수 있었다.

한국 경제의 명운을 좌우할 UR, 국내에선 찬밥 신세

당시 최대 현안은 새로운 국제통상
협상 라운드인 UR 협상 준비였다. UR는 제2차 세계대전 이후 세계무
역 질서를 유지해온 GATT 체제에 한계를 느껴온 미국 등 몇몇 선진국
들이 새로운 국제통상의 질서와 체제를 만들기 위해 시작한 다자간 협
상 체제를 말한다. 그동안 '뉴라운드'라는 일반 명칭으로 불리다가
1986년 9월, 주요국 대표들이 우루과이 푼타 델 에스터에서 개시를 선
언하고 '우루과이라운드'라는 새 명칭으로 공식 출범하게 되었다.

미국의 당초 뉴라운드 제창 목적은 구 GATT 체제가 커버하지 못
하면서 미국이 경쟁력을 갖고 있는 서비스 분야, 해외 투자 분야와 지
적소유권 보호 분야를 국제교역 규범의 틀 속에 새로 포함시키고 차제
에 EC(후에 EU로 변경) 측이 늘 자기 나라 농산물에 보조금을 주고 외국
으로부터의 농산물 수입에 규제를 가하던 관행을 대폭 바꿔보자는 데
있었다.

미국의 입장을 따를 때 크게 손해볼 일 없는 일본과 캐나다 등도 앞장을 섰다. 반면 농산물 교역 자유화에 반대하는 유럽과 서비스 분야 등 새로운 분야에 대한 규제에 반대하는 개도국은 소극적이었다. 미국은 특히 100퍼센트 농업 무역 자유화를 주장했다. 지적소유권 분야는 당시 선진국과 개도국들이 팽팽히 맞서고 있는 분야였다.

수억 달러의 연구개발비를 들여 설계 및 제품 생산 분야 등에서 앞선 기술을 깃고 있는 선진국들은 자신들의 기술을 아시아나 중남미 등 개도국에서 통째로 카피해도 강력한 제재 수단이 없다고 주장했다. 이는 미국, EC, 일본 등 선진국에서 모두 배짱이 맞는 분야였다. 하지만 앞으로 선진국으로 발돋움해야 하는 한국의 입장에서는 한편으로는 동조하고 싶지만 한편으로는 시간을 좀 더 벌었으면 하는 양면성이 있었다.

서비스 분야에서 선진국들은 금융, 통신, 운수, 유통, 관광 등에서 새로 몸통을 키우고 있는 아시아 등 신흥시장에 진출할 때 국내 기업과 동등한 대우를 요구했으나 개도국들은 결사반대를 했다. 오히려 개도국들의 대표적 서비스 분야의 건설 노무, 미용, 요식업 등에서 선진국들이 노동시장을 전면 개방하라고 요구하면서 맞대응을 했다. 또 투자 분야에서도 그들은 개도국에 어떤 분야이든 투자 제한이 없기를 원했다. 현지 조달 의무나 현지인 고용 의무, 송금 제한 등에서 규제를 크게 완화시켜달라는 입장이었지만 개도국들에게 이 분야는 워낙 열악하고 일자리가 관련된 예민한 분야였기 때문에 선진국들도 지나치게 몰아붙이지는 못했다.

반면 신흥 개도국들은 선진국들이 명분 없이 계속 쿼터로 규제하고 있는 섬유 분야의 MFA의 철폐와 덤핑 제소 및 상계관세 제소를 남발하지 않도록 제도 개선을 강력히 요구했다. 그리고 선진국과 개도국 간의 공통 관심 사항인 관세 인하와 비관세 장벽 완화 및 당사국 간 무역 분쟁이 생겼을 경우 GATT에서의 처리 절차가 신속하고 효율적으로 진행될 수 있기를 적극 요구했다. 아울러 GATT가 각국이 무역 정책을 자의적으로 수립하거나 집행하지 않도록 감시기능을 강화하는 문제와 주로 최빈국들인 적도 국가들의 주요 산물인 열대 산품에 대한 특별 배려 등 15개 주제를 가지고 UR는 대장정을 시작했다.

UR 대장정이 시작된 후 수많은 소그룹 실무 미팅이 있었다. 선진국 그룹, 개도국 그룹, 캐나다와 아시아의 앞서가는 나라 중심의 온건 그룹인 피스 그룹Peace Group, 농산물 수출국 중심의 케언스 그룹Cairns Group 등 각국은 이해관계별 또는 의제별로 합종연횡했다. 물론 큰 흐름을 주도하는 나라는 미국과 유럽이었고, 이에 가장 강력히 맞선 나라는 개도국을 대변하고 있는 인도와 브라질이었다. 특히 미국 측은 회의석상에 이들 국가대표가 나타나면 이마를 찌푸렸다. 이들이 타고난 토론꾼들이라 상대하기가 만만치 않았기 때문이다. 인도와 브라질의 선수들은 언어도 막히지 않았다. 인도는 원래 영어를 공용어로 하고 있지만 브라질은 그렇지 않은데도 서툰 영어로도 주저 없이 미국과 유럽의 입장에 함포사격을 해댔다. 이들 나라 대표들은 통상 업무 분야에만 10년 이상 근무한 사람들로 포진해 있었기 때문에 전문성도 만만치 않았다.

미국과 유럽이 한편이 되고 인도와 브라질이 한편이 되어 지적소유권이나 서비스 분야 협상에서 공방을 벌일 때면 마치 복식 테니스에서 공이 네트 위로 숨 가쁘게 오가는 듯한 상황이 연출되곤 했다. 다른 나라 대표들은 고개를 좌우로 돌리면서 이들이 벌이는 뜨거운 공방전을 지켜볼 뿐이었다. 우리나라는 개도국 관심 사항에 대해서는 개도국 입장을 대변하면서 한편으로는 새로운 분야의 개방을 주장하는 선진국 입장도 어느 정도 수용해가면서 중재자 역할을 수행했다.

당시 경제부처에서는 실무 대표를 뽑아 각종 회의에 참석하도록 했는데 상공부에서는 내가 대표가 되었고, 경제기획원에서는 변양균 과장(전 기획예산처 장관), 재무부에서는 김창록 과장(전 산업은행 총재)이 선발되어 팀워크를 이루었다. UR 관련 각종 회의는 여러 나라에서 장소를 바꿔가며 개최되었다. 우리는 호텔비가 비싼 지역에서는 모두 한 방에서 지내면서 넉넉지 않게 받아온 여비에 형편을 맞추곤 했다.

1986년부터 2년간 진행되어온 UR 협상은 진전이 있는 분야도 있었고 교착 상태에 빠진 분야도 있었다. 그래서 핵심 국가들은 장관급이 참석하는 UR 중간평가를 1988년 12월에 개최하기로 합의하고, 이 회의를 통해 미진했던 분야는 합의 도출을 시도했다.

국제회의 개시 직전의 어이없는 장관 경질

이때 한국은 88올림픽이 끝나고 5공 청문회 정국에 노사분규가 맹위를 떨치는 등 국내 분위기가 매우 어수선한 상황이어서 우리 경제의 미래 운명을 좌우할 UR 몬트리올 중간평가 회의가 큰 주목을 받지 못했다.

그러나 눈발이 휘날리는 몬트리올의 UR 중간평가 회의장은 그 어느 때보다 전운이 감돌았고, 세계 통상 관계인들의 이목이 집중되었다. 전 세계 103개 국가와 국제기구에서 대표자가 892명 참석했고 이들을 따라온 업계 대표들로 몬트리올은 부산했다. 특히 각국의 농민 대표는 회의장 밖에서 농산물 수입개방 반대 데모를 하는 등 회담장 내외의 열기가 뜨거웠다.

미국의 야이터 통상대표부 대표, 드 클레르크 EC 집행위원장, 일본의 우노 통산상 등의 거물들이 총출동한 UR 중간평가 회의장에 한국은 안병화 상공부 장관을 수석대표로 해서 주 제네바 대사 및 김철수 차관보, 경제기획원, 재무부, 외무부, 농수산부의 기라성 같은 관료 등 23명이 대표단으로 참석했다.

그런데 대표단이 몬트리올에 도착하던 날, 아무도 예상하지 못한 돌발 상황이 발생했다. 수석대표인 안 장관이 비행기를 타고 오는 동안 경질되는 기가 막힌 상황이 일어난 것이다. 전 세계 각국이 자국의 이해관계를 국제통상의 새 규범에 반영시키고자 모이는 중요한 회의에 우리나라의 총사령관을 회담장 문전에서 바꿔버린 몰상식한 일이 벌어진 것이다.

이럴 일이었으면 몬트리올로 출발하기 전에 통보를 하든지, 아니면 회의가 끝날 때까지 경질을 보류하는 방향으로 상황을 정리해야 했다. 아무리 정치적 이유가 있었다 하더라도 참으로 한심한 나라의 수준이라고밖에 볼 수 없는 일이었다. 당시 안 장관은 이러한 사실을 모르고 있었던 터라 김 차관보를 위시한 대표단들은 이 사실을 당사자에게 알릴 방법을 생각하며 고민에 휩싸였다. 당연히 회담 전날 리셉션

참석도 건성일 수밖에 없었다.

당사자인 안병화 상공부 장관은 자신의 경질 소식을 모르고 리셉션이 끝난 후에도 다음날 회의 준비 자료를 챙기느라 분주했다. 누군가는 이 사실을 알려드려야 했지만 난감한 일이었다. 결국은 동행한 기자들이 총대를 메기로 했다. 이들이 술 한 병을 들고 들어간 후 얼마 있다가 안에서 껄껄 웃는 소리가 들렸다. 곧이어 대표단 간부들이 불려 들어갔고 술판이 벌어졌다. 다음날 상공부의 K주무국장은 안 장관을 모시고 귀국길에 올랐다. 몬트리올 UR 중간평가 회의장으로 가는

길과는 반대편에 있었다. 그날부터 한국 대표단은 아비 없는 자식, 수석대표가 없는 패잔병 또는 오합지졸의 신세가 되었다. 몇 달을 준비한 장관용 회담 자료는 그 순간 무용지물이 되었다.

15개 분야별로 일제히 분야별 협상이 개최되자, 전체 회담장은 뜨거운 열기로 달아올랐다. 한국 대표단은 분야별 실무 협의에 참석하더라도 이를 최종 수렴해 UR의 방향과 전체 입장을 조율하는 각료급 회의에 내용을 전달할 수 없었다.

나는 회의장 복도 한 구석에서 동료들과 쓸쓸히 앉아서 각 협상장의 진행 상황을 귀동냥하며 정리하고 있었다. 그때 한쪽이 웅성거려서 보면 미국의 야이터 대표가 수십 명의 대표단을 이끌고 지나갔고, 또 조금 있다가 보면 EC의 드 클레르크 대표가 EC 대표단을 데리고 나갔다. 일본의 우노 대신도 일본 대표단과 업계를 이끌었고, 인도의 싱 통상부 장관도 마찬가지로 대표단을 이끌었다. 각국 대표단들이 수석대표를 앞세우고 위풍당당하게 우리 앞을 지나갈 때 우리는 낙오자들처럼 이들의 모습을 부러운 듯 바라보기만 했다. 그들의 모습은 마치 무협지에 나오는 강호의 각 문파들이 한 판을 겨루기 위해 각 방향에서 말굽소리를 내면서 중원으로 들어오는 것처럼 보였다. 수장을 잃은 한국 대표단은 어디 하소연할 데도 없이 각자 초라한 마음을 달랠 수밖에 없었다.

글로벌 협상의 대표선수를 키워라

중간평가 회의는 예정보다 하루 더 연장되면서 미국과 유럽 간의 농산물 교역 문제로 전체 분위기를 뜨겁게 만들었다. 김철수 차관보 등 우리 측 고위 대표는 나름대로 섬유 교역 자율화나 반덤핑 수입규제 완화 등 우리나라의 관심 사항에 대해 한국의 입장을 반영시키려 애를 썼으나 UR의 주요 핵심 이슈에 대한 접근은 역부족이었다.

결국 몬트리올 회의는 관세 3퍼센트 인하와 지적소유권 보호, 섬유 교역 자유화 등 많은 부분에서 결실을 얻었지만 농산물 분야와 서비스 분야 등 예민한 사항에 대해서는 구체적인 결실보다는 앞으로의 협의 일정 및 의지 표현을 하는 선에서 종료할 수밖에 없었다. 회의 종료 후에 GATT 사무차장인 칼라일은 김철수 차관보에게 이렇게 말했다.

"이번 몬트리올 회의에서 실망스럽게도 한국의 기여는 사실상 전혀 없었다."

몇 달간 밤을 새워가며 협상 준비에 열의와 성의를 다했던 실무진들과 한국 최고의 대표 진용 등에도 불구하고 돌연한 수석대표의 경질로 빚어진 한국 대표단의 무능력에 대한 세계무대의 냉정한 평가였다.

몬트리올 중간평가 회의는 이후 UR 협싱의 방향과 속도를 정하는 분수령이 되었고, 1990년 초에 UR 협상이 최종 타결되어 WTO 체제가 탄생되었다. 지금도 환경 분야, 노동 분야, 공정거래 분야 등이 새로운 무역 관련 이슈가 되고 있는 뉴라운드, 일명 도하 라운드가 우리 앞에 놓여 있다. 이제 한국은 G20 회의를 개최하고 무역 분야에서는

10대 강국에 들어서 있는 만큼 이에 걸맞은 위상을 다자간 세계 통상
무대에서 찾아야 할 것이다. 그러기 위해서는 다자 통상 무대에서 제
역할을 할 수 있는 전문 인재를 적극적으로 키울 필요가 있다. 또한 이
들이 전문성을 키워나갈 수 있도록 충분한 대우를 해주고 한 자리에서
오래 근무할 수 있도록 다자간 통상 협상의 대표선수라는 자부심도 심
어줘야 한다.

한중 마늘전쟁, 백기는 들었지만

2000년 2월 2일, 산업자원부 무역위원회의 심결정실. 평소에는 아무리 보도자료를 내도 기사 한 줄 써주지 않던 기자들이 벌떼같이 몰려들었다. 중국산 마늘에 대한 고율의 긴급 관세 부과의 타당성을 최종 결정 발표하는 자리였기 때문이다.

당시 중국은 전 세계 마늘 생산량의 75퍼센트를 생산하고 있었다. 게다가 중국의 마늘 가격은 국내 가격의 3분의 1도 되지 않아 만약 중국산 마늘이 수입될 경우 한국의 마늘 재배 농가가 막대한 피해를 볼 것은 불 보듯 뻔한 일이었다. 우리나라의 마늘 생산 농가도 전 농가의 3분의 1 수준인 42만여 가구였으며, 시상 규모도 1조 원 규모로 쌀에 이어 두 번째로 중요한 작물이었다.

우리나라는 이러한 마늘에 대해 1993년 UR 협상 타결 시, 껍질을 벗기지 않은 보통 마늘은 최소 시장 접근 물량인 일부에만 50퍼센트의 관세를 물리고, 이를 초과할 경우 396퍼센트의 고율 관세를 부과해 국내 마늘시장을 보호했다. 그러나 무역 대국으로서 어느 정도의 개방이 불가피하다고 여겨 냉동, 초산조제의 깐 마늘에 30퍼센트의 저율 관세를 허용한 데서 문제가 시작되었다. 냉동, 초산조제 마늘은 보관과 유통이 어려워 사실상 수입이 거의 없을 것으로 잘못 판단했던 것이다.

이런 맹점을 놓칠 한국의 마늘 수입상들이 아니었다. 이들은 1998년부터 중국 현지에 냉동 창고 및 통마늘을 깐 마늘로 만드는 작업장을 건설해 오랫동안 보관, 유통되도록 처리해 싼값에 깐 마늘을 한국으로 들여오기 시작했다. 결국 이를 보다 못한 마늘 농가를 대표한 농협의 제소가 있었고 무역위원회는 곧 농가 피해 여부를 조사했다.

전쟁의 시작, 중국산 마늘에 315퍼센트 관세 부과

문제가 되었던 냉동 마늘과 초산조제 마늘은 1999년에는 1996년 대비 무려 9배 이상이나 수입이 늘었다. 1999년 상반기 중 국산 마늘의 국내 시장점유율은 3년 전 3.3퍼센트 수준이었던 것이 35퍼센트까지 올라갔고 이로 인해 국내 마늘 가격은 무려 40퍼센트 수준까지 떨어졌다. 이는 충분히 WTO의 세이프가드(Safeguard, 특정 상품의 수입 급증으로부터 국내 산업을 보호하기 위해 취하는 긴급수입제한 조치) 발동 요건인 '국내 산업에 대한 심각한 피해' 조건을 충족시키고도 남는 수준이었다.

물론 중국 정부는 그대로 있지 않았다. 재정경제부의 잠정 관세인상 때부터 '최종 판정에서 315퍼센트의 관세가 확정'되면 보복조치를 하겠다는 강력한 으름장을 놓고 있었다. 중국의 입장에서는 한국이 중국에 매년 50억 달러 수준의 큰 무역 흑자를 내고 있는데 국내 산업 피해구제조치로 1,000만 달러도 안 되는 마늘 수입에 고율 관세를 물려 사실상 자국의 수출길을 막는 것은 너무나 인색하고 불공평한 처사로 보았던 것이다. 더욱이 중국 마늘의 70퍼센트를 생산하는 산둥성은 한국 기업들이 많이 들어가 있는 지역이라 중국 정부가 한국시장을 겨냥해 시장성 있는 직물로 마늘 재배를 적극 권장하고 있던 차였다. 당시 한국에 마늘 수출길이 막혀 생계가 어려워진 중국의 마늘 재배 농민이 자살하는 사태까지 벌어지자 중국 정부는 이를 심각한 문제로 받아들였다.

그러나 우리나라도 심각한 것은 마찬가지였다. 만약 중국과의 관계를 생각해서 긴급 관세를 부과하지 못할 경우, 산업 피해로 인한 긴급구제조치와 무역위원회는 존재를 잃어버릴 수 있는 상황이었다. 게다가 법적으로 처리 시한도 정해져 있었기 때문에 시간을 끌 수도 없었다. 관계부처 간 입장이 다르고 논란이 있었지만 결국 2월 2일 무역위원회는 마늘에 대한 산업 피해 긍정 판정을 내렸고 3월 17일 재정경제부도 잠정 인상된 세율로 관세 부과를 결정했다. 이후 세이프가드 WTO 절차에 따라 양국 간 실무협의가 있었지만 타협이 될 리 없었다. 결국 재정경제부는 중국산 마늘에 대해 315퍼센트의 관세를 2003년까지 3년간 부과하기로 최종 결정해 6월 1일부터 시행에 들어갔다. 그리고 이때부터 일명 한중 마늘전쟁이 시작되었다.

한국 수출의 급소를 겨냥한 중국

전쟁은 전격적으로 시작되었다. 중국 상무부는 한국 측의 긴급관세부과 시행일로부터 1주일도 안 되는 6월 7일에 한국산 휴대폰과 폴리에틸렌에 대해 전면적인 수입 중단 조치를 단행했다. 물론 중국의 앞뒤 안 가린 이러한 무지막지한 보복조치는 WTO 등 국제무역 규범을 한참 벗어나는 행위였지만 당시 중국은 WTO 회원국이 아니었기 때문에 국제기구에 제소를 하거나 중재를 요청할 방법도 없었다.

법이 없는 곳에서는 힘이 우선이었다. 중국의 한국산 휴대폰과 폴리에틸렌 수입은 약 5억 달러에 달했다. 이 규모는 마늘 수입액의 거의 60배에 달하는 규모였다. 당연히 관련 수출업계는 패닉상태에 빠졌고 마늘 농가를 위한 긴급관세조치에 조용하던 언론은 일제히 정부를 향해 '단견', '소탐대실'이라는 제목으로 포문을 열었다.

중국이 휴대폰과 폴리에틸렌이라는 두 가지 품목을 선택한 것은 매우 상징성 있는 조치였다. 폴리에틸렌은 비닐하우스용 및 쇼핑백 등 포장재로 많이 사용되는 석유화학 원료로, 당시 한국의 대중 수출 주력 품목 중 하나로 연간 4억 7,000만 달러의 규모를 중국에 수출하고 있었다. 폴리에틸렌을 쓰는 중국 공장은 하루라도 원료 공급이 중단되면 공장 가동이 중단될 뿐 아니라 재가동하려면 많은 비용이 들기 때문에 재빨리 다른 나라로 수입선 전환을 시도한다. 이럴 경우 영구히 바이어를 잃어버리게 되는 매우 아픈 품목이었다.

휴대폰 역시 폴리에틸렌 못지않게 수입이 금지되면 출혈이 큰 품목이었다. 당시 중국으로의 수출 규모는 크지 않았지만 우리 업계는 고급 브랜드의 이미지 전략을 세우고 엄청난 광고비를 써가며 홍보활동을 하고 유통망을 구축하고 있었다. 이런 상황에서 중국의 수입 중단 조치는 완전히 찬물을 끼얹는 행위나 마찬가지였다. 특히 그때까지 우리나라의 휴대폰 주요 시장이었던 미국의 상황이 안 좋아지면서 업계가 중국에 모든 기대를 걸고 있었던 터라서 그 충격은 더 심했다.

산업자원부에는 내일 업계 대표들이 몰려와서 대책 마련을 촉구했다. 특히 목청 큰 석유화학협회의 S회장과 전자진흥회의 Y회장은 각 부처를 찾아다니며 "왜 마늘 때문에 죄 없는 우리 업계가 당해야 하느냐?" 하면서 읍소를 했다. 진퇴양난에 빠져 있던 정부는 별 뾰족한 수도 없이 대책회의만 했다. 심지어 재정경제부의 K세제실장은 내게 전화를 걸어 "이 싸움은 한쪽은 칼자루를 여유 있게 잡고 있고 한쪽은 칼날을 잡고 피를 철철 흘리면서 힘겨루기를 하는 양상이다. 결과는 뻔하다. 이럴 바에는 우리 수출업계가 중국산 마늘을 좀 사주면 어떻겠나?"라는 제의를 하기도 했다.

마늘을 사주자는 제의에 대한 업계의 반응은 "그래야 될 이유도 없지만 만약 업계가 그 많은 마늘을 대신 비싸게 사온다 하더라도 어떻게 다 처분할 겁니까? 마늘장사라도 해야 됩니까? 아니면 서해바다에 쏟아버릴까요?"라고 말할 정도로 냉소적이었다.

나름대로 선방한 한국 대표단

결국 마늘전쟁은 오히려 한국 측에서 중국 측에 협상을 제의하는 모양새가 되어버렸다. 처음에는 즉답을 하지 않고 우리 측 애를 태우던 중국 측은 마늘 재배 농가에 대한 고려도 해야 했고 WTO 가입을 앞두고 막 나갈 수만은 없었기 때문에 협상에 응했다. 6월 29일부터 북경에서 시작된 협상은 격렬하게 진행되었고 양측이 지칠 대로 지쳐갈 무렵인 7월 7일쯤 최종 타결되었다.

우리 측은 국제 규범을 이야기했고 중국 측은 무역 불균형을 명분으로 내세웠다. 우리나라는 통산교섭본부와 재정경제부, 산업자원부, 농림부 등에서 대표선수들이 출전했고 중국 측은 상무부와 외교부, 관세청 및 농업부 등이 포진했다. 당시 한덕수 통산교섭본부장이 지휘를 했지만 참가한 각 부처의 입장은 달랐다. 특히 중국과의 관계를 생각해 가급적 서둘러 협상을 타결하려 했던 외교통상부의 입장과 철저히 원칙을 지켜 농업과 농민을 보호하겠다는 입장의 농림부가 극명하게 대립했다. 나는 산업자원부에서 참가한 P국장과 K과장에게 최대한 유연한 입장에서 중재자 역할을 하라고 당부했다.

협상 결과는 중국은 한국산 폴리에틸렌과 휴대폰에 대한 수입 중단 조치를 해제하고 한국 측은 2002년까지 매년 3만 2,000~3만 8,000킬로그램의 중국산 마늘을 30~50퍼센트의 관세율로 수입하고 규제 기한을 당초 3년에서 2년으로 줄이기로 하는 것이었다. 결과적으로 중국산 마늘이 무제한적으로 수입되는 것은 막았지만 일정 물량의 중국산 마늘 수입을 보장해주는 결과가 되었다.

이후 한중 마늘분쟁과 중국 측 무역 보복으로 피해를 입었던 기업들은 마늘분쟁 타결로 수출은 재개되었지만 중국산 마늘로 우리나라 마늘 농가가 피해를 입자 국산 마늘 사주기 캠페인을 벌여야 했다. 당시 이런 사정을 몰랐던 사람들은 전자업계, 석유화학업계, 무역업계로부터 마늘 선물을 받고 의아해했다는 이야기도 있다.

이렇게 해서 한중 간 최초 통상 마찰로 알려진 마늘전쟁은 겨우 막을 내렸고 현재 중국시장에 엄청난 규모의 수출을 하고 있는 석유화학 제품과 휴대폰의 수출길이 막힘없이 열리게 되었다. 당시 언론에서는 협상 결과를 두고 '명분도 잃고, 실리도 잃었다'면서 적지 않은 공격을 해댔다. 물론 단기적으로 볼 때는 우리나라가 희생한 부분도 있지만 선택의 여지가 없는 상황에서 다소의 명분을 살리면서 최선의 선택을 한 협상이었다고 평가할 수 있다. 통상 규범과 현실을 적절히 조화시켜 장기적이고 현실적인 이익을 도모했기 때문이다. 그 뒤로 중국에 대한 무역위원회의 각종 판정은 다소 신중하게 결정되었고 공신력도 갖게 되었다.

위기 속에서 기회를 찾다

1998년과 2008년 두 차례의 경제위기는 한국을 완전히 바꿔놓았다. 우리 기업과 수출 구조는 탄탄해졌으며 가격경쟁력보다는 IT기술을 기반으로 세계시장을 주도하고 있다. 무엇보다도 큰 소득은 위기를 기회로 만든 드라마를 우리가 연출해냈고 세계가 감동했다는 사실이다. 이것은 우리에게 새로운 자신감과 극복 DNA라는 남들이 갖고 있지 않은 경쟁력으로 자리하게 되었다.

특명,
무역흑자 250억 달러를
만들어라

1999년 6월, 국장 신분으로 외부에 파견 나와 있던 나는 일약 본부의 무역투자 실장으로 승진해 화려하게 컴백하는 행운과 영광을 얻었다. 소위 크게 발탁된 것이다.

나를 발탁한 장관은 지독한(?) 추진력으로 소문 난 C장관이었다. C장관은 그때까지 나와는 일면식도 없었지만 그의 물불 안 가리는 돌파력과 비상한 아이디어, 탁월한 언변 등은 익히 들어 알고 있었다. 젊은 장관으로 정신 바짝 차리지 않으면 모시기가 보통 힘든 분이 아니라는 소문도 있었다. C장관이 내게 준 소명은 '무역흑자 250억 달러'를 이유 불문하고 무조건 만들어내라는 것이었다.

그해 5월까지 무역흑자는 80억 달러 수준이었다. 전 해에는 연간 400억 달러 수준의 흑자를 냈지만 이는 기본적으로 수입 여력이 없어 수입을 제대로 못하고 환율이 비정상적으로 높았기 때문에 나온 수치였다. 그런데 1999년에는 우리나라가 외환위기에서 서서히 벗어나면

서 그동안 밀렸던 수입이 봇물 터지듯 들어왔기 때문에 250억 달러의
무역흑자 목표도 험난한 고지였다.

수출 실적 맞추기, 피 말리는 숫자전쟁의 연속

수출 실적은 기본적으로 수출 상품
의 경쟁력과 해외시장 여건, 그리고 공급 능력에 달려 있기 때문에 단
기적으로 정부의 노력으로 만들어낼 수 있는 것은 극히 제한적일 수밖
에 없다. 특히 한 달 내에 효과가 날 수 있는 수출진흥 정책은 거의 없
다. 그럼에도 불구하고 C장관은 6월에 무조건 25억 달러 이상의 흑자
를 내라는 지시를 내렸다.

이럴 때면 정부에서 늘 등장시키는 것이 '비상대책반'이다. 일일점
검 체제로 들어서는 것이다. 우선 품목별, 수출상사별 점검부터 시작한
다. 그리고 산업자원부에서 해당되는 기업이나 협회, 조합 등에 전화를
걸어 "이달에는 얼마나 될 것 같습니까?"로 시작되는 질문을 한다.

"시장 상황이 좋아서 얼마까지는 할 수 있겠습니다."

"하시는 김에 조금만 더 실으시지요."

"그럼 다음 달 실적이 영향을 받을 텐데요."

"다음 달은 실적은 다음 달에 생각하시지요."

이것이 수출 밀어내기를 위한 기본 대화다. 밀어내기 수출의 대표
적 품목은 선박과 자동차이고 반도체, TV, PC, 철강, 석유류와 석유화
학 제품, 금도 대상이 된다. 대부분은 대기업 제품으로 정부와의 관계

상 협조가 비교적 용이한 품목들이다. 이 중 확실히 효과가 있는 것은 선박이다. 당시는 유리해진 환율 덕분에 선박 주문이 최고의 호황이었고 건조가 거의 끝나가는 선박들이 주요 조선사마다 몇 척이 있었다. 만일 월말 실적이 목표에 빠듯할 경우 조선사의 협조를 받아 몇 척만 통관 협조를 받으면 우선 서류상 통관을 마치게 된다. 그러면 몇억 달러가 바로 그 달 수출 실적에 반영된다. 업계 대표가 해외출장 중이라도 전화를 하면 조선소에 통관 지시를 해줄 정도로 조선업계와 산업자원부는 거의 공생관계였다. 그만큼 조선업계도 환율 문제, 후판공급 문제, 부채비율 문제, 선박금융 문제, 시운전용 유류면세 문제 등 정부의 협조와 지원을 받아야 할 사항이 많았다.

정부에는 매우 적극적인 협조를 했지만 그 당시 현대, 삼성, 대우 등 3개 조선사는 세계시장에서 거의 원수같이 싸웠다. 수주전에서는 더 치열했다. 이들이 필사적으로 싸울 수밖에 없었던 배경을 들여다보면 이해가 가는 대목도 있었다. 현대중공업은 조선이 대표 수출 종목이어서 그룹의 자존심이 걸려 있었고, 삼성은 그룹 내에서 조선 분야가 이익을 제대로 내지 못하는 미운 오리 같은 존재였기 때문에 양보할 수 없었고, 대우는 워크아웃 기업이어서 각각 상황 탈출이 절박한 상태였다.

이들 기업은 현대의 조충희, 삼성의 이해구, 대우의 신영균 등 카리스마가 넘치는 CEO를 갖고 있었다. 이분들이 바로 일본과 유럽을 꺾고 한국을 세계 1위의 조선국으로 만든 분들이다. 조선업에 IT를 융합해 용접, 도장 등에서 세계 최고의 효율을 내고, 원가를 절감하고, 인도시기를 단축하며 하루하루 전쟁을 치렀던 이야기들은 지금도 전

설처럼 전해지고 있다. 정부에서는 이들 기업의 지나친 경쟁을 조정하느라 노력했지만 나는 이러한 과다경쟁이 오히려 서로에게 자극이 되어 우리나라 조선사업의 경쟁력을 최강으로 만들었다고 본다. 해외시장에서 그렇게 치열하게 싸우던 이들 기업은 EU와의 통상 마찰 등 외국의 통상압력 등에 부딪힐 때면 언제 싸웠냐는 듯 일치단결해 힘을 모았다.

당시 유럽은 독일과 이탈리아 등을 중심으로 고부가가치 선종에서 세계시장을 좌지우지하다 한국에 주도권을 뺏기면서 한국 조선업을 타도하기 위해 혈안이 되어 있었다. 한-EU 간의 정기 조선 분야 통상 협상 과정에서 한국 배에 반덤핑 관세나 국가가 보조금을 지급했다고 상계 관세를 부과하겠다는 으름장을 계속 놓았고, 우리 측이 선박 생산과 수출 물량을 자율적으로 규제하기를 강력히 원했다. 심지어는 우리나라 조선 3사의 원가장부를 공개하라고 우격다짐까지 했다. EU 대표부의 담당 국장은 사무실과 집으로 내게 수도 없이 전화해서 협박을 하곤 했다. 툭하면 GATT에 제소하겠다고 으름장을 놓다가 또 어느 날은 적당히 타협하자며 회유하기도 했다. 그러나 우리나라 정부와 조선업계는 이러한 협박과 회유를 현명하게 잘 극복해냈고 유럽이 따라올 생각을 하지 못하도록 만들었다.

수입에서는 무역흑자를 늘리는 데 기여할 방법이 별로 없다. 수입 품목은 대부분 원료와 수출용 원자재나 장비 등이기 때문이다. 그래도 부두의 유류 탱크에 저유중인 원유의 통관밸브를 하루 늦춰 연다든지, 종합상사에서 주로 중계무역 차원에서 수입하는 금괴의 통관을 조금 늦추는 정도의 융통성은 있었다.

수출 밀어내기 달인, 산업자원부 무역실장

밀어내기 수출에 대해 비판이 있을 수 있다. 정상 시에는 수출의 통상적인 흐름을 왜곡하고 이로 인해 수출업계에 초과 비용을 초래할 수도 있어 당연히 밀어내기는 하지 않는 게 바람직하다. 그러나 1999년은 외환위기의 늪에서는 간신히 비켜섰지만 국제사회에서 한국의 신용도는 여전히 부정적이었고 언제든지 시장이 불안해지면 환율과 증시가 큰 요동을 칠 가능성이 상존하던 시기였다. 당시 한국의 유일한 희망지표는 수출과 무역흑자였다. 만약 한 달이라도 수출이 급감하거나 무역수지가 적자로 날 경우 시장과 국제사회에 주는 메시지는 엄청난 것이었다.

어느 달이 특히 선박 수출 계획이 적어 수출 전망이 특별히 좋지 않고, 다음 달은 흑자가 많이 날 것으로 예상되는 경우에 부족한 달 월말에 적절한 범위 내에서 밀어내기는 어쩌면 불가피한 면도 있다. 그러나 어느 시점에 어느 정도의 작전을 펼치느냐는 그야말로 피 말리는 상황 판단과 결정을 요구한다. 원래 수출은 기업들도 스스로 월말 실적을 챙기는 차원에서 월말에 집중되고 월간 수입은 대체로 매일 비슷한 수치를 보인다. 중순까지 무역수지는 거의 매월 적자를 보인다.

매월 20일경까지는 대체로 적자인 경우가 많다. 그 후 흑자가 된다 해도 감질날 정도이고 그 달의 마지막 2~3일, 특히 마지막 날 수출이 크게 이루어지며 그 달의 무역수지 규모가 결정되기 때문에 마지막 며칠은 정말 속이 바짝바짝 타들어가는 상황이 이어진다. 그냥 둬도 그 달 수치가 좋은데도 밀어내기를 하면 불필요하게 흑자 규모만 늘리거나 다음 달에 부담을 주게 되고, 머뭇머뭇하다가 결정할 순간을 놓치면 그 달의 숫자가 나빠져 국내외 언론과 외국 바이어, 투자가들에게 한국 경제에 대한 심각한 불안을 심어줄 수 있는 결과가 될 수도 있기 때문이다.

이런 과정을 매달 겪으면서 나는 수출 실적과 무역수지 실적의 전망과 조정의 달인이 되어갔다. 점차 매월 20일 정도가 되면 그 달 말일의 상황을 거의 직관적으로 예측했고 예측에 대한 대응을 하면 틀리는 경우가 별로 없었다.

어쨌든 피 말리는 과정 속에서 12월 말은 왔고 나는 한 해 실적을 정리해야 하는 중요한 순간을 맞이해야 했다. 최선을 다했지만 당초 250억 달러 흑자 목표 달성은 무리였고 결국 245억 달러 정도로 그해 무역수지 전쟁은 막을 내렸다. 다행히 한국 경제가 한 해 동안 한 달도 나쁜 실적을 보인 적 없이 내내 선전했다는 평가를 세계로부터 받으면서 우리나라 기업과 국민들도 수출을 통한 한국 경제의 안정에 대한 신뢰를 갖게 되었다.

수출 지원의 관건은 기동성에 있다

물론 매월 말에 피 말리는 숫자전쟁만 한 것은 아니다. 이는 산업자원부의 수출 지원책 중 일부였을 뿐이다. 이외에도 중국, 중남미, 중동 등 3중 시장에 시장개척단을 파견해 상품 수출과 플랜트 수주를 확대했고, 일본의 부품소재 시장 진출을 위해 한일 벤처기업마트, 전력기자재 시장개척단도 파견했다. 또 베트남 등 구상무역(물물교역)의 실익이 큰 국가를 대상으로 구상무역도 확대해나갔다. 특히 당시 중국이 WTO 가입을 서두르고 있었으므로 중국의 WTO 가입을 동의하는 데 따른 조건으로 우리나라의 관심 품목들에 대한 중국시장을 개방시키기도 했다. 코트라 중국 무역관도 이때를 계기로 추가 개설을 시작했다.

수출업체에 무역금융, 수출보험 면에서 과감하고 신속한 지원조치가 따랐음은 물론이다. 장관은 가끔 은행장들을 불러 외환수수료나 환가금 등을 낮추고 무제한적 무역금융을 중소기업에 제공하라고 간청했고 이는 금융계에 꽤 먹혀 수출 비용 인하 효과가 만만치 않았다.

한 가지 특기할 만한 사항은 대우전자, 대우실업 및 몇몇 상사와 제조업체들이 수출 대금에 대한 외상수출 어음을 은행에서 할인해야 했는데, 은행들이 국가 부도라는 살얼음 같은 상황 속에서 수출보험공사의 보증을 받을 경우에만 가능하다는 입장을 고수했다. 이로 인해 기업들은 수출을 해놓고도 대금을 못 받아 점점 부도의 길로 내몰렸다.

당시 오영교 차관과 나는 이럴 때 정부가 결단을 내려야 된다고 생각하고 수출업체 보증 지시공문을 보냈다. 지금 생각해도 잘한 일이었다. 이로 인해 대우 등 많은 수출 상사와 메이커, 그들 기업에 딸린 중소업체들이 살아났고 현재 수출의 역군이 되었다

이렇게 우여곡절 속에서 어렵게 만들어낸 무역흑자 250억 달러는 그 뒤 우리나라가 안정적으로 무역흑자를 달성하는 데 든든한 기반이 되었다.

선진국에서는 기술을, 개도국에서는 사람을

2001년에 나는 산업자원부 차관보 자리를 용퇴했다. 후진을 위해 자리를 물려주고 싶은 마음도 있었고, 무엇보다 환경을 바꿔 내 인생의 새로운 활력과 돌파구를 찾아보고 싶었기 때문이다. 그리고 몇 달 후에 신설조직인 한국산업기술재단 초대 사무총장으로 부임했다. 한국산업기술재단은 산학 협력, 기술인력 양성, 기술 실용화 및 보급 등 다양한 일을 했지만 가장 중요한 일 중 하나는 산업기술 분야의 국제 협력이었다.

2000년 초에는 높은 환율 덕으로 수출이 크게 늘어나면서 외환위기가 극복되어가는 시점이었다. 그렇지만 우리나라 상품이 다른 선진국들의 경쟁 상품보다 기술이나 품질 또는 디자인 등에서 탁월해서 수출이 잘되었던 것은 아니다. 오히려 미국, 유럽, 일본 등 선진국들의 기술 수준은 한참 앞서나가고 있었고 중국이나 신흥 개도국들은 우리나라를 가파르게 추격하고 있어서 새로운 돌파구를 찾지 않으면 안 될 상황이었다. 소위 '샌드위치', '넛크래커' 등으로 표현되는 '낀 경제'였고, 한국 제품의 근원적인 경쟁력 확보는 기술 수준을 높여 세계시장에서 싸다고 인정받는 'made in Korea'가 아니고 우수하다고 인정받는 'made by Korea' 제품을 만들어내는 데서 찾을 수밖에 없었다. 장소적으로 한국 내에서 생산해 낮은 인건비에 의존하는 방식보다는 개방적으로 외국의 기술과 인력을 활용해 한국산 브랜드 가치로 승부하자는 것이었다.

하지만 우리나라의 독자적 기술 축적 수준은 아직 낮은 단계였고, 선진국을 따라잡을 정도의 엄청난 수준의 연구 개발비를 쏟아 부을 형편도 안 되었다. 젊은이들의 이공계 기피현상도 극에 달했다. 심지어 대입 수능성적 순위가 전국의 의과대학 순서가 다 끝나야 공과대학 순서가 시작된다는 말까지 돌았다. 상황이 이러했으니 대기업들은 어떻게 꾸려나간다 해도 중소기업들은 자체 기술 수준도 낮고, 우수한 기술인력 확보도 되지 않아 앞날이 첩첩산중이었다.

그래서 나는 한국산업기술재단 대표로 취임하면서 특히 중소기업의 글로벌화와 한 단계 높은 도약을 위해 노력했다. 이를 위해서는 선진국의 연구계 또는 신기술 보유 기업과의 교류를 촉진시켜주고 현장에서 필요한 기술인력을 개도국으로부터 찾아서 중소기업들에게 공급해주는 역할을 누군가 해줘야 했는데 신설 산업기술재단이 이러한 역할을 할 수 있도록 핵심사업화했다.

'9·11 테러'의 그날, 영국의 기술 최고수들과 손잡다

나는 우선 우리나라의 중소기업과 기술 전수 또는 투자 및 공동개발을 할 대상 국가로 영국, 독일, 호주, 이스라엘 등의 선진국을 선정하고 협력선을 찾기 시작했다. 그리고 드디어 2001년 9월, 영국 과학혁신부의 협조를 얻어 뉴캐슬의 브리스틀에서 한영 산업기술협력 포럼을 개최했다. 한국에는 소위 히든 챔피언 hidden champion, 즉 기술력 있는 강소기업 대표가 50여 명 참석했고, 영국에서도 학계와 기업계에서 200여 명이 참가해 3일간 약 1,000건이 넘는 상담이 이루어지는 큰 성과를 거두었다.

상담은 IT 분야, 신재생 에너지 및 환경 분야, 항공우주 분야 등으로 나뉘어 진지하게 이루어졌다. 우리나라 중소기업들이 선진국의 첨단 분야 학계 및 업계와 동석해 대규모로 기술거래 상담을 한 것은 이때가 최초가 아닌가 싶다.

그럼에도 불구하고 이 행사는 영국 측의 일방적인 기술 판매에만 그친 것이 아니고, 한국 측의 경쟁력 있는 ICT(Information & Communication Technology, 정보통신기술) 분야와 그들의 앞서가는 기계장비, 소재, 바이오, 나노 분야 등과의 접목을 통한 기술 융합 상담도 활발히 이루어졌다. 당시 영국에서 공학으로 유명한 브리스틀대학 교수들도 여러 명 참석했는데, 웨일스 특유의 강한 악센트 때문에 나도 제대로 못 알아듣는 말이 많았다. 그러나 우리나라 중소기업 대표들은 부족한 영어 실력으로 전문용어까지 써가며 열심히 상담을 해서 감탄을 자아내게 했다.

행사 둘째 날은 공식 일정을 마친 영국 측과 우리나라 대표단의 친
교를 위한 선상파티가 예정되어 있었다. 미국 쌍둥이 빌딩이 테러에
의해 한순간에 무너진 바로 그날, 9월 11일이었다. 회의 도중 휴식시
간에 호텔 방에 들어와 CNN 뉴스를 보려고 무심코 TV를 켰는데, 마
치 영화 같은 믿을 수 없는 장면이 내 눈에 들어왔다. 세계경제 중심지
인 뉴욕 한복판에서 대형 참사가 터진 것이다. 영국과 한국의 최대 동
맹국가인 미국에서 발생한 그날의 테러로 전 세계는 발칵 뒤집혔다.
상담회 말미는 어수선하게 끝났고 선상파티도 당연히 취소되었다. 무
엇보다 동시다발적 테러의 또 다른 타깃이 영국이 될 수도 있다는 뉴
스가 나오기 시작하자 우리 대표단은 긴장을 넘어 점차 공포를 느꼈고
서둘러 귀국길에 올랐다.

마무리가 아쉬웠던 그날의 한영 산업기술협력 포럼은 이후 한국과
영국을 오가며 개최되어 한국의 대학, 연구소, 기업과 영국의 연구계
및 업계와의 최고 기술교류 채널로 자리 잡게 되었고, 많은 협력의 성
과물도 배출했다. 다음 해 서울에서 열린 한영 포럼에서는 양국 간 과
학기술자 교류를 위한 펀드도 조성되었다. 2004년에는 양국 정상회담
의 주요 행사로 비중이 격상되기까지 했다.

이렇게 영국을 시작으로 본격화된 한국의 중소 벤처기업과 선진국
의 기술협력 프로그램은 2002년 4월 호주 멜버른과 시드니에서 제1회
한-호 기술투자 상담회로 이어졌고, 2004년 3월에는 독일 베를린에서
1회 한-독 산업기술협력 포럼이 영국과 같은 형태로 개최되었다. 특
히 독일과의 산업기술협력 포럼은 한국과 독일 간의 가장 권위 있는
기술협력의 창구가 되어 양국 정부와 민간 합동으로 개최되는 한-독

산업기술협력위원회의 산파 역할까지 하게 되었다. 이로 인해 양국 간
의 연구기관, 혁신기업, 대학 등 고등 교육기관 간의 교류가 강화되었
고 협력 분야를 적극 발굴해 공동 연구개발 프로젝트도 추진하게 되었
다. 또 일본의 게이요대학, 중국의 과학기술협회, 신식산업협회(정보통
신산업협회) 등과도 중소기업의 생산활동에 직접 도움이 되는 산업기
술을 사고팔고, 공동개발도 추진했다.

중소기업 기술인력, 베트남과 인도에서 찾아라

중소기업에는 기술만 필요한 것이 아니다. 오히려 더 절실한 것은 기술인력, 즉 엔지니어다. 그러나 그때나 지금이나 청년인력들이 취업난을 겪으면서도 중소기업에는 취업하지 않으려고 한다. 취업난 속의 구인난인 것이다. 물론 정부와 기업에서는 공대 졸업생 등 기술인력의 중소기업 취업을 위한 환경 조성을 위해 노력해줘야 하지만, 당장 시급한 부족 인력은 결국 해외에서 찾을 수밖에 없다. 이미 산업 연수생이나 고용허가제 등을 통해 개도국으로부터 초급 기능인력이 많이 유입되어 중소기업의 현장에서 큰 역할을 하고 있다.

그러나 당시 설계, 기계 작동, 수리를 할 줄 알고 공장의 기술적 운영에 참여할 수 있는 엔지니어를 외국에서 도입해 쓸 수 있는 방법은 없었다. 그래서 산업기술재단이 법무부와 협의해서 만든 제도가 바로 골드카드 제도다. 이는 개도국의 고급 기술인력들의 비자 발급이나 갱신, 체제기간 등에 대해 파격적인 혜택을 주는 제도다. 물론 선진국에 우수한 기술인력이 훨씬 많지만 중소기업은 그 비용을 감당할 수 없기 때문에 개도국에서 인력을 찾아야 했다. 나는 그 대상국으로 베트남과 인도를 주목했다.

두 나라 모두 우수한 공과대학을 갖고 있었고 이곳에서 배출된 명석한 엔지니어들이 자기 나라에서는 쉽게 일자리를 찾지 못해 '코리아 드림'을 꿈꾸고 있는 상황이었기 때문에 외국 기술인력 유치사업의 성공은 무리가 없어 보였다. 나는 확신을 갖고 산업기술재단과 산업자원부로 구성된 사절단의 단장으로 2004년 5월 하노이와 호치민을 방문했고 현지 대사관도 이 사업에 참여했다.

우리는 베트남의 부총리를 예방하고 노동부, 과학기술환경부, 과학정보연구센터도 방문했는데, 가는 곳마다 대환영이었다. 나는 특히 베트남의 경제 부총리에게 "우수한 기술인력을 추천해주면 이들이 한국의 산업 현장에서 많은 경험을 쌓고 귀국해 베트남의 산업 발전에 크게 기여하게 될 것이다"라고 설명해 부총리의 전폭적인 지원 약속을 받아냈다.

그러나 기술인력의 송출에 관해 베트남의 노동부와 과학기술부 간의 미묘한 업무 영역 갈등이 감지되었다. 그래서 우리는 양 기관에 기술인력 유치사업이 기능인력 송출과 같이 송출기관과 브로커가 개입된 이권사업이 되어서는 안 된다는 의견을 강하게 주지시켰다.

하노이 공대는 세계 100대 공대에 들어간다고 스스로 자부할 만큼 위상 높은 대학인 만큼 역시 그 명성에 맞게 과학기술 분야에 대한 식견이 탁월했다. 나는 학장을 만나 졸업생을 많이 추천해달라고 부탁했다. 그리고 다음날 호텔에서 골드카드 설명회를 개최했다. 큰 홀을 꽉 채우고도 모자라 복도까지 메운 베트남의 각 분야 과학기술 관계자, 대학 관계자, 기업인 및 학생들과 취재진의 관심은 대단했다. 취재진은 이미 한국에 와 있는 베트남의 엔지니어들이 소득세가 면제된 급여를 연간 1만 8,000달러 정도 받고 있고 대부분 숙식도 제공받고 있다는 나의 설명에 놀라움을 감추지 못했다.

나는 베트남과 한국은 젓가락을 사용하고 얼큰한 국물을 좋아하는 음식 문화가 비슷하며, 항상 웃는 얼굴에 친절한 태도 등 여러 문화가 비숫하다는 이야기를 하면서 한국에 대한 베트남 국민들의 부정적인 감정을 불식시키려고 노력했다. 우리 사절단의 방문은 성공적이었고, 귀국 후 후속 조치로 제1회 베트남 해외 기술인력 채용 박람회도 개최했다.

인도에서는 주로 전자상거래 등 소프트웨어 분야 기술인력 도입에 주력했다. 인도의 소프트웨어 분야는 세계 최고 수준이고 미국의 실리콘밸리를 주도하고 있었다. 또한 인도의 방갈로르는 '아시아의 실리콘밸리'로 불리고 있었다. 산업기술재단에서는 차후 인도 뉴델리를 방문해 동양의 MIT라는 IIT(인디아공대)와 협력관계를 맺고 특히 컴퓨터 공학 분야 인력의 유입을 적극 추진했다.

결과적으로 2004년까지 골드카드와 정보기술 분야 인력 유치를 위해 발급하는 IT카드를 발급받은 해외 인력은 거의 900명에 달했다. 물론 인도에서 온 인력이 가장 많았고 그 다음으로는 베트남이었다. 러시아, 중국에서도 많은 기술인력이 들어왔다. 중소기업에서는 정서가 비슷하고 손재주가 있고 부지런한 베트남 인력을 가장 많이 선호했다.

그 후 골드카드제도는 중소기업의 부족한 기술인력 공급의 중요한 통로로 자리를 잡았고, 이 업무는 공교롭게도 현재 코트라로 옮겨져 일이 사람을 쫓아다니는 형국이 되었다. 이공계 기피로 인한 중소기업의 기술과 인력의 위기는 이렇게 해서 조금씩 풀어나가고 있지만 아직도 갈 길이 멀어보인다.

중동과 아프리카 신흥시장으로 눈을 돌려라

2004년 5월, 나는 산업자원부 차관이 되어 다시 정부로 들어왔다. 한국의 수출은 여전히 좋았다. 하지만 이미 중국은 포화상태였고 선진국 시장에선 글로벌 첨단기업과의 경쟁이 벅찼다. 특히 아시아의 신흥시장들이 경제자립화를 위해 활발하게 도로, 철도, 전력, 에너지 등 개발사업을 추진하고 있었고 외국인 투자유치에도 열성이었다.

나는 산업자원부 차관으로 우리나라 산업, 기술, 무역, 통상, 에너지 등 실물경제의 모든 일을 총괄했지만 통상 분야에서는 아시아의 신흥시장에 특별한 관심을 가졌다.

모두가 외면한 왕년의 부국 미얀마

2005년 4월, 나는 석유공사와 미얀마에 관심이 있는 몇몇 기업대표들과 함께 미얀마로 향했다. 우선 미얀마의 가능성을 보고 싶었다. 미얀마는 군부 철권통치로 명성이 자자했고, 미국 등 많은 서방국으로부터 경제제재를 받고 있는 나라였다. 공항 귀빈실에서 만난 상공부 차관도 군인이었고 그 후 내가 미얀마에서 만난 고위층은 거의 다 군인들이었다. 그러나 한때는 '버마'라는 이름의 아시아 곡창지대로 풍요와 평화를 상징하는 국가였다. 유엔 사무총장도 우리보다 훨씬 까마득하게 오래전에 배출한 나라다. 그런 나라가 현재 1인당 국민소득이 100달러도 안 되고 투자한 외국 기업들이 희망이 없다고 다들 빠져나오는 나라가 되었다. 대학도 학생 봉기를 막기 위해 여러 해 문을 닫고 있어서 졸업생 배출을 제대로 못하고 있다고 했다.

그런데 이런 나라에 희망이 생겼다. 벵골만 심해 속에서 막대한 양의 천연가스가 발견된 것이다. 그것도 한국 대우의 탐사진에 의해 발견되었다고 해서 나는 벅찬 마음으로 그 장본인인 대우의 양수영 박사를 만나러 갔다. 그는 석유공사 출신으로 대우로 옮겨와 인도와의 합작인 천연가스 탐사사업에 투입되었는데, 농후한 유징에도 불구하고 수년간의 탐사작업에도 성과가 없어 막 사업을 접으려는 찰나에 천연가스가 발견되었다고 한다. 토탈Total 등 세계 유수의 메이저들도 거의 다 손들고 나갔을 때였다.

불모의 땅에 기적을 심은 양수영 박사

양수영 박사는 모두가 그렇게 손을 들고 포기할 때 합작선인 인도 국영가스공사에 마지막으로 자기 방식으로 추적을 하고 한 번만 더 뚫어보겠다고 제안을 했다고 한다. 그러나 시추 비용이 만만치 않아 인도 측이 매우 회의적인 태도를 보이는 바람에, 어쩔 수 없이 워크아웃 기업인 대우가 단독으로 비용을 써가며 모험을 하게 되었다는 것이다. 그런데 그 마지막이 대박을 만들어낼 줄은 아무도 몰랐다. 대형 가스전(이 분야 전문가들은 이를 자이언트라고 표현한다) 한 귀퉁이에 탐사 파이프가 제대로 박힌 것이다.

그날은 미얀마가 다시 살아난 날이었다. 나는 벵골만에서 헬기를 타고 한 시간가량 날아가 시추 현장까지 가보았다. 활활 타오르는 가스 횃불 아래에서 천연가스가 끊임없이 생산되어 가스 운반선으로 옮겨지는 광경을 직접 목격하고 나니 벅차오르는 감동을 금할 수가 없었다. 어떻게 수천 미터가 넘는 깊은 바다 속에서, 그것도 다른 세계적 기업들이 다 손들고 떠나버린 현장에서, 한국의 워크아웃 기업이 노다지를 발견할 수 있었을까? 나는 아웅산 묘역에서 순직한 우리의 선열들이 이러한 행운을 가져다준 게 아닐까 하는 생각까지 들었다. 그래서 양곤으로 오는 길에 아웅산 묘역에 들러 묵념을 하고 왔다.

미얀마의 국가 원수도 가스 발굴 현장을 다녀갔다고 한다. 이후 미얀마는 많이 달라지기 시작했다. 탐사 광구에 대한 개발 프리미엄이 올라갔고 메이저들을 대할 때도 힘이 들어갔다. 물론 미얀마 정부는 한국의 대우에게 최상의 고마움을 표시했고, 경제성이 아주 커 보이는 새로운 광구에 대한 개발권도 제공했다. 개발을 주도했던 양 박사는 그 후 미얀마에서 최고 VIP가 되어 미얀마의 모든 고위직 사람들을 사전약속 없이 만날 수 있는 위치가 되었다.

다시 찾아온 미얀마의 봄

상황이 이렇게 되니 중국이 미얀마에서 생산되는 천연가스의 수요자가 되어 미국의 경제적 제재를 약화시키는 든든한 정치적, 경제적 후원자가 되었다. 인도 역시 경제 관계의 오랜 연고권을 주장하면서 미얀마의 주가는 급상승했다. 우리 기업들은 한계 상황에서 어렵게 견디며 미얀마 철수를 고려하다가 미얀마에 다시 경제의 봄이 올 것을 기대하고 그대로 머물러 있게 되었다.

여기에 더 좋은 소식은 당시 다른 동남아 국가들 못지않게 미얀마에도 강한 한류 열풍이 불고 있었다는 사실이다. TV에서는 거의 매일 한두 편씩 한국 드라마가 방영되었고 내가 방문할 당시에는 〈대장금〉에 이어 〈가을동화〉가 큰 인기몰이를 하고 있었다. 심지어 한국 드라마가 방송되는 시간에는 거리가 한산해진다는 말까지 돌 정도였다.

불교적 윤회사상을 믿는 온화한 품성의 미얀마 국민들은 명석하고 근면하며 평화를 사랑하지만 때로는 불의에 몸을 던지며 항거하기도 한다. 나는 미얀마가 언젠가는 과거 버마의 영광을 되찾을 것이라고 보고 있다.

미얀마 방문기간 중 나는 총리와 장관 등 주요 요직에 있는 사람들을 차례로 만나 한국과의 경제협력과 통상의 확대 방안을 협의했다.
그리고 어려운 상황 속에서도 끝까지 미얀마를 떠나지 않았던 한국 기
업에 대한 특별 배려를 요청하면서 양국 간 자원협력을 위한 협약서
체결도 제의했다. 양측은 서울에서 제1차 자원협력위원회를 개최하기
로 합의했다.

물론 이들은 모두 현역 군인이거나 군부 출신이었고 면담은 매우
권위적인 분위기에서 이루어졌다. 더러 거부반응이 일어나기도 했지
만 한국에 대한 그들의 태도가 매우 우호적이어서 다행이었다. 당시
그들은 한국으로부터의 투자, 특히 생산되는 천연가스의 액화공장 건
설을 간절히 요구했는데, 미국과의 관계와 미얀마의 낮은 국제 신용등
급으로 인한 파이낸스의 애로 등으로 실현되지 못했다. 매우 안타까운
일이었다. 나의 미얀마 방문 이후 한국 기업의 미얀마 진출은 매우 활
발하게 이루어졌고, 현재는 동남아에서 한국 기업의 전략적 요충지로
서의 중요성이 커지고 있다.

베트남의 WTO 가입 동의하고 따낸
버스 조립공장 투자 허가

귀국길에는 베트남을 방문했다. 베
트남은 미얀마와 달리 부동산 가격이 급상승하는 등 경제의 거품이 끼
기 시작했고 이미 외국 기업의 투자 러시가 진행 중이었다. 한국과는
과거 한때 적대적 관계였지만 개의치 않고 매우 우호적으로 우리를 대

해줬다. 그들에게 한국은 제1투자국의 위치를 차지하고 있을 뿐 아니라 베트남전 참전에 대해서도 결국 용병으로 와서 한국 군인들도 희생된 것 아니냐는 동정적인 시각을 갖고 있었다.

베트남 방문 목적은 석유공사 11-2 광구의 해상 석유생산기지를 방문하기 위함이었다. 역시 헬기로 약 한 시간 정도 날아가 방문한 현장은 대단했다. 수천 미터 해저에서 생산된 원유가 파이프를 통해 기지로 흘러들어오는 것을 보고 이 역시 베트남에서 순국한 수많은 우리나라 군인들의 혼이 만들어낸 기석이 아닌가 할 정도로 숙연해지는 마음을 금할 수 없었다.

나와 우리 대표단은 베트남 방문 2일간 베트남의 정부 인사들을 만나고 다니느라 숨 돌릴 틈도 없었다. 짧은 일정이었지만 우리는 꽤 만족할 만한 성과를 얻어냈다. 당시 베트남의 계획투자부 장관을 만나 설치하기로 합의한 '한-베 투자협력 공동위원회'는 지금까지 매년 하노이와 서울을 번갈아가며 양국 간 경제협력의 창구 역할을 하고 있다. 산업부 장관을 만났을 때는 베트남의 '한국 기업 전용공단' 설치를 제의해 현재 완료 단계에 있다.

이외에도 베트남 11-2 광구에서 생산되는 가스 매매계약 체결, 한국과 베트남 간의 산업기술협력에 관한 양해각서 체결 등 다양한 협력 채널을 가동시켰다. 베트남의 한국에 대한 긴급 현안 사안은 베트남의 WTO 가입을 위한 양국 간 합의였다. 자동차부품 등 몇 개 품목의 관세 인하 문제와 한국 버스의 현지 투자 문제 등이 현안으로 논의되었고 나는 적절한 선에서 베트남 측의 입장을 받아들여 베트남의 WTO 가입에 동의해주었다. 그리고 한국 버스공장의 베트남 투자 허가를 얻어냈다. 당시 베트남은 자국의 해외 중고버스 수입업자의 이해관계를 보호하기 위해 버스 수입 관세도 내려줄 수 없고 버스 조립공장 현지 투자 허가도 못해주겠다는 입장이었다. 무슨 수를 써서라도 외국인 투자를 끌어와야 될 개도국 입장에서 보면 이해가 안 되는 상황이었지만 현실은 그랬다. 어쨌든 이로 인해 한국의 버스가 베트남에서 유통되는 계기가 되었다.

일본도 중국도 울고 간 인도 현지화 마케팅 전략

2009년 12월, 나는 한국과 인도 간 정상회담의 산물인 한-인도 투자촉진협의회의 한국 대표로 인도를 방문했다. 1회는 전년도에 서울에서 개최되었고 이번은 2회째 협의회였다. 우리 측 수석대표는 나였고 수출지원기관과 업계 대표로 참가단이 구성되었다. 인도는 두아 상공부 공업차관 외에 정부 및 업계 대표가 참가했다.

당시는 인도시장에서 한국의 LG, 삼성 등 대기업들이 승승장구할 때였다. 특히 TV, 냉장고, 오븐, 세탁기 등 가전 부문에서 일본과 중국 업체는 완전히 백기를 들고 거의 철수하는 상황이었다. 나의 절친한 대학 동기 동창인 최정일 인도 대사의 말에 의하면, 인도 주재 일본 대사는 자기네들은 두 손 두 발 다 들고 철수하는 인도에서 '한국이 어떻게 성공하게 되었는지' 그 비법을 인도 주재 일본 기업들에게 강연해 달라고 조른다고 했다.

LG 법인장을 지냈고 인도시장에서 개척 신화를 만들어냈던 김광로 대표는 한국의 성공을 '철저한 현지화'로 설명했다. 일본과 비교할 때 모든 면에서 열위였던 한국 기업은 인도의 각 지역을 보부상처럼 방방곡곡 찾아다니면서 우리 상품을 알렸고, 인도인들의 취향과 생활관 등을 면밀히 조사해서 제품 설계와 디자인에 반영했다는 것이다. 예를 들면 당시 인도인들은 냉장고를 사용할 때 냉장·냉동기능뿐 아니라 아이들이나 하녀들이 함부로 손을 댈 수 없도록 보관기능도 원했다. 그래서 냉장고에 자물쇠를 부착할 수 있도록 한다든지, 전력 불안으로 정전 시를 대비해 수동으로 냉기를 유지하도록 하는 얼음바구니를 설치한다든지 하는 기능을 더 추가했다. 단순한 아이디어였지만 이런 기능들이 인도 구매자들을 사로잡았고 기술은 좋지만 발상이 유연하지 못했던 일본은 이를 따라가지 못했다.

일본은 그렇다 치더라도 싼 가격으로 치고 나온 하이얼Hier 등 중국산까지 한국산에 맥을 못 추었다. 이미 한국산 브랜드 가치가 높아져 아무리 저가라 하더라도 다른 나라 제품이 발붙일 여지를 안 주었기 때문이다. 물론 이러한 현상은 최근에 많이 바뀌었지만 당시 인도시장에서 한국 기업의 기세는 놀라울 정도로 높았다.

그러나 인도시장에서 우리가 가야 할 길은 아직도 멀고 험하다. 지금까지 인도시장 진출은 주로 대기업 위주로 이루어졌고 중수기업의 진출은 미약했다. 여기에 포스코의 인도 오리사주 제철소 건설지역의 허가 문제 등 난제가 많았고, 주재원 비자 문제나 세금 문제, 건설 수주 시 까다로운 복보증 문제 등 정부 차원에서 풀어나가야 할 문제들이 산적해 있다.

이러한 사항들은 제2차 한-인도 투자촉진협의회에서 매우 구체적으로 논의되었다. 이 회의를 통해 인도 상공부 내에 한국 중소기업의 인도 진출 지원을 위한 코리아 데스크Korea desk를 설치하기로 합의했고, 세계적 권위를 인정받고 있는 인도의 소프트웨어 산업 분야와 한국 중소기업과의 제휴를 위해 코트라와 인도 소프트웨어협회의 업무 협력 약정을 체결하기도 했다.

우리는 뉴델리 방문을 마치고 경제 중심지인 뭄바이를 방문해 상공회의소의 인도 경제 지도자들과 면담을 했고 상용차 부문 한국 투자업체인 타타그룹Tata Group 본사를 방문해 타타그룹의 주요 경영진들과 협력 방안을 모색했다. 타타자동차 공장 방문 기회도 가졌다. 타타자동차의 기술과 생산 수준은 우리나라보다 많이 떨어져 있지만 최저가 제품을 만들어 아프리카 등 개도국 시장을 공략하고 있다. 특히 타타그룹은 끊임없는 사회적 기여를 통해 국민들로부터 존경과 사랑을 받고 있는 기업으로 유명한데, 반기업 정서가 심한 우리나라와 비교가 되어 씁쓸한 마음을 감출 수 없었다. 인도 제일의 비즈니스 중심지라는 뭄바이는 사회 인프라가 턱없이 부족했다. 임대료가 너무 비싸서 한국의 기업인이나 방문객이 그렇게 많은데도 한국 식당이 한 군데도 없었다. 도시 외곽은 거대한 빈민촌과 첨단 IT 연구단지가 공존해 있었다.

그러나 인도는 외관으로만 판단하면 안 되는 나라다. 비효율과 부패, 혼잡함들이 분명 성장의 발목을 잡고 있기는 하지만 인구, 자원, 기술 등 많은 미래 성장 동력을 확보하고 있는 나라이기 때문이다. 일본과 중국 등은 최근 들어 다시 인도시장을 공략하기 위해 총력을 기울이고 있다.

단한방으로 역전시킨 '바이코리아' 열풍

2008년 7월, 나는 코트라 사장으로 취임했다. 그런데 지금 와서 생각해보니 코트라와 나는 숙명적 인연이 있었던 것 같다. 대학 졸업 후인 1974년, 코트라 지역조사부에서 아르바이트생으로 몇 달간 근무한 적이 있고, 그 뒤 정부에서 근무할 때도 대부분 무역통상 분야에서 근무하면서 코트라와의 인연을 계속 유지해왔다. 다시 말하면 코트라 아르바이트생이 30여 년 만에 사장이 되어 돌아온 것이다. 그러나 이런 숙명적 인연을 헤아려볼 틈도 없었다. 사장으로 취임하자마자 여러 가지 위기에 처해 있던 코트라부터 살려야 했다.

코트라는 역사적 사명을 다한 조직이다?

가장 큰 위기는 코트라가 정체성 위기를 겪고 있다는 사실이었다. 당시 코트라에 대한 사람들의 인식은 대부분 부정적이었다.

"코트라가 현재 하고 있는 시장 개척과 투자유치 업무는 민간 기업도 할 수 있는 분야 아닌가?"

"코트라가 실질적으로 중소기업을 도와주는 것이 무엇인가?"

"코트라는 역사적 사명을 다한 조직이므로 더 이상 필요한 조직이 아니다."

대체적으로 위와 같은 코트라 무용론이 팽배해 있었다. 그리고 실제로도 수년간 코트라의 존재 필요성에 대해 감사원의 감사가 이어져 왔다. 당연히 조직과 예산은 줄어들었고 직원들은 많이 지쳐 있는 상태였다. 그러니 코트라 직원들의 자존심과 사기 역시 위기 수준이었다. 매사 수동적이었고 국내 근무를 빨리 때우고 해외근무나 나갈까 하는 생각들뿐이었다.

그러나 무엇보다도 세계시장의 위기가 코트라의 최대 위기였다. 그해 9월, 리먼브라더스Lehman Brothers의 붕괴로부터 시작된 미국발 세계경제위기는 전 세계를 공포로 몰고 갔으며 세계시장은 꽁꽁 얼어붙기 시작했다. 특히 수출에 거의 전적으로 의존하고 있던 한국 경제를 바라보는 외국의 시각은 불안 그 자체였다. 외국의 언론과 경제학자들은 아이슬란드, 헝가리에 이어 다시 IMF를 찾을 나라로 한국을 꼽는 데 주저하지 않았다.

나는 이럴 때 코트라가 어떤 돌파구를 만들어주지 못하면 코트라의 존재 의의가 심각한 도전을 받게 될 것이라 생각했다. 이와 같이 이중삼중의 절대적 위기상황 속에서 나는 코트라 사장 취임 첫해를 맞았다. 나의 첫 출장지는 두바이였다. 두바이를 1박 4일로 다녀온 뒤에는 독일 프랑크푸르트에서 자동차부품 상담회를 개최하고 중국, 동남아, 일본 등을 다니면서 시장 상황을 현장에서 직접 점검했다.

결론은 그다지 비관적이지 않았다. 오히려 현장에서 만난 우리나라 수출 상사의 직원들은 "오히려 지금의 위기를 잘 이용하면 기회도 될 수 있다."라고 말했다. 그러나 상황이 어수선할 때 적극적인 마케팅 활동은 많은 위험 부담이 따르기 때문에 주저하고 있었다.

귀국 후 나는 유력 일간지와의 인터뷰를 통해 코트라의 불판과 메뉴판을 모두 바꾸겠다고 선언했다. 코트라 임직원들도 모두 전투복으로 갈아입었다. KBC의 명칭도 원래의 '무역관'에서 관이라는 낡고 보수적인 이미지를 없애기 위해 코리아 비즈니스 센터(Korea Business Center, KBC)로 바꾸고 KBC의 책임자를 현지에서 과감히 발탁해 기용하기도 했다. 퇴역 수출 상사 임직원들로 구성된, 바이어 찾아주는 사람들 본부(일명 바찾사)도 구성했고 해외시장 개척단도 끊임없이 내보냈다. 그러나 이 정도로 위기 속 코트라의 존재 의의를 찾기에는 태부족이었다. 좀 더 매력적이고 파괴력 있는 사건이 필요했다.

"세계경제 엄동설한에 바이어가 오겠습니까?"

'Buy Korea' 행사는 이러한 배경 속에서 계획되었다. 세계 굴지의 바이어들을 한국에 불러서 큰 장을 한 번 만들어보자는 것이 내 생각이었다. 현재 코트라 부사장인 오성근 주력산업처장과 나는 "한 번 해보자!" 하고 의기투합했다. 물론 대부분의 간부진과 실무진들은 그런 우리를 보고 난색을 표했다.

"세계시장이 엄동설한이고 한 치 앞도 내다볼 수 없는 상황에서 나라나 기업 모두 현금 챙기기에만 급급한데 전혀 현실성 없는 계획이다."

"한국에 상품을 팔러 오라고 해도 올까 말까 한데 한국에 상품을 사러 오라고 하면 과연 올까?"

"행사 개최 예정시기인 1월은 글로벌 기업들이 새해 사업계획을 수립하느라 해외출장을 피하는 때인데 왜 하필이면 1월이냐?"

"그때까지 준비할 시간도 없고 내년 예산에는 1월도 반영되어 있지 않다."

엄두를 못내는 이유들은 너도나도 많았다. 일부 사람들은 부실사업을 만들어 코트라에 대한 평판을 더욱 악화시킬 것이라며 내놓고 반대했다. 행사 규모가 클수록 부실 위험이 높고 일회성으로 끝나는 전시성 사업으로 간주될 가능성이 많으니 오히려 실속 있는 소규모 상담회를 많이 개최하는 것이 우리나라 기업인들에게 유리할 것이라는 일리 있는 주장이었다. 여기에다 2008년은 10년 전 외환위기 때와는 달리 미국과 유럽을 비롯한 세계경제 전체가 침체 상황에 빠져 대부분의 바이어들이 재고처리도 하지 못하고 파산하고 있었고 소비도 급격히 위축된 상황이라 추가 오더는커녕 기존 오더도 축소 또는 취소하고 있는 상황이었다.

하지만 나는 생각이 달랐다. 한국은 위기를 기회로, 불가능을 가능으로 만들며 살아온 나라인데다 50년 역사를 가진 코트라가 전 세계 조직망의 힘을 합해 한번 정성을 들이면 못할 것도 없겠다는 생각이었다. 그래서 나는 많은 사람들의 우려와 걱정 속에서도 이 사업을 강행하기로 결정했다.

아무리 경기가 위축되어 있다 하더라도 구매해야 할 상품들은 반드시 거래가 된다. 또한 이런 상황에서 바이어들은 뭔가 특별한 아이

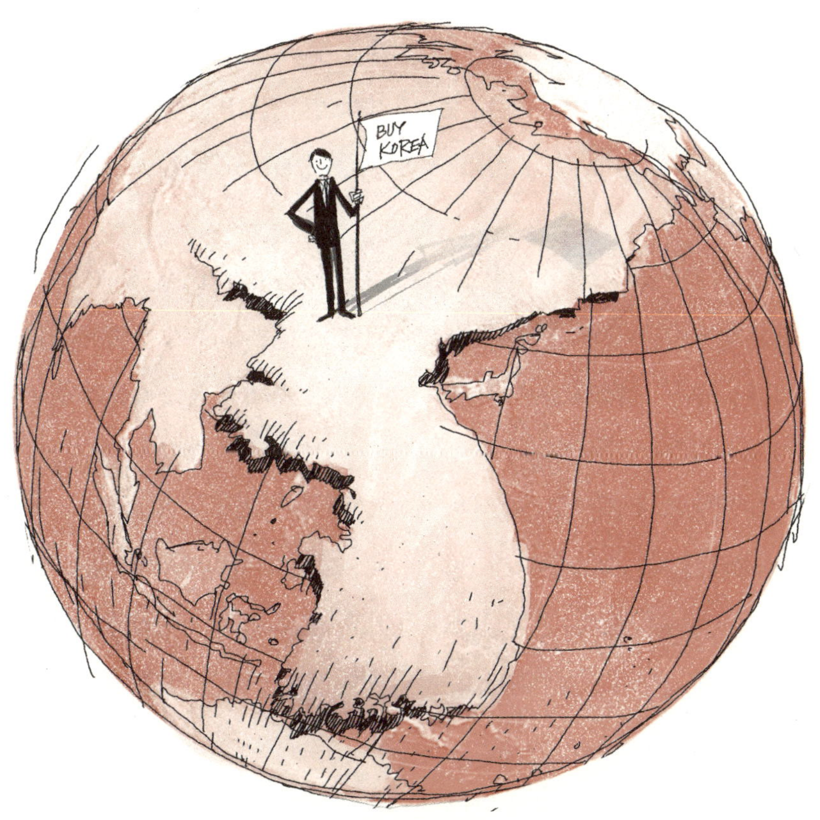

디어 제품이나 원가절감을 할 수 있는 경제적 구매에 비상한 관심을 갖는다. 나는 한국산은 이제 단순한 가격경쟁력보다는 기술, 품질, 디자인 분야에서 성과를 얻고 있기 때문에 고가제품을 대체할 수 있는 유일한 시장이 될 수 있다며 반대하는 직원들을 설득했다. 이럴 때 코트라가 시장을 바꿀 수 있는 힘을 보여주자는 내 열의에 직원들은 점차 동조를 해주었다. 처음에는 반대를 하던 현재 킨텍스 사장인 이한철 마케팅 본부장은 한번 해볼 거면 제대로 해보자며 앞장서서 직원들을 독려하기 시작했다.

사업 예산은 25억 원 정도 들 것으로 추산되었는데 답이 없었다. 코트라 자체적으로 다른 사업 예산에서 최대한 짜내도 10억 원 정도밖에 안 됐다. 결국 우리는 지식경제부 문턱이 닳도록 드나들며 비상 예산 협조를 받아 2008년 예산안 처리 마감 하루 전인 12월 30일 극적으로 해결했다. 만일 연말까지 예산 조치가 안 되면 사실상 집행된 사업 비용을 코트라 직원의 인건비라도 줄여서 감당할 수밖에 없는 절박한 상황이었다.

다음 문제는 시간이었다. 1월 초 행사 개최 시기까지는 두 달 정도 남은 상황이었다. 게다가 크리스마스와 연말 연초 휴가까지 끼어 있는 기간이었다. 사업 결정이 난 바로 그날부터 전 세계 약 100곳의 코트라 조직망은 비상체제에 들어갔다. '각 KBC별로 할당된 바이어들을 무슨 방법을 써서라도 당일 한국의 수출 상담장에 오게 하라', '각 KBC별 평가는 여기에 달려 있다', '예산이 부족하니 바이어 초청 여비도 반밖에 지원 못 한다', '언제 우리가 여유 있게 사업한 적 있나' 등등의 설득과 애원과 배짱으로 무리하지 않은 것이 없었다.

갓 입봉한 신인감독의 뿌듯함을 맛보다

그런데 우리의 열정에 하늘도 감동했는지 정말 기적과 같은 일이 벌어졌다. 당초 방한 바이어 500개사와 사이버 상담 500개사를 추진하려던 바이어 유치 계획을 바꿀 수밖에 없는 놀라운 상황이 벌어진 것이다. 11월 중순까지 방한을 신청한 바이어가 1,700개사를 넘어섰고, 그것도 전 세계의 굵직굵직한 무역업체와 제조업체, 유통업체가 대거 신청을 해왔기 때문이다. 이제는 오히려 선별해서 초청을 해야 할 상황이었다. 각 KBC에서는 어렵게 유치한 바이어의 방한 취소는 절대로 할 수 없다고 했다. 본사 담당자들에게 이미 항공권을 다 구매했기 때문에 취소도 불가능하고 만일 취소하면 그 나라 바이어들과는 앞으로 거래할 생각도 말라는 협박성 애원도 잇따랐다.

나는 이런 기적과 같은 상황을 보며 코트라는 그야말로 마음만 먹고 신바람만 나면 뭐든지 할 수 있는 대단한 위력을 가진 조직이라고 생각했다. 그리고 내가 해외 현장을 돌아다니면서 느낀 것처럼 바이어들도 위기에서 기회를 찾고 있었구나 하는 확신이 들었다. 이대로라면 5,000명 아니 1만 명의 바이어도 일시에 초청할 수 있겠다 싶었다.

결국 최종적으로 바이어 방한 초청은 700개사, 온라인 상담은 500개사로 선별했다. 방한 초청을 700개사로 제한할 수밖에 없었던 가장 큰 이유는 700개 이상의 상담 부스를 설치할 수 있는 장소가 없었기 때문이다. 호텔도 문제였다. 아무리 비수기라 해도 대부분 최고급 호텔의 스위트룸을 원하는 글로벌 바이어들과 수행 직원까지 합치면 족히

2,000명이 넘는 인원이 한꺼번에 들이닥칠 수 있었다. 어쨌든 우리의 행사로 극도의 불경기를 겪고 있던 호텔업계는 때 아닌 특수를 누렸다.

각 KBC의 노력으로 매출액 1,000억 이상의 글로벌 기업만 200개 사가 넘게 유치되었고 한국 측 수출업계는 2,000개사가 넘게 참가신청을 했다. 대기업들도 많이 참여했지만 코트라에서는 중소기업들에게 우선권을 주었다.

다음 문제는 정교하고 실효성 있는 상담 주선이었다. 700개의 구매 측과 2,000개의 판매 측에 적절하게 상대방을 찾아주는 일은 아무리 초고용량 컴퓨터를 동원한다고 해도 매우 어려운 일이었다. 이 작업을 불과 몇십 명의 직원과 인턴들이 만들어냈으니 마지막 한 주는 모두들 잠을 못 자 거의 파김치가 되었다. 새벽 1시쯤 행사를 마치고 집에 들어가도 각 KBC에서 자기들 시간에 맞춰 담당자의 집으로 전화를 해댔으니 잠드는 것은 아예 불가능한 상황이었다. 1시에 멕시코에서 전화가 오면 2시에는 영국에서 전화가 오고 3시에는 두바이에서, 4시에는 남아공, 5시에는 브라질……. 이러다 보면 어느새 먼동이 텄다. 코트라 직원의 업보였다.

통역요원도 부스마다 투입되어야 했으므로 700여 명의 통역사가 필요했다. 문제는 특수언어 통역사를 구하는 일이었다. 영어 통역사를 확보하는 일은 어렵지 않았지만 러시아어, 아랍어, 포르투갈어, 말레이인도네시아어 등의 특수언어 통역사는 구하는 것이 보통 일이 아니었다. 더구나 비즈니스 용어를 잘 아는 통역사를 찾는 것이 거래의 성패와 관계된 핵심조건이었다. 예를 들면 양측이 서로 입장이 달라 거의 깨어질 상황에 처한 거래가 통역사의 기지로 성사되는 경우도 많기 때문이다.

　호텔에서 코엑스까지 바이어들을 이동시키는 문제와 상담장 내에서 안내하는 문제도 중요했다. 우리는 중식시간을 따로 뺄 수가 없어서 참여자들에게 도시락을 제공했는데 2,000여 개의 도시락을 채식주의자, 소고기를 안 먹는 사람, 돼지고기를 먹을 수 없는 사람 등등으로 분류해서 전달하는 일도 만만치 않게 힘들었다. 또 도시락 쓰레기를 치우는 과정 등이 일사분란하지 않으면 행사에 차질을 주게 되는 상황이 되었으므로 뭐든지 철저하게 신경을 썼다.

　막상 행사가 시작되어 코엑스 태평양홀의 700개 부스마다 국기와 회사 마크가 부착되고 통역이 들어가고 바이어와 한국 기업 양측이 마주앉아 꽉 들어찬 광경을 보니 이 어려운 일을 우리가 과연 해내었나 하는 감회와 함께 벅찬 감동이 밀려왔다. 마치 최초로 자기 영화를 찍어낸, 소위 입봉을 한 신인감독이 영화 개봉날 극장 앞에서 마음 졸이다가 관중이 구름같이 몰려 들어가는 것을 보며 느끼는 감동과 희열 같았다. 이날 700개 부스의 Buy Korea 행사 현장 사진은 모든 방송과 신문에 크게 실려 국민들에게 경제위기 속에서도 세계가 우리를 찾고 있다는 희망의 메시지를 던져주었다.

영국 히드로 공항의 탑승교를 바꿔라

　바이어들 중 특히 인기가 있었던 사람들은 정부나 공공기관의 구매자들이었다. 왜냐하면 각국이 경기부양을 위해 공공지출을 늘리기 시작했기 때문에 가장 안전하고 확실한 구매력을 가졌던 것이다. 특히 영국 공항공사와 쿠웨이트 소방청의 경우 히드로 공항의 탑승교(브리지)와 쿠웨이트의 소방방재선 등 대형 구매 약속이 현장에서 이루어졌다.

영국 공항의 탑승교는 거의 대부분 독일의 티센크루프Thyssen Krupp에서 독점공급을 하고 있었는데 영국 공항공사는 독점공급에 따른 부작용 해소와 경비절약 차원에서 저렴하지만 성능이나 품질이 수준급인 수입 대체선을 찾고 있었다. 그러던 중 한국의 Buy Korea 행사를 런던의 KBC를 통해 알게 되었고 공사의 구매담당 이사가 한국 방문을 고려하게 되었다. 이를 눈치 챈 티센크루프에서 강한 견제가 들어왔지만 런던 코트라 직원들의 집요한 노력으로 구매담당 이사는 이사회 날짜까지 변경해가면서 Buy Korea 행사에 참석했다.

흥미로웠던 것은 그가 태권도 유단자라는 사실이었다. 한국을 처음 방문한 그는 하루 머무는 동안 상담과 언론 인터뷰 등 숨 쉴 틈도 없을 정도로 빼곡한 일정을 무사히 끝마쳤다. 그런데 그가 저녁 늦게 국기원을 구경했으면 좋겠다는 의사표시를 했다. 우리는 부랴부랴 국기원에 비상연락을 취해 한밤중에 문을 열고 내부를 볼 수 있게 해줬다. 그것이 그렇게 기분이 좋았는지 그는 같이 온 일행과 그 근처에서 새벽까지 술을 마셨다고 한다.

한국 로템에서 제작한 탑승교는 이런 과정을 통해 영국 히드로 공항에 설치되었고 이어서 독일의 프랑크푸르트 공항, 네덜란드의 스키폴 공항까지 한국산 탑승교에 관심을 갖게 하는 계기가 되었다. 쿠웨이트 소방청의 소방방재선은 한국의 중소기업이 수주했고 다음 해의

　　　　　　　　　　

Buy Korea 행사 때 그는 다시 방한해 추가 발주까지 하고 갔다.

Buy Korea 수출 상담장에는 한승수 총리가 방문해 바이어들에게 한국 정부의 큰 관심을 보여줬고 행사를 준비하고 여러 날 밤을 새운 코트라 직원들에게도 큰 격려가 되었다. 행사 직후 파악된 계약 액수는 무려 1억 달러에 달했고 20억 달러가 넘는 상담 규모가 계약 진행 중에 있었다.

이 행사에 가장 큰 자극을 받은 나라는 대만과 일본이었다. 대만의 국영 무역진흥공사인 TAITRA는 행사장에 와서 내내 메모를 하더니 결국 2009년 4월에 Buy Korea를 벤치마킹해 'Shopping Taiwan'이라는 유사 행사를 개최했고 일본의 무역진흥공사인 JETRO도 Buy Korea 행사의 성공 요인을 알려달라고 요청을 해왔다.

세계 7위 무역 대국의 시발점 '역샌드위치론'

나는 Buy Korea 행사가 성공적인 결실을 거두는 것을 보고 한국이 이번 세계경제위기에서 많은 기회를 찾을 수 있을 것이라는 확신을 갖게 되었다. 그리고 '역샌드위치'라는 개념을 만들어 소위 우리 경제의 희망 전도사로 나섰다.

과거 한국은 일본 등 선진국에는 품질에 뒤지고 중국 등 개도국에는 가격 면에서 경쟁력이 없어 입지가 어려운 이른바 '샌드위치' 신세였다. 그러나 나는 많은 사람들이 우리나라의 이러한 입장을 걱정하고 있을 때 '역샌드위치론'을 들고 나와 한국 경제의 희망을 이야기했다.

세계 경제위기를 맞아 세계시장이 실용적 구매 패턴을 보이면서 한국산 제품이 품질 면에서 일본에 뒤질 것은 없는데 가격은 싸고 중국제에 비하면 가격이 조금 비싸지만 품질과 성능이 월등하기 때문에 오히려 실용적 구매에 가장 적합하다는 것이 내 생각이었다.

나는 Buy Korea 행사가 한국 수출 기업들에게 자신감을 갖게 해주고 그동안 정체성의 위기와 자존심 추락 위기에 시달리던 코트라도 이 행사로 정체성과 자존심을 회복하고 국민과 기업의 신뢰를 얻는 계기가 되었다고 본다.

이후 예산 당국에서 Buy Korea 사업은 예산 배정 1순위가 되어 2010년과 2011년 정례적으로 개최되었고 이제는 외국의 유력 바이어들도 매년 초 한국에서 대형 시장이 열린다는 것을 그들의 일정표에 기록해놓고 있다. 대부분의 사람들이 가장 어려운 시기라고 생각하고 있을 때 우리는 역발상으로 기회를 만들어낸 것이다.

세계 최강
도요타를 뚫은
자동차부품업계의 대반전

최근 우리나라의 부품 수출이 빠른 속도로 늘고 있다. 부품 수출은 대체로 중소기업 영역으로 우리 경제의 대기업과 중소기업 양극화 문제와 고용 문제 등 많은 것을 해결할 수 있는 분야이고 우리의 숙원사항인 대일 무역역조 문제도 점차 개선할 수 있는 돌파구다. 부품 중 특히 자동차부품 분야는 세계 굴지의 완성차 기업으로부터 인정받는 경쟁력 있는 기업들이 많고 이들 기업은 국내 완성차 기업들에게 때로는 위풍당당하다.

그러나 이러한 자동차부품업체들 중 상당수가 10여 년 전 IMF 외환위기 때 벼랑 끝까지 몰려 하루하루 연명하면서 내일을 기약할 수 없는 상황에까지 내몰린 적이 있다. 완성차업체의 구매담당 직원들과 주야로 좋은 관계를 맺고 적절한 품질과 납기만 맞춰주면 기업 경영이 무난했던 중소 부품업체들이 어느 날 갑자기 모기업의 부도라는 상상도 못했던 상황으로 빠져들게 된 것이다. 재고가 쌓이고 2차, 3차 협력

업체에 대금 지불이 밀리고 은행으로부터 대출금 회수 요구가 빗발치는 상황에서 다른 판로를 확보하지 못한 그들은 결국 눈물을 흘리며 구조조정의 길로 들어설 수밖에 없었다.

나는 이때 산업자원부 차관보로서 경영 압박을 심하게 받고 있는 인천 남동공단의 자동차 스프링 제조업체를 방문한 적이 있다. 상당한 수준의 기술력을 갖춘 업체였지만 이미 많은 연구인력과 생산인력이 정리해고 단계에 들어가 있었고 중소기업청에서 지원해주고 있던 긴급 경영안전자금이라는 산소호흡기로 겨우 연명을 하고 있었다. 그 기업 대표는 나에게 살려달라고 애원하면서 이런저런 부탁을 했지만 판로가 막힌 중소기업을 도와줄 특별한 방법은 없었다. 새로운 판로를 해외에서 찾는 길밖에 없었다.

GM과의 협력에서 배운 '글로벌 스탠더드'

때마침 GM 등 미국의 자동차업계도 일본 차에 점차 세계시장을 내주면서 그들 역시 생존 차원에서 좀 더 싸고 품질과 기술이 우수한 새로운 부품 공급원을 찾고 있었다. 특히 GM의 인터넷망을 통한 신규 부품 공급자 발굴 노력은 우리 기업들에게 큰 길잡이가 되었다.

그러나 GM과 같은 세계 최대 기업의 문 안에 발을 디미는 일은 그야말로 산 넘어 산이었다. 더구나 국내 차들의 사양에 맞춰온 표준과 규격을 하루아침에 바꾸는 것도 처음에는 거의 불가능해보였다. 여기에 GM과 거래하던 기존 미국 내 공급선과 노조 등에서도 방해가 들어왔고 개별적으로는 담당자를 만나기도 어려웠다.

하지만 문전박대의 갖은 수모를 겪으면서도 글로벌 스탠더드에 맞도록 품질 향상 노력을 3~4년 기울인 끝에 드디어 2006년에 GM이 한국 자동차부품업체와 집단상담의 문을 열어준 GM-Korea Autoparts Plaza 행사가 디트로이트에서 개최되었다. 약 50개사의 우리나라 자동차부품 기업들과 함께 디트로이트 본사를 방문해 부품 전시도 하고 상담도 할 수 있는 거래 대상국으로 공식 인정받는 감동어린 행사였다. 이 행사를 통해 우리는 그동안 12개 업체 정도가 개별적으로 GM과 소규모 거래를 하다가 2006년에는 112개사로 2010년에는 233개사로 거래 기업들이 대폭 늘어났고 지난 5년간 누적 수주액만 60억 달러에 달하고 있다.

한국 기업이 이와 같이 GM을 시발로 글로벌 기업과의 협력을 통해 다시 살아날 수 있게 된 데에는 당시 GM의 구매담당 보 앤더슨Bo Anderson 부사장의 힘이 컸다. 그는 과감하게 구매선을 개방하고 한국 제품을 편견없이 인정해준 사람이었다.

나는 2009년 봄 코트라 사장의 신분으로 디트로이트를 방문해서 그를 만났다. 2009년 GM-Korea Autoparts Plaza 행사를 개최하기 위해서였다. 그때 GM은 미국 경제위기로 chapter 11(파산보호신청) 절차에 들어가 있었고 GM 회장 등은 워싱턴의 청문회에 불려 다니고 있었다.

디트로이트 시내는 내가 8년 전 인천 남동공단에서 느꼈던 암울함이 짙게 깔려 있었다. 당시 우리나라 자동차부품업체들 중에는 파산

과정의 GM과의 거래가 불안하다며 이번에는 빠지겠다고 의사를 표시하는 기업도 있었고 금년에는 GM의 상황을 봐가며 GM-Korea Autoparts Plaza 개최를 신중하게 생각해보자고 제의를 하는 기업도 있었다.

그러나 나는 단호했다. 우리가 어려울 때 GM의 도움을 받아 일어섰던 시절을 얘기하며 설득했다. 내가 "친구가 어려울 때 신의를 저버리지 않는 친구가 진정한 친구다" "미국의 상징인 GM은 반드시 다시 일어선다"라며 강한 입장을 표명하자 결국 그들은 내 입장을 따라줬다.

그날 저녁 나와 앤더슨 부사장은 GM 본사 건물인 불 꺼진 GM Tower에서 저녁을 같이했다. 우리가 저녁을 사겠다고 했지만 GM의 윤리강령상 자기들의 식대는 자기들이 내야 된다고 해서 결국 더치페이가 되어버렸다. 이날 앤더슨 부사장은 내게 영원히 잊지 못할 말을 했다.

"이제 한국은 GM의 외국 파트너 중 두 번째로 중요한 국가가 되었다. 이미 일본 업체는 가격경쟁력을 상실했고 중국 업체의 제품은 아직까지 자동차 유리와 스페어타이어밖에 구입할 수 없을 정도의 수준이다. 한국 업체는 이제는 GM의 완전한 동반자 관계가 되었다. GM은 지금 매우 어려운 처지에 놓여 있다. 그동안 퇴직자들에게 장기간 의료보험 혜택을 주는 등 노조의 요구에 끌려 다니다 보니 경쟁력을 잃게 되었다. 우리가 어려울 때 한국 업체들이 GM에 신뢰와 믿음을 보내달라. 큰 힘이 될 것이다."

그의 말을 듣고 있는 내내 나는 우리가 어려웠던 시절이 떠오르면서 동병상련의 연민이 밀려와 가슴이 먹먹했다. 앤더슨 부사장은 그로부터 얼마 후 GM을 떠났다. 지금은 러시아의 한 자동차업체에서 근무한다는 이야기를 들었다.

현재 GM은 정부의 구제금융을 받고 다시 일어서고 있다. GM은 디트로이트뿐만 아니라 세계 각국에 해외본사와 투자회사들이 있다. 나는 코트라 사장으로 재직하는 동안 GM과 우리 업체 간의 전시 및 구매상담회를 프랑크푸르트, 상하이, 우즈베키스탄의 타슈켄트, 러시아의 상트 페테르부르크, 태국 등에서 지속적으로 개최해 글로벌 시장으로의 동반진출을 확대해나갔다. 올해 하반기에도 다시 디트로이트로 돌아와서 몸을 추스린 GM과 상담회를 개최할 예정이다.

우리 자동차부품업계는 코트라를 통해 GM으로부터 시작한 전시, 구매상담회를 피아트를 제외한 세계 10대 완성차업체 모두와 공동사업으로 개최했다. 지금까지 글로벌 완성차 본사에서 개최한 전시상담회에 총 912개사의 우리 중소기업이 참가하는 실적을 올렸다. 사업 성과도 높았다. 우리 기업들이 좀처럼 만나기 어려웠던 글로벌 기업 본사에서 구매책임자 및 개발책임자들과 장기 협력을 위한 협의를 진행할 수 있었고 이로 인해 많은 중소기업들이 이들 글로벌 기업의 벤더로 등록되어 제품을 공급하기 시작했다.

이는 우리 자동차부품업체 대표들의 사고를 근본적으로 변화시키는 계기도 되었다. 과거 국내 모기업과의 관계 유지가 전부였던 그들의 사고반경은 세계시장으로 넓혀졌다. 또한 조찬강연회 등에 열심히 참여해 글로벌 경영을 배우면서 세계시장에서 기술, 품질, 성능, 디자인으로 승부하기 시작했다. 물론 국내 완성차업체의 경쟁력을 높이는 데에는 IMF 외환위기 때 유일하게 살아남은 현대차의 철두철미한 품

질경영도 한몫했지만 글로벌화된 한국 중소 부품업체의 높아진 수준
도 절대적인 기여를 했다고 본다. 그래서 오늘날 국내 완성차업체가
해외에 투자할 때 한국의 많은 부품업체가 동반 진출해 그 지역에 클
러스터를 조성해 상생 효과를 거두고 있다.

난공불락의 성 도요타의 빗장을 열다

이제 마지막 남은 글로벌 자동차업
체는 당시 GM을 꺾고 세계 1위로 등극한 도요타였다. 그러나 일본의
대표적 기업인 도요타에 붙여진 닉네임은 난공불락, 철옹성, 나바론
요새와 같은 용어들이었다. 그만큼 기술이나 품질에 대해서는 타의 추
종을 불허하며 '모노즈쿠리'라는 일본의 전통적 장인정신을 가장 잘
대변하고 있는 기업으로 정평이 나 있었다. IT, 가전 등에서 무너진 일
본 산업계의 자존심과 중국에 내준 일본 경제의 위신을 그나마 지켜오
고 있는, 가히 지존이라고 할 수 있는 일본 제조업의 아이콘임은 자타
가 공인하고 있는 사실이다.

이런 도요타에 한국 중소기업이 부품을 납품한다는 것은 감히 상
상도 할 수 없는 언감생심이었다. 일부 우리나라 자동차부품업체가 독
자적으로 도요타 등 일본의 완성차 업체를 공략하기도 했지만 제대로
성사된 경우는 거의 없다.

한국 자동차부품 기업이 도요타에 부품을 공급한다는 것은 단순한
수출 이외에 그 의미가 매우 크다. 세계 어느 시장에서든 도요타 공급

업체라고 하면 일단 그 기술력과 품질을 인정해주기 때문이다. 하지만 우리 기업이 이러한 기회를 갖는다는 것은 불과 몇 년 전만 해도 막연한 공상으로만 여겨졌다. 우리 업계가 코트라를 통해 GM과 단독 전시와 상담을 병행한 사업을 최초로 개최한 2006년 이후 BMW, 폭스바겐, 포드, 크라이슬러 등 세계 최대의 글로벌 기업들을 우리 중소기업들에게 소개해왔지만, 도요타를 비롯한 일본 완성차 공략에는 거의 속수무책이었다.

그러나 그 기회는 2009년 한국시장에 도요타 브랜드 런칭을 앞둔 2008년 3월에 왔다. 당시 한국을 방문한 조 후지오張富士夫 도요타 회장이 한국 소비자들의 환심을 사기 위해 한국산 부품 수입을 검토하겠다는 거의 립 서비스 수준의 발언을 하면서 도요타의 빗장을 여는 스토리가 본격적으로 시작되었다.

이를 계기로 코트라 나고야 무역관에서는 더 적극적으로 도요타 설득작업에 들어갔다. 그러나 실무진은 여전히 냉담한 반응만 보였다. 일본인 특유의 말투로 '검토해보겠다'는 답변만 계속 했다. 일본에서 검토하겠다는 뜻은 보통 '안 된다'는 거절의 완곡한 표현이라고 보면 대체로 맞다. 그렇다고 물러설 수는 없었다. 우리나라 자동차부품의 해외수출이 늘어나더라도 도요타, 혼다, 닛산 등 이른바 일본의 빅3를 공략하지 않고서는 절반의 성공일 수밖에 없었다.

그런데 2009년 초, 예상치도 못했던 일이 일어났다. 도요타 조달본부 쪽에서 코트라에 먼저 연락을 해온 것이다. 그동안 코트라가 도요타에 제안했던 도요타만을 위한 한국 부품기업 초청 전시상담회가 아직도 유효한지 물으면서, 도요타 본사를 방문해 사업의 개요를 한 번 더 설명해달라는 요청을 해온 것이다. 이제는 뭔가 제대로 되어갈 모양인가 싶어 주저 없이 바로 다음날 도요타 본사로 달려갔다. 그러나 우리의 기대와는 달리 그들의 제안은 한 번 들어나보자는 뜻이었고, 정말 우리와 일을 해보겠다는 의지가 있는 사람들인지 의심스러울 정도로 형식적인 태도만 보였다.

이후 수차례에 걸친 설득 과정이 거듭되었다. 그러자 2개월 후 마침내 구체적으로 어떤 기업들을 초청할 수 있는지 리스트를 제출해보라는 제안이 왔다. 그러면서 한 가지 단서를 달았는데 그것이 더 큰 문제였다. '도요타가 갖고 있지 않은 기술' 기업을 참여시키라는 것이었다. "도요타가 가지고 있지 않은 기술이 뭔가?" 하고 바로 물었지만 대답은 우리가 연구해서 찾으라는 시큰둥한 반응이었다. 너희가 그렇게 사정을 하니 우리가 실력을 한번 봐주겠다는 식의 태도로밖에 해석할 수 없는 상황이었다.

이는 오히려 코트라의 오기를 불러일으켰고 나는 보유하고 있는 데이터베이스를 총동원하고 관련 업계의 협조를 얻어 약 200여 유망 기업과 기술 선도기업의 프로파일을 만들어 나고야의 정혁 KBC 센터장에게 다시 도요타 본사를 찾아가도록 했다. 그런데 회의에 참가한 조달본부 책임자 중 한 사람이 자료를 한 번 쪽 넘겨보고는 그냥 탁하고 덮더니 이 정도는 다 알고 있는 내용이고 도요타에도 그 정도의 정보는 있다 하면서 새로운 것은 더 없냐고 물었다는 것이다.

그래도 한국에서 잘나가는 기업들만 망라해서 제출했는데 자기네들도 이미 다 알고 있는 정보라고 하니 아찔할 수밖에 없었다. 더 이상 어디서 어떻게 찾아야 할지 도무지 감을 잡을 수가 없었다. 그래도 코트라는 어떻게든 끝까지 해보자는 마음으로 자동차부품 연구원 등 기술기업을 많이 알고 있는 국내 연구기관을 통해 10개사 정도를 더 찾아서 제시했다. 그러나 이번에도 역시 아니라는 답변만 들었고 우리는 더 이상 갈 곳이 없었다.

마지막으로 생각한 방법은 공개모집이었다. 지금까지는 우리가 자체적으로 찾아봤을 뿐 공개적으로 도요타에 납품을 희망하는 기업들의 신청을 받지는 않았던 것이다. 결국 기존의 리스트를 백지화하고 제로베이스에서 신청을 받았다. 그 결과 85개 기업의 약 180여 건의 기술제품이 접수되었다. 우리는 자세한 기술설명서와 함께 도요타가 그 기술을 채택할 경우 어떤 효과가 있는지 등을 일본 사람들의 입맛에 맞게 일목요연하게 다듬고 또 다듬어 한 장의 프로파일로 만들었다.

그렇게 85개사의 기술 프로파일을 제출하고 초조하게 기다리기를 몇 주, 드디어 도요타에서 약 40개사를 선정했으니 이들 기업을 초청한 전시상담회를 개최하자는 전갈이 왔다. 그것도 도요타 본사에서 개최하자는 조건이었다. 도요타 본사 개최는 내가 바라던 바였는데 도요타가 기밀유지를 이유로 자기네 안방을 내주겠다고 하니 그야말로 금상첨화였다.

전시상담회 개최는 결정되었지만 행사를 준비하는 과정에서 어려움이 많았다. 요구하는 것들도 까다로웠고 일본인 특유의 조심성 때문에 사업 추진에 애로도 많았지만 하나하나 준비가 되어갔다. 그런데 이때 때마침 미국에서 도요타 일부 차종의 대규모 리콜 사태가 터지고 말았다. 도요타에는 미안한 이야기이지만 우리 사업에는 오히려 도움이 되는 상황이었다.

비슷한 시기에 약 20명으로 구성된 도요타 본사의 신기술 신공법 검토를 전담하는 팀이 우리나라 참가 기업의 기술을 꼼꼼히 사전 검토한 뒤 도요타에 도움이 될 기술이 많다는 결론을 얻어 이 사실을 최고경영층에게까지 보고했고 조달 실무진들의 태도는 그 뒤 180도 달라지기 시작했다. 특히 2009년 10월 행사 당일에는 쇼 이치로 명예회장과 조 후지오 회장이 참석하면서 이틀간 개최된 한국 기업 40개사만을 위한 전시상담회에 2,201명이 참관하는 놀라운 상황이 벌어졌다. 도요타 본사에 있는 구매조달에 관련된 바이어와 엔지니어들이 거의 다 참관했다고 해도 과언이 아닐 정도였다.

도요타 입성의 밴드왜건 효과

2년 동안의 노력으로 겨우 개최한 도요타 전시상담회는 일회성 행사로 흘려보내기에는 너무 아까운 사업이었다. 그래서 철저하게 사후관리를 했다. 사업 종료 1개월 이후부터 매 3개월 단위로 진행사항을 체크하고 코트라의 지원이 필요한 분야는 최선을 다해 지원했다.

그렇게 1년 반이 지나자 성과가 서서히 나오기 시작했다. 세라믹 브레이크 부품을 제조하는 D사와 내장제 특수가공 기술을 보유한 S사 등 새로운 기술이 곧 도요타 차종에 적용될 것으로 기대되고 있다. 그리고 이 밖에 많은 기업들이 신차 적용을 위한 테스트 과정에 들어가 있다.

부수적인 '도요타 효과'도 나타났다. 소위 말하는 밴드왜건 효과(bandwagon effect, 우세해 보이는 사람이나 팀을 지지하는 현상)였다. 그동안 코트라와의 단독 사업을 주저했던 다이하츠, 닛산, 미쓰비시, 스즈키 등이 2009년과 2010년 사이에 그들의 본사 혹은 공장에서 전시상담회를 연이어 개최하자고 제의를 해온 것이다. 2011년 8월에도 도요타의 강력한 요청에 의해 두 번째 행사가 개최되었다. 행사에 참가한 기업을 대상으로 한 설문조사 결과, 2011년에는 약 1.1억 달러 상당의 수출 효과가 예상되고 있고, 2012년 이후에는 1.3억 달러 이상으로 확대될 것으로 기대되고 있다. 한마디로 까다로운 일본시장에서 우리 자동차부품 기업들이 제대로 실력평가를 받을 수 있는 발판이 된 것이다.

일본 자동차부품 1차 벤더와의 협력사업도 추진되었다. 대표적인 성공사례가 닛산의 유력 1차 벤더로 무단변속기 제조 관련 세계적인 기술을 보유한 자트코Jatco다. 자트코는 시즈오카 현에 소재한 닛산의 계열사로 매출 규모 면에서 계열사 중 1~2위를 다투는 기업이다. 코트라와의 인연은 2012년 차세대 무단변속기 관련 부품을 한국에서 개발하는 프로젝트의 실현을 위해 자트코 측이 2010년 5월 코트라 본사를 방문하면서부터 시작되었다. 코트라 사장으로서 나는 그해 12월 자트코 본사를 직접 방문해 제품개발에 필요한 공급업체 발굴 및 기술협력에 관한 MOU(memorandum of understanding, 양해가서)를 체결하면서 이를 구체적으로 가시화시켜 나갔다.

지금은 국내 부품기업 8개사가 자트코로부터 이 프로젝트의 공식 공급업체로 지정되었으며 이 중에 중소기업 규모의 4개사는 중소기업청의 기술개발 자금지원도 받을 수 있게 되었다. 제품개발이 시작되는

2012년부터는 약 280만 달러 정도의 현재 수출 규모가 4,200만 달러로 15배 이상 증가하게 된다. 단순부품 수출에 비해 제품개발에 의한 수출의 파워가 얼마나 큰지 실감하게 해주는 사례다.

특히 일본과의 자동차부품 산업 간 협력은 단순 아웃소싱과 부품 공동개발의 단계를 넘어서 지리적 인접성을 활용한 물류협력으로도 확대될 추세다. 일본의 대표적인 완성차 메이커인 N사는 트레일러만을 카페리에 싣고 수시로 입국, 국내 부품 공급업체를 순회하며 사들인 부품을 트레일러에 실은 채 그대로 일본에 배송하는 소위 밀크런milk Run 방식의 공급체계를 구축해 2012년부터 정식으로 시행할 예정이다.

이 방식은 생산자가 수요자에게 물건을 배송하는 대신, 수요자가 생산자에게 물건을 수거해가는 방식으로 컨테이너 야적장 하역, 보관 등에 소요되는 시간을 단축시켜 일반적으로 30일 걸리는 납품시간을 4일 이내로 축소시킬 수 있는 가히 획기적인 한일 양국 간의 물류방식이 될 것으로 기대되고 있다.

N사의 사례가 성공적으로 진행되면 일본의 타 완성차로 확산될 수 있을 것으로 전망된다. 향후 한중일 3국 간에도 부품 물류방식을 획기적으로 개선할 수 있을 것으로 보여 기대감을 한층 고조시키고 있다.

글로벌화, 더 이상 머뭇거릴 틈이 없다

아직도 자동차부품 수출 확대를 위해 풀어야 할 숙제는 많다. 아니 자동차부품뿐 아니라 전반적인 부품

소재 산업의 육성을 위해서 해결해야 할 과제가 산적해 있다.

자동차는 현대자동차, 기아자동차 등의 소위 스타 기업이 세계시장에서 선전하고 있는 반면 아직 자동차부품 기업들은 세계 최고 수준의 명성을 떨치지 못하고 있다. 가장 큰 이유는 핵심기술 분야에 대한 기술력 부족으로 보인다.

2010년에 미국 오토모티브위크Automotive Week에서 발표한 세계 100대 자동차부품 기업 중 한국은 단 4개사가 포함되어 있는 반면, 다른 나라의 기업들은 일본 30개사, 미국 28개사, 독일 18개사, 프랑스 6개사가 포함되어 있다.

그러나 코트라 사장으로서 세계의 유수한 글로벌 기업들과 우리 중소기업들의 비즈니스 협력을 위해 뛰었던 경험에 비추어보면, 한국이 부품소재 공급의 중심국가로 우뚝 설 수 있는 날이 올 것이라는 확신에는 변함이 없다. 시시각각으로 변화하고 있는 세계시장의 다양한 트렌드도 한국 기업에 유리하게 작용할 가능성이 높다.

최근 일련의 세계 경제위기, 일본의 대지진, FTA로 인한 세계시장의 확대, 신흥시장의 성장 등으로 글로벌 부품 공급망이 재편되고 있는 추세를 보이고 있다. 공급기지의 다변화, 신흥시장 장악을 위한 원가절감 노력, 그리고 각지에서 부는 경제 한류의 바람이 자동차, 디스플레이 등과 같은 대기업형 완제품 산업뿐 아니라 부품소재 산업과 같은 중소기업형 제품에도 훈훈하게 불어오고 있다. 도요타의 빗장을 푼 한국 부품 중소기업이 광활한 세계시장을 품을 날도 그리 멀지 않아 보인다.

4

전천후 플레이어로 반경을 넓히다

수많은 위기를 기회로 만든 한국 주식회사의 대외 영업력도 익숙한 시장에서의 익숙한 품목만으론 계속 유지해나갈 수 없다. 지금까지 끊임없는 도전과 불굴의 의지로 새로운 판로를 개척하고 이를 국부 창출의 기회로 연결시켜왔듯 우리는 이제 다시 새로운 분야를 찾아 반경을 넓혀나가야 한다. 이제 우리 경제가 진출하지 못할 지역과 분야는 없다. 이를 위해서는 어떠한 시장 상황에서도 이겨나갈 수 있는 전천후 플레이어가 되어야 한다. 세계 속에서 한국의 국가 브랜드가 전반적으로 향상되고 있다.

북한의 혈맹 쿠바 정부에
태극기를 걸다

2008년 3월 16일, 나는 수출보험 공사 간부 한 사람, 멕시코 지사장과 함께 멕시코시티에서 쿠바 아바나로 가는 아바나 항공기에 몸을 실었다.

쿠바는 세계에서 몇 안 되는 한국과의 미수교국이지만 연간 수만 명의 한국 관광객들이 쿠바를 방문하고 있고, 쿠바인들도 한국에 대해 상당히 호의적이다. 북한에서 대사관 근무를 하거나 북한으로 유학을 갔다 온 쿠바인들 중에는 북한식 한국말을 하는 사람도 있다. 이들은 북한에서 근무할 때 "왜 하필이면 북한이냐" 하면서 운 나쁘게 생각했지만, 한국이 급성장하고 쿠바아 경제, 관광 등이 교류가 커지면서 그야말로 대박을 맞은 사람들이 되었다.

쿠바 방문 기간 동안 통역을 담당했던 코트라 현지 직원 마리아가 바로 그런 사람들 중 하나였다. 평양 근무 시절 외에 쓰일 곳 없을 줄 알았던 한국어가 효자노릇을 하게 된 것이다. 마리아 부부는 미국의 경제제재와 사회주의 통제 경제로 빈곤을 벗어나지 못하고 있는 쿠바에서 아들을 미국 유학까지 보내고 한국에도 1년에 한 번 정도는 방문한다고 했다. 이제는 자가용도 갖고 있는 상위 소득층이 된 것이다. 마리아는 쿠바 주재 한국인들 사이에서 '강남 아줌마'라는 애칭으로 불릴 정도로 한국에 흠뻑 빠져 있었다.

중남미 '불모의 땅' 쿠바를 깨우다

쿠바 방문 목적은 약 10년 전에 한국타이어가 쿠바에 타이어 수출을 하고 못 받은 수출 대금 207만 유로를 받기 위해서였다. 그리고 한국 기업의 쿠바 진출을 확대하기 위해 쿠바 중앙은행과의 수출보험 신용한도 2,500만 유로도 설정해야 했다.

쿠바는 당시 피델 카스트로의 동생 라울 카스트로의 정부가 들어서면서 경제 개방을 가속화했다. 2006년에 우리 기업은 이미 수출보험공사의 보험 지원으로 전자전기 제품과 생필품, 발전기 등 2억 달러 이상의 상품을 수출하고 있었고 수출 규모는 계속 확대 추세에 있었다. LG와 대우 등의 전자제품은 시장점유율이 70퍼센트나 되었고, 현대기아차의 시장점유율도 30퍼센트 이상이었다. 이때 하이얼 등 값싼 중국산 제품들은 한국에 강력한 도전을 하고 있었고, 중국은 버스 공여, 놀이공원 건설 등 무상원조를 대대적으로 하면서 쿠바시장에서 입지를 강화하려고 노력했다.

한국 기업은 중남미의 전략적 요충지로서 쿠바의 중요성을 십분 인식하고 있었다. 쿠바시장 진출을 서두르고 있었지만 외교관계가 없었기 때문에 무상원조나 ODA(Official Development Assistance, 공적개발원조) 경협 자금의 지원을 못 받는 핸디캡을 갖고 어렵게 시장 개척을 하고 있었다. 기업들이 유일하게 우리 정부에게 의존할 수 있는 수단은 수출보험뿐이었다.

쿠바 정부 정책의 최대 역점 분야는 에너지 절감이었다. 쿠바의 대외적 수입원은 커피와 설탕, 시가, 니켈 정도였고 산업시설은 거의 없었다. 생필품은 많이 부족했고 길거리에 다니는 자동차들은 1960년대 미국 영화에서나 볼 수 있는 몇십 년 된 앤틱 자동차들뿐이었다. 그나마도 그런 자동차라도 탈 수 있는 사람은 극소수여서 길거리에는 히치하이킹하는 여성들을 쉽게 볼 수 있었다.

쿠바는 '유기농의 메카'로 알려져 있지만 실제로 비료 구입할 돈도 없다. 그만큼 사회 각 부분이 빈곤에 찌들어 있지만 이상하게도 쿠바 사람들은 평화로워 보였다. 광장에서는 늘 공연과 축제가 열려 관광객들에게 볼거리를 제공했고, 방파제에는 연인들이 쌍쌍이 앉아 정담을 나눴고 아이들은 수영과 낚시를 즐겼다. 호텔 식당 외에는 식사를 할 만한 곳도 별로 없었지만 옥색의 카리브해는 눈부실 정도로 아름다웠다. 또한 관리는 엉망이었지만 시내에는 과거 스페인의 지배를 받을 때 만들어졌다는 9홀짜리 골프장도 있었다. 쿠바 정부는 교육과 의료 정책만큼은 세계가 부러워할 만큼 모든 국민들에게 똑같이 혜택을 주고 있다고 자랑하고 있지만 사회기반 시설은 아주 낮은 수준이고 복지 수준도 문제다.

국민 스포츠인 야구에 대해 광적인 쿠바인들은 야구 강국인 한국에 대해 또 다른 면에서 친근감을 느끼고 있다. 심지어 피델 카스트로 대통령이 월드 베이스볼 클래식 한국전에 대해 작전 지시까지 했다는 이야기도 들었다.

쿠바의 발전 설비, 한국 스펙으로 깔다

사회기반시설이 제대로 갖춰지지 않은 쿠바에 가장 필요한 것은 발전시설이었다. 효율적인 발전시설을 통해 절전을 하고 그 돈으로 생필품을 구입하는 일이 무엇보다 시급했다. 하지만 쿠바는 발전소 지을 돈이 없었다. 그래서 쿠바 정부에서 찾아낸 가장 효과적인 방안이 성능과 효율 좋은 한국산 이동식 발전 설비를 전국에 설치하는 것이었다.

현대중공업의 중남미 C본부장은 어느 날 쿠바 최고위층에게서 면담 제의를 받았다고 한다. C본부장은 그가 누구였는지 말하지 않았지만, 내 생각으로 피델 카스트로였을 것으로 짐작이 된다. 그는 C본부장에게 현대중공업의 이동식 발전설비 구매의사를 밝히면서 가격과 조건 등을 협의하자고 제안했고 C본부장은 가격 면에서 양보를 하면서 선수금 요청을 했다고 한다. 쿠바의 수입 관행은 대체로 1년 내지 2년 외상 수입인데, 선수금을 달라고 했으니 쿠바의 장관 등 고위층은 뒤집어질 만도 했다.

그러나 그는 C본부장의 제의를 수락하면서 설치와 운영에 최선을 다해 달라고 부탁을 했다고 한다. 이동식 발전설비는 발전기 구동에 필요한 설비를 컨테이너에 담아 전기를 생산하는 소규모 패키지형 발전소로, 필요에 따라 설치와 이동이 편리해 중남미와 중동 등 발전 송전시설이 취약한 국가에서 각광을 받고 있는 제품이었다.

현대중공업은 2005년부터 이동식 발전설비 총 644기, 8억 5,000만 달러를 수주해 그 당시 15곳에 설치를 완료했으며, 2010년 말까지 쿠바 전역 38곳에 설치할 예정이라고 했다. 이렇게 되면 쿠바 전력의 30퍼센트를 공급하는 셈이 되어 발전설비 시공 완료 후에는 연간 1,000만 달러 이상의 유지보수 부품을 25년간 독점 공급하게 되므로 쿠바의 전력 공급 시스템이 한국의 스펙에 완전히 예속되는 상황이었다. 이는 한국과 쿠바의 외교적 미수교 상태에서 발생하는 불이익을 몇 배나 상쇄하고도 남는 것이었다.

도미니카, 에콰도르, 니카라과 등 기타 중남미 국가들도 한국에 대해 이와 유사한 요청을 하고 있다고 한다. 이럴 때 수출보험의 기능은 매우 중요하다. 쿠바의 중앙은행이 한국의 수출보험공사에 돈을 갚으면서 새로운 신용한도를 요청하는 주목적은 이와 같은 발전설비와 관련된 유지 부품을 계속 한국에서 공급받기 위함이었다. 그리고 식료품과 원유, 운송장비 등을 구입하기 위함이었다. 쿠바는 여기에도 한국 기업의 참여를 희망했다. 한국 제품의 성능과 경제성이 중국의 파죽적인 공세를 극복한 좋은 사례였다.

현대중공업은 아바나에 사옥 겸 쿠바 근로자를 위한 훈련센터를 운영하고 있는데 이 훈련센터가 냉방설비를 완비한 아바나에서 가장 잘 지은 건물로 평가받고 있다고 한다. 쿠바의 각 정부기관에서 공무원 교육장으로 빌려달라고 줄을 서서 요청할 정도라니 그 인기를 웬만큼 짐작할 수 있었다. 물론 사용료는 없다고 한다.

떼인 돈도 받고 태극기도 걸고

3월 17일 오전, 우리 일행은 쿠바 중앙은행 청사에서 중앙은행 부총재와 외환은행 총재 등이 참석한 가운데 채권회수와 신용공여 관련 MOU를 체결했다. 중앙은행 회의실에 체 게바라의 대형 초상화가 걸려 있는 것이 인상적이었다.

쿠바 중앙은행은 그간 대금 상환이 밀려 있던 143만 유로에 이자 64만 유로를 합한 207만 유로를 즉시 상환하기로 했다. 동시에 쿠바의 에너지 효율화를 위한 발전설비 부품과 한국산 가전제품, 전구 등 전기용품의 구매를 주목적으로 한 2,500만 유로 규모의 수출보험 신용을 신규로 공여하겠다는 내용의 각서를 체결했다. 쿠바의 신용등급은 낮았지만 빠른 속도로 시장이 열리고 있는 쿠바시장을 중국이나 대만 등보다 먼저 선점하기 위해서는 공적 수출보험 기관이 선도적 역할을 해줘야 된다는 취지에서였다.

그 후 쿠바는 약속했던 미지급금을 즉시 상환해왔다. 중앙은행 측과의 MOU 체결을 축하하기 위해 아바나 시내 전경이 내려다보이는 최고급 식당에서 쿠바 중앙은행 측은 오찬 초청을 해왔다. 그런데 오찬은 자기네가 초청해놓고 돈은 우리보고 내라고 해서 우리는 너무 황당했다. 어이없어하니 우리를 안내했던 코트라의 현지 KBC 센터장이 이곳 관행이니 양해하라고 했다. 실제로 다른 많은 개도국에서도 이와

유사한 형태의 오찬과 만찬 행사가 많았다. 그들은 한국을 매우 잘사는 나라로 알고 있기 때문에 이런 관행을 당연시했던 것이다.

다음날은 쿠바 상무부 차관 면담 일정이 예정되어 있었다. 금방이라도 추락할 것처럼 덜컹거리는 엘리베이터를 타고 올라간 쿠바 상무부 회의실에서 나는 평생 잊지 못할 감격스러운 장면을 목격했다. 회의실 탁상에 우리나라 태극기가 꽂혀 있었던 것이다. 그날은 미수교국이자 북한의 혈맹인 쿠바 정부에 우리나라 태극기가 처음 공식적으로 게양된 날이었다. 우리의 경제력이 결국 상상도 못하던 외교적 성과를 이루어냈음을 다시 한 번 실감할 수 있었던 날이었다.

쿠바의 상무차관은 수명의 배석자들과 함께 정중하게 우리 일행을 맞이했고 한국과 쿠바 간의 무역통상을 확대하고 투자를 늘려줄 것을 진지하게 협의했다. 그는 이제까지는 주요 교역 상대국이 베네수엘라와 중국이었으나 앞으로는 한국과의 경제협력 관계를 늘리고 한국으로부터 많은 것을 배우고 싶다고 말했다. 특히 운송장비, 발전기, 식품, 사회간접자본(social overhead capital, SOC) 투자 등에서 한국 기업의 역할을 크게 기대했다.

쿠바는 개방개혁을 시간문제로 생각하고 카리브 지역에서 종주국의 위치를 찾으려고 많은 노력을 하고 있었다. 우리의 경제 진출에는 미수교국이 없었다. 쿠바도 결코 우리가 소홀히 할 수 없는 잠재력이 큰 시장이었다.

상하이엑스포 한국관의
대성공과
7조 원의 경제효과

중국은 2008년 북경올림픽에 이어 2010년에 상하이엑스포를 개최했다. 이로써 중국은 청나라 말기 서구 열강들에 유린당하던 어두운 과거를 청산하고 소위 '대국굴기', 세계의 중심에 우뚝 서는 역사적 의의를 두 개의 세계적 제전에서 찾고자 했다. 그래서 두 행사는 과거의 어떤 올림픽이나 엑스포보다 더 웅장하고 화려하게 개최되었고 중국 국민들은 대국의 자부심을 한껏 드높일 수 있었다.

북경올림픽이 성공리에 끝나자마자 후진타오胡錦濤 주석은 많은 중국의 지도자들과 함께 각국을 순회하면서 상하이엑스포 참가유치와 홍보에 직접 나섰다. 후진타오 주석과 한승수 총리 임석 하에 나는 상하이엑스포 조직위원장과 함께 상하이엑스포 한국관 참가와 지원을 약속하는 협약서를 체결했다.

상하이엑스포는 국가 브랜드 향상의 올림픽

상하이엑스포 한국관 건립은 우리에겐 두말할 나위 없이 한국 브랜드 가치를 상승시킬 수 있는 절대적 기회였다. 그래서인지 한국뿐 아니라 모든 나라가 참가 경쟁을 하는 듯한 양상을 보였다.

경제올림픽이라고 불리는 엑스포의 중요성을 인식했는지 상하이엑스포는 역사상 유례가 없을 정도로 초대형 규모로 준비되었다. 2008년 스페인에서 열렸던 사라고사엑스포 면적의 40배나 되는 규모였다. 참가국도 190개국이나 되었다. 중국이 상하이엑스포를 초대형화한 것은 과시의 목적도 있었겠지만 여러 면에서 라이벌 도시인 북경과 상하이의 관계에서 북경올림픽 못지않게 상하이엑스포를 세계적 행사로 만들어보겠다는 정치적 고려도 있었던 것으로 보인다.

이미 G2의 위치를 완전히 굳힌 중국은 우리나라의 최대 해외 투자국인 동시에 우리나라 수출의 24퍼센트를 차지하는 절대적 시장이다. 골드만삭스는 중국이 2030년에는 세계 최대의 경제대국이 될 것이라고 예상했다. 한국과 중국은 상호 경제적 의존도가 높아지면서 동시에 크고 작은 경제적, 외교적 갈등도 적지 않게 발생했다. 특히 상하이 지역은 한류 열풍이 잦아들면서 오히려 일부 청년들 사이에서 부정적인 감정마저 일고 있었다. 따라서 우리 입장에서 볼 때 상하이엑스포는 이러한 부정적 이미지를 개선하는 데 아주 좋은 기회가 될 중요한 행사였다.

다른 나라들도 비상한 노력을 경주했다. 프랑스는 국보급 미술품

진품 상당수를 전시해서 상하이엑스포 기간 동안 프랑스 미술의 진수를 보려면 파리가 아닌 상하이로 가야 한다는 말이 회자되기도 했다. 덴마크는 역사상 처음으로 인어공주상을 해외로 반출하는 결단을 보여줬고 사우디아라비아는 6,000제곱미터 규모의 전시장 전체를 거대한 최첨단 3D 영상으로 구성하는 물량 공세로 중국 관객들에게 어필하려고 했다. 일본도 바이올린 켜는 로봇 등 첨단기술 분야를 '돌아온 따오기' 등 친환경 영상과 조화시켜 선진적인 국가 이미지를 보여주려 노력했다.

물량 경쟁보다 콘텐츠로 승부한 한국관

중국은 외국 국가관 중 주요 12개 국가들에게만 최대 면적인 6,000제곱미터의 부지를 제공했다. 물론 한국도 12개국에 들어갔다. 중국은 역대 엑스포에서 늘 인기를 끌었던 한국관에 많은 기대를 했다. 2009년 3월 상하이에 현지 사무소를 개설했을 때부터 중국 언론의 관심은 온통 한국에 쏠리기 시작했다. 주로 "한국관 예산 규모는 어느 정도인가?" 또는 "그 예산으로 경쟁력 있는 국가관을 만들 수 있는가?"라는 식의 다소 당황스러운 질문이 많았다. 그러나 그런 질문이 나올 법도 했다. 한국관 예산이 역대 엑스포 참가 사상 최대 규모인 약 295억 원이었지만, 상하이엑스포에 동일 규모로 참가하는 12개 국가관 평균 예산의 절반에도 못 미치는 액수였기 때문이다. 특히 일본과 사우디아라비아의 예산에는 4분의 1에도 못 미치는 예산이었다.

　따라서 우리는 현지의 우려 섞인 여론을 불식시킬 필요가 있었다. 엑스포에서는 예산도 중요하지만 더 중요한 것은 국가의 기술과 문화 역량임을 먼저 강조하고, 한국이 그동안 상대적으로 적은 예산으로도 2005년 일본의 아이치엑스포에서는 최우수 국가관으로, 2007년 사라고사엑스포에서는 현지 언론이 꼭 방문해야 할 국가관으로 선정된 점을 적극 홍보했다. 중국에서 지명도가 높은 한류 스타를 홍보대사로 임명하고 한글을 기반으로 한 아름다운 한국관 건축물의 모형이 공개되자 비판적인 현지 여론은 바뀌기 시작했다. 원래 계획에 없었던 한국관 기공식을 성대하게 개최하면서 이명박 대통령의 영상 메시지 등을 통해 한국 정부 측의 강력한 의지가 중국 측에 전달되자 여론은 급속하게 우호적으로 바뀌었다. 때맞추어 예산도 81억 원이 증액되었다.

　한국관은 다른 나라와 물량 경쟁보다는 독창적인 영상 콘텐츠 개발과 한중 우호친선을 개념으로 하는 전시, 공연 등으로 차별화된 전략을 수립했다. 뒤늦게나마 한국은 기업관 건립도 결정되어 국가관의 다채로움과 기업관의 역동성이 시너지를 발휘할 수 있게 되었다.

"안 되면 황포강에 뛰어내립시다"

　다소 늦긴 했지만 그래도 한국관 준비가 순조롭게 진행되고 전시장 건축이 한창이던 2009년 11월 10일, 상하이 현지로부터 청천벽력과 같은 보고가 들어왔다. 철골공사가 한창이던 한국관 건축물의 일부 트러스트가 골절되는 사고가 발생해 중국 측에서 안전을 이유로 공사정지 명령을 내렸다는 것이다. 현재도 공사 일정이 부족해 빡빡한 상황인데 사고가 발생하고 무기한 공사정지라니 앞이 캄캄했다.

이로 인해 상하이엑스포 개막에 맞춘 한국관 개관은 불투명한 상황이 되고 말았다. 한국의 국가 브랜드 가치를 높이기 위해 수백억 원의 예산을 투입한 프로젝트가 자칫 불량건설로 국가 이미지에 먹칠을 할 상황에 봉착한 것이다. 곧바로 사고 원인 분석에 들어갔지만 한국의 시공업체, 중국의 협력업체, 한국의 설계업체, 중국의 실시설계업체와 감리업체 등 많은 이해관계자들이 서로 책임을 미루는 상황이라 원인을 찾는 것은 불가능해 보였다. 상하이 시와 중국 당국에서도 주요 참가국에서 발생한 문제라 적극적으로 도와주려 애를 썼지만 안전과 관련된 사고였기 때문에 쉽게 공사재개 허가를 내주지 않았다.

엑스포 개막일까지 겨우 반년 남짓 남은 상태에서 공사가 중단되자 전시, 영상, 공연준비 등 모든 관련 준비도 당연히 올스톱될 수밖에 없었다. 나는 점점 비관적이 되어가면서 입안이 바짝바짝 타들어갔지만 시간은 거침없이 흘러갔다. 성탄과 연말 분위기에 무르익어가던 12월 말, 나는 곽동운 담당 이사에게 무슨 일이 있어도 공사가 전면 재개될 수 있도록 코트라의 모든 역량을 동원하라고 신신당부하면서 이렇게 덧붙였다.

"공사 재개가 이루어지지 않으면 개막일까지 한국관 건립은 물 건너간 것이고 그러면 우리는 나라에 씻을 수 없는 죄인이 될 수밖에 없으니 우리 두 사람이 함께 황포강 다리에 올라가서 뛰어내립시다. 그러니 우리가 뛰어내릴 적당한 장소를 잘 찾아봐두세요."

지금 생각하면 농담 같은 이야기이지만 그때만큼은 절박한 심정으로 한 말이었다. 그만큼 초조하고 불안한 상황이었다. 당시의 상황을 소설을 쓴다면 한 권으로 모자랄 정도로 길다. 코트라 상하이 KBC에서 일하는 미모의 직원의 눈물어린 읍소, 중국 건축업계에서 가장 존경받는 구조 전문가의 도움, 중국 최대 철강회사인 바오강그룹 소속 설계 전문회사의 한국관 보강설계 등은 긴박하게 돌아가는 상황에서 우리에게 절대적인 힘이 되어주었다.

결국 이들의 도움에 힘입어 우리는 간신히 12월 31일 저녁, 정부기관인 상하이 시 질량안전감독국으로부터 공사 전면재개 승인 도장을 받게 되었다. 그 소식이 전해지자 상하이에 나가 있던 코트라 직원 등 한국관 건립 관계자들 모두가 소리 없이 눈물을 쏟았다.

그리고 2010년 1월 1일, 드디어 한국관은 전면적인 공사를 재개했다. 약 두 달간 지연된 공사를 만회하기 위해 한국관 건립 관계자들은 주야간 돌관공사는 물론 건축시공과 전시장치 공사를 병행했다. 뿐만 아니라 건축 근로자들의 귀향으로 최소 1주일, 많게는 한 달 이상 공사가 이루어지지 않는 중국의 춘절(우리의 설 명절과 같다) 연휴기간에도 특별 근무체계를 가동해 공사를 강행했다. 한국관 공사가 전면적으로 재개되자 담당 이사는 득의양양해서 나에게 이렇게 말했다.

"황포강 다리 중에 박람회장 인근에 루푸 대교와 난푸 대교가 있는데, 그중에서 루푸 대교가 뛰어내리기는 더 좋겠던데요."

이처럼 우여곡절 속에서도 중국과 한국 관계자들은 한결같은 마음으로 헌신을 했고 한국관은 2010년 4월 마침내 준공되었다. 우리는 해외 엑스포 참가 사상 최초로 대통령 내외가 참석한 가운데 개관식을 개최할 수 있었다. 그리고 그렇게 속을 많이 썩이더니 한국관은 BIE(Bureau des International Expositions, 국제박람회기구)가 수여하는 국가관 건축 부문 은상 수상은 물론 〈동방조보東方早報〉가 선정한 현지 언론이 상하이엑스포에서 사진으로 꼭 남겨야 할 외국관 명소에서 1위로 선정되기도 했다.

한국관 개관식 직전에 청와대에서 또 한 번의 소동이 있었다. 경호실에서 한국관 사고 경력에 따른 안전 문제로 대통령의 한국관 방문 재고를 건의했기 때문이다. 다행히 몇 차례의 전문기관의 안전점검을 거친 뒤에야 대통령의 방문이 성사되었다.

상하이엑스포에는 엑스포 역사상 처음으로 북한이 참가했다. 북한은 1,000제곱미터 규모의 임대 독립관으로 참가해 대성산성 등 평양을 모티브로 한 매우 초라한 전시를 했다. 행사기간 중 유일하게 줄 안 서고 들어갈 수 있는 국가관으로 한국관과 너무나 대조적이었다.

한류 있는 곳에 수출 잘된다

상하이엑스포 한국의 날은 5월 26일이었다. 이날부터 5월 30일까지는 한국주간으로 한국 관련 각종 행사가 집중적으로 개최되었다. 한국주간 동안 한국관에 대한 관심은 최고조에 달해 각종 공연과 행사는 물론 한국관 입장을 위해 너무 많은 관객들이 몰려드는 바람에 한국관 입장 대기시간이 장장 6시간까지 늘어나기도 했다.

특히 세간의 관심을 집중시킨 것은 5월 30일에 개최한 Korean Music Festival이었다. 중앙국악관현악단, 경기도립무용단, 심가희금림예술단이 참여한 전통공연과 강타, F(x), 슈퍼주니어, 보아 등 한류스타가 참여한 이 공연에는 관람객이 약 1만여 명이나 몰려들어 상하이엑스포 최대 행사로 기록되었다.

그런데 이 행사가 일부 열성 팬들로 인해 개최되기도 전에 무산될 뻔했다. 행사 전날인 5월 29일부터 상하이엑스포 사무협조국을 통해 배포되는 표를 구하기 위해 많은 팬들이 행사장 근처에서 밤을 새워 기다리는 등 진풍경을 연출했고 5월 30일에는 너무 많은 관객들이 몰려들자 안전을 우려한 사무협조국 측이 한국관에 공연 중단을 요구해 온 것이다. 엑스포 당국은 일단 이날 공연을 중단하고 일정을 바꾸어

다른 날에 박람회장이 아닌 제3의 장소에서 개최할 것을 요구했다. 공연 몇 시간 전부터 진행해야 되는 리허설은 엑스포 당국이 행사장 전기 공급을 중단하는 바람에 진행되지 못하고 있었다. 이에 대해 우리는 역제의를 했다.

"좋다. 상하이엑스포의 성공적 개최를 위해 오늘 한국주간 기념 공연을 연기하거나 취소할 수 있다. 그러나 오늘 공연 연기로 인해 발생될 모든 사태는 한국관이 아닌 엑스포 당국에서 책임져주기 바란다."

우리가 강경 대응을 하자, 공연이 취소될 경우 입장을 기다리던 수많은 관람객들을 납득시키기 어렵다고 판단했는지 엑스포 당국도 할 수 없이 한 시간 늦게 시작하는 조건으로 그날의 공연을 허락했다. 곧 행사장 주변에는 무장경찰을 포함한 병력 3,000명이 안전사고에 대비해 배치되었다. 입장권을 구하지 못한 1,000여 명의 팬들이 무장경찰과 대치하는 상황도 잠깐 벌어졌지만 초기의 혼란에도 불구하고 공연은 평온한 가운데 성공적으로 끝났다.

이 공연을 계기로 BBC와 〈절강일보浙江日報〉는 상하이엑스포에서 한류의 불길이 재점화되었다고 보도했고 인터넷 상에서는 수십만 명이 중국 내 한류에 대한 논쟁을 벌이기도 했다. 행사 다음날인 5월 27일, 대만의 한 언론에서는 한류 팬 한 명이 군중에 떠밀려 밟혀 죽었다는 내용을 보도했고, 이 소문은 인터넷을 통해 빠르게 퍼져나갔다. 이 사건을 계기로 인터넷 상에서 수많은 네티즌들이 한류 열풍에 대해 갑론을박을 벌였다. 네티즌들 사이에서는 한류 현상보다 일부 한류 팬들의 광적인 행동을 비판하는 목소리가 높았고 일부는 반한反韓 감정을 나타내기도 했다.

당시 상황은 대만과 일본 방송에까지 보도될 정도로 큰 관심을 끌었지만 결국 상하이엑스포 당국이 "많은 사람이 다치고 무장경찰과 몸싸움이 발생했다고 인터넷에 퍼져 있으나 이는 전혀 사실무근이다."라고 해명한 뒤에야 비로소 잠잠해졌다. 이러한 현상은 중국에서 한류 열풍이 몰고 온 역풍을 적나라하게 보여준 사례로서, 중국인들이 한류를 바라보는 두 가지 시선을 느끼게 했다.

상하이엑스포 폐막 후 행사를 안전하고 성공적으로 치룬 공으로 상하이 시와 엑스포 당국 안전 부문 관계자들이 중국 정부로부터 특별 유공표창을 받는 등 이 행사는 상하이엑스포에서 가장 큰 규모이면서 가장 많은 화제를 남긴 행사로 기록되었다.

앉은뱅이도 걷게 한 한국관의 기적

2010년 5월 28일 한 언론에 '앉은뱅이도 걷게 하는 기적(?)의 한국관'이라는 기사가 보도되었다. 그 내용은 다음과 같다.

개막 한 달여 만에 상하이엑스포 최고 인기 관람명소 가운데 하나로 떠오른 한국관이 밀려드는 가짜 장애인 탓에 몸살을 앓고 있다. 지난 26일 오후 2시쯤 중국 상하이엑스포장 내 한국관 관람을 마친 50대 정도로 보이는 세 명의 중국인 여성이 장애인 전용 엘리베이터에 올라탔다. 휠체어에 앉은 피곤한 표정의 한 여성은 휠체어를 끄는 다른 두 여성과 연신 이야기를 나누느라 정신이 없었다. 한국관에서 벗어 난 지 약 5분쯤 뒤, 휠체어에 앉아 있던 여성이 갑자기 양산을 펼쳐들 더니 두 다리로 일어선 뒤 인근에 있던 다른 국가관을 향해 발걸음을 옮겼다.

한국관이 인기를 끌자 이처럼 웃지 못할 에피소드도 많이 발생했 다. 송타오宋濤 중국 외교부 차관은 "1년에 한국을 방문하는 중국인보 다 6개월간 한국관을 방문하는 중국인이 훨씬 더 많다. 이 점 하나만 으로도 한국관은 한중 우호증진에 중요한 역할을 하고 있다."라고 언 급했다. 이 기간 중 한국관을 찾은 인원은 총 730만 명이나 되었다. 상 하이에서 한국을 가는 데는 두 시간이지만 한국관을 들어가는 데는 네 시간이라는 말이 생길 정도였다.

또 한국관은 상하이엑스포에서 리장춘李長春 중앙정치국 상무위 원, 리커창李克强 부총리 등 중국 최고위 지도자 두 명이 방문한 유일 한 국가관이 되었고 3,267명의 중국 각 분야 오피니언 리더들도 방문 했다. 중국뿐만 아니라 스웨덴 국왕, 라트비아 대통령, 벨기에 총리, 뉴질랜드 총리, 세르비아 총리 등 국가 원수급 VIP를 비롯해 1,511명 의 전 세계 VIP들도 참관했다. 엑스포 당국 VIP 담당 부서에는 많은 VIP들이 한국관의 아름다운 외관을 보고 예정에 없던 한국관 방문 주 선을 요청하는 사례가 많았다고 한다. 이처럼 상하이엑스포 한국관은 일반 관람객과 VIP 모두에게 꼭 방문해야 할 명품 국가관으로 자리매 김했다.

상하이엑스포에서 드러난
한국의 개방성과 일본의 폐쇄성

일본관도 관람객이 많이 찾는 명품 국가관이었지만 한국관과 일본관은 근본적 차이를 드러냈다. 한국관의 콘셉트가 개방과 참여라면 일본관은 정반대였다. 건축 양식도 한국관은 아래층 공간이 외부에 트여 있어 매시간 개최된 공연을 지나가던 외부인도 멀리서나마 볼 수 있었고 입장을 기다리는 줄도 구조물 안에서 기다릴 수 있게 되어 있어 용광로 같은 상하이 삼복더위에 그늘을 찾을 수 있었다. 또 기다리는 관람객들에는 생수도 공급해주었다.

반면 일본은 안이 전혀 들여다보이지 않는 돔 형식이어서 관람객들이 땡볕에서 서너 시간씩 줄을 서서 기다려야 했다. 또 내부 전시물도 한국관은 관람객이 직접 체험할 수 있도록 돌려도 보고 만져도 볼 수 있게 한 반면 일본관은 관람객들의 손이 닿지 않도록 전시물에 가드레일을 설치하고 엄격히 통제했다.

이러한 상반된 모습에서 우리는 개방과 참여 속에 역동성을 발휘하고 있는 한국 경제와 폐쇄적인 경제체제 하에서 많은 어려움을 겪고 있는 일본의 어려움을 상징적으로 읽을 수 있다.

상하이 한국관의 대박은 중국인, 특히 상하이 지역 중국인들에게 한국에 대한 친근감과 우호적인 마음을 되찾게 해주는 데 크게 기여했고 수출, 투자, 관광 등을 통해서는 무려 7조 원의 경제적 효과를 가져다줬다고 분석되어진다. 불가능과 위기의 상황을 가능과 기회의 상황으로 만든 우리 민족의 저력을 또 한 번 느끼게 해준 사례다.

글로벌 대기업들, 한국 중소기업을 원한다

코트라 사장 재직 시에는 크게 빛을 보지는 못했지만, 앞으로 국가적으로 큰 역할을 할 사업으로 내가 열정을 받친 사업이 있다. 바로 한국의 중소기업과 세계적 대기업들과 짝짓기를 해주는 사업이다.

미국의 타깃, 월마트 등의 대형 유통센터에서 삼성전자나 LG전자와 같은 대기업 제품을 제외하고 'Made In Korea'를 찾아보기가 쉽지 않다. 한국 기업이 중국, 베트남 등 해외로 생산기지를 옮긴 것이 가장 큰 원인이지만, 미국 등 선진국에서 한국 중소기업이 완제품을 수출하는 것이 점점 어려워지고 있는 현실을 반영하고 있는 것이다. 이는 수출 통계에도 잘 나타나 있는데, 한국의 대미시장 점유율은 1990년의 3.7퍼센트를 정점으로 지속적으로 하락하고 있다.

중국, 인도, 브라질만 신흥시장이 아니고 일본과 같이 그동안 우리가 들어가지 못했던 시장과 분야는 모두 신흥시장이라는 지론을 평소

가지고 있던 나는 미국시장에서 한국 중소기업들이 다시 한 번 비상할 수 있는 방법을 고심하게 되었다. 그러나 끊임없이 값싼 수입 상품을 활용하려는 미국 소비자들의 선호로 한국이 중국이나 베트남 등과 경쟁해 미국시장을 직접 겨냥하는 것은 쉽지 않아 보였고 그 해법을 찾는 것도 그리 쉽지 않았다.

글로벌 기업과의 동반성장이 살 길이다

그 실마리는 Buy Korea 행사에서 찾았다. 코트라가 전사적으로 추진하던 2009년 Buy Korea 행사 준비가 한창이던 코엑스 행사장 3층 콘퍼런스장에는 전야 행사적 성격으로 또 하나의 비즈니스 상담회가 개최되고 있었다. 코러스 콘퍼런스 KOR-US Conference 행사였다. 나는 별 생각 없이 참석한 행사에서 우리의 실력 있는 중소기업들이 나갈 방향에 대한 계시를 받은 듯한 느낌이었다.

당시 이 행사에는 IBM, 롤스로이스 등 12개 정도의 글로벌 기업이 참여했고, 일부 기업은 방문을 하지 못해 텔레콘퍼런스 방식으로 참여하고 있었는데, 단순한 구매상담회가 아니었다. 글로벌 기업의 비즈니스 개발 담당자가 자사의 비즈니스 전략과 한국 기업과의 협력 방향에 대해 발표를 하고 한국의 유망 중소기업들과 장기적 협력을 상담하는 사업이었다.

나는 기존에 코트라가 개최했던 행사와는 많이 다르다는 생각을 하고, 당시 행사를 담당했던 뉴욕 KBC에 이 사업을 제대로 발전시켜 보라고 지시했다. 그리고 그해 5월에 뉴욕에서 열린 코러스 콘퍼런스 행사에는 나도 직접 참여했다.

이 행사는 뉴욕에 소재한 IBM의 연수원에서 IBM 중앙연구소의 사업 개발 담당 부사장의 글로벌 협력에 대한 기조연설로 시작되었으며, 거대 통신장비 회사인 알카텔루슨트Alcatel Lucent의 와이어Wire 부문을 총괄하는 부사장, 시스템 반도체 분야의 글로벌 기업인 텍사스인스트루먼트Texas Instruments의 디지털 시그널 프로세서Digital Signal Processor 사업부의 CTO 등 5개 산업 분야에서 누구나 이름만 들어도 아는 30개 이상의 글로벌 기업 인사들이 참여했다. 그리고 한국에서는 약 70개사의 엄선된 기술기업이 참여했다.

행사는 당초 기대보다는 훨씬 큰 규모로 개최되었다. 개막행사에 이어 산업별 세션에서는 산업별로 한국과 글로벌 기업에서 비중 있는 연사들이 협력 방안에 대해 발표를 했고, 글로벌 기업과 사전 비즈니스 협의를 통해 엄선된 한국의 유망 중소기업들과 협력 방안 상담회를 하는 방식으로 진행되었다. 당시 통신장비 분야에서는 윤종록 KT 부사장이 대표 연설을 했고 알카텔루슨트, 노키아지멘스네트웍스Nokia Siemens Networks 등의 글로벌 통신장비 회사가 한국의 부품 및 솔루션 기업을 대상으로 비즈니스 전략을 설명하고 협력 방안을 협의했다.

나는 개별 산업세션에서 연사들의 발표와 상담진행 상황을 일일이 돌아보며 이 사업이 북미시장에서 한국의 중소기업의 막힌 곳을 뚫어 줄 수 있는 새로운 모델이 될 수 있는 사업임을 직감할 수 있었다. 또한 이 사업이 한국 중소기업을 글로벌 시장에서 완제품 수출을 위한 단순 제조공장 역할에서 벗어나게 해줄 수 있을 거라고 기대했다. 아울러 새로운 제품의 개발 단계에서부터 R&D 협력을 추진하고 글로벌 기업의 비즈니스 협력 파트너가 될 수 있는 한 차원 높은 비즈니스 모델로 발전시켜줄 수 있을 거라는 확신을 갖게 되었다.

액세서리 팔던 방식은 더 이상 안 통한다

뉴욕 교외의 중산층 타운에서 자리를 잡은 한인 동포 중에는 1980년대 후반에 큰돈을 번 사람들이 많다고 한다. 올림픽 이후 한국이 아시아의 네 마리 용으로 불릴 때, 미국의 소비재 시장에서 액세서리, 의류, 잡화 등 한국 상품을 들여와 팔아서 성공한 사람들이다. 그런데 지금 뉴욕을 비롯한 재미 동포들이 한국에서 물건을 들여와 판매하는 비즈니스를 고수하는 사람은 거의 없다. 과거와 같이 한국의 소비재 상품 카탈로그를 가져와서 미국 바이어들에게 파는 방식으로는 돈을 벌기가 어렵기 때문이다.

한국 중소기업들도 이런 상황을 극복해야 한다. 다시 한 번 미국시장에서 활력을 찾기 위해서는 새로운 미국시장 진출 모델이 필요한 때가 된 것이다. 이를 위해 코트라에서는 한국산업기술진흥원(Korea Institute for Advancement of Technology, KIAT) 등과 공동사업으로 '글로벌 파트너링'이라는 프로젝트를 출범시켰다. 코트라가 글로벌 기업과 한국의 유망 중소기업 간에 장기적인 기술과 생산협력을 주선해주고 필요하면 KIAT에서 협력사업에 필요한 연구개발 자금도 지원해주는 프로젝트였다.

그러나 결코 쉽지 않은 사업이다. 우선 글로벌 기업과의 개발단계에서부터 기술개발 협력을 시작으로 글로벌 기업에 대한 납품, 기술 이전, 그리고 투자를 받는 일련의 과정에 대한 복합적인 비즈니스를 지원해야 성과를 거둘 수 있다.

아직도 한국의 중소기업들은 팔릴 물건을 미리 예상해서 만들고 난 후 카탈로그를 제작해 마케팅하는 수출 방식의 비즈니스에 미련이 많다. 제품을 만들기 전에 글로벌 기업의 수요를 파악하고 협력 방향에 대해서 충분한 협의를 해서 제안서를 내고 같이 개발하고 공급하는 모델에 대해서는 익숙하지 않은 것이다.

처음에는 코트라 내부에서조차도 이 사업의 유용성에 대해 회의적이거나 부정적인 시각이 많았다. 또 대형 구매상담회처럼 보여주는 효과도 적었다. 성과가 즉시 나오는 사업도 아니었다. 더욱이 사업 추진 과정에서 글로벌 기업의 수요 확인이나 한국에서 유망 기업, 특히 글로벌 기업이 원하는 기술을 개발해줄 수 있는 기업을 찾아내는 작업, 글로벌 기업과의 기술개발을 위한 자금지원 방안 강구, 향후 복잡한 협상을 지원하는 법률과 회계 등의 서비스 지원 툴 확보 등 복잡한 업무 과정도 만만치 않았다. 당연히 이 사업을 시작했던 뉴욕 KBC 내부에서는 상당한 진통이 있었다. 비록 사장이 힘을 실어주는 사업이긴 했지만 단기적 성과 목표로 평가를 받는 일선 KBC 입장이나 사업팀 담당자가 안고 가야 할 부담이 꽤 컸을 것으로 짐작되었다.

그러나 국가적 차원에서는 달랐다. 글로벌 기업으로부터 수요가 어느 정도 확보된 기술개발 과제에 대해 국가 R&D 자금을 지원함으로써 R&D 자금 집행의 효율성을 높일 수 있고, 선진국 시장에서 먹힐 수 있는 방법으로 마케팅을 지원함으로써 국가 수출지원사업의 성과를 높일 수 있다는 일석이조의 장점이 있었다. 이로 인해 지식경제부를 중심으로 이 사업 모델은 점점 확산되고 있다.

예를 들면 이 사업에 큰 관심을 보이는 GE의 경우 GE의 6개 부문 중 가장 작은 GE헬스케어의 부품소재, 모듈 등의 중간재 구매액은 약 60억 달러 수준으로 우루과이 같은 나라의 연간 수입액과 맞먹는 규모다. 성사만 되면 그 성과는 중국이 맨해튼에서 액세서리 파는 것과는 비교도 안 된다. 또한 개발 단계의 파트너로 일단 진입하면 향후 신제품 개발 단계마다 지속적인 비즈니스 수행이 가능하다는 장점도 있다.

요즘은 제품의 수명주기가 점점 짧아지고 있고 제품개발 기술이 융·복합화되는 경향으로 인해 글로벌 기업이라도 혼자서 관련 기술을 개발하기는 어렵다. 또한 세계경제의 침체로 인해 글로벌 기업도 비용압박이 심해 개방형 혁신 또는 개방형 비즈니스가 급격히 증가하고 있는 추세다. 이런 상황 속에서 품질과 가격경쟁력을 갖춘 한국의 유망 중소기업은 이들에게 좋은 파트너로 인식되어지고 있다.

섬유에서 자동차, 조선, 첨단 IT 제품까지 매우 폭넓은 제조 기반을 가지고 있어 한 국가 안에서 요소기술을 융합해 새로운 제품을 개발할 수 있는 기술의 소싱이 유리하고, 풍부한 개발 경험과 제조 노하우를 겸비한 중소기업들을 갖고 있는 국가는 그리 많지 않다. 전 세계적으로 일본, 독일, 한국 등 손꼽을 정도다. 이런 글로벌 트렌드를 잘 활용한다면 한국 중소기업들은 글로벌 개발 협력 파트너로 충분히 자리매김할 수 있다.

때로는 경쟁자로, 때로는 파트너로

우여곡절 끝에 약 2년 정도 한국과 미국에서 글로벌 파트너링사업을 번갈아 개최하면서 서서히 성과가 나타나기 시작했다. 텍사스인스트루먼트 칩이 DVR 장비에서 구동되기 위해서는 시스템 보드가 필요한데, 첫 프로젝트로 그것을 담당했던 한국의 중소기업이 성공적으로 개발을 끝내고 현재 다음 단계로 들어가 있다. 텍사스인스트루먼트도 그동안 주로 중국이나 인도 중심으로 진행했던 시스템 개발사업을 한국 기업과도 충분히 확대할 수 있다는 확신을 갖게 되었다. 시스템 개발기간, 향후 공동 마케팅 시 한국 기업의 기동력 등 토털코스트(total cost, 총원가) 개념에서 판단한다면 한국이 오히려 경쟁력이 있다는 입장이다.

세계적인 통신장비 기업인 알카텔루슨트는 차세대 핵심 부품 개발을 한국 중소기업과 함께 해나가기로 했다. 한국시장이 작다는 이유로 판매 에이전트만 운영하던 글로벌 1위 중장비 기업 캐터필러는 한국 중장비 부품의 우수성을 인정하고 캐터필러 CEO 등 모든 경영진이 참석하는 회의장에 한국의 유망 기업들을 초청해서 독점 쇼케이스Show Case를 열고 현재 수억 달러 규모의 소싱을 전제로 한 서플라이어Supplier 등록작업을 추진히고 있다. 이 밖에도 세계 최대의 반도체장비 회사인 어플라이드머티리얼스Applied Materials는 그동안 기술 노출에 대한 우려로 한국에서 개발 금지하던 품목들에 대해 한국 기업과의 공동개발을 적극 추진하고 있다.

내가 코트라에서 이 사업을 비중 있게 추진했던 것은 이 사업이 한국의 중소기업이 선진국 시장에서 비즈니스를 확대할 수 있는 좋은 비즈니스 모델이라는 점 외에 또 한 가지 이유가 있다. 최근 사회적 화두가 되고 있는 동반성장의 가장 근본적인 해법이 중소기업의 글로벌 경쟁력 강화에 있다는 점 때문이다.

이런 면에서 볼 때 나는 이 사업이 글로벌 기업과의 협력 파트너십 형성을 지원하는 아주 효과적인 수단이라고 생각한다. 물론 국내 대기업과의 공정한 거래질서를 확립하고 중소기업이 기술개발 등에서 부당한 침해를 당하는 것을 방지하는 것도 시급한 사안임에는 틀림없다.

그러나 실제로는 현실적 난관이 많겠지만, 글로벌 기업과의 협력 파트너십 경험을 통해 국내 대기업의 글로벌 경쟁력을 높여줄 수 있는 수준의 기술력이 확보되고 협력 문화에도 익숙한 중소기업이 늘어난다면, 자연스럽게 대·중소기업 동반성장이 보다 촉진될 수 있다고 나는 본다. 내가 이 사업을 국가 어젠다화해보고 싶은 바람이 있는 것은 이 때문이다.

중국 내륙 진출, U턴하지 말고 P턴하라

내가 코트라 사장 재직 중 가장 공을 들인 일은 중국 내륙 진출이었다. 이제까지 우리나라 기업의 중국 진출은 주로 연안 쪽이었다. 중소기업들은 옌타이, 다롄, 베이징, 톈진, 상하이, 장저우, 선전(심천) 등에서 우리나라 진출 기업이나 중국 또는 다국적 기업에 수출용 자재, 부품, 기계장비 등을 팔아왔고 대기업들의 자동차, 반도체, 휴대폰, LCD 등 주력 상품의 판매기지와 생산기지도 주로 이 지역에 자리 잡았다.

그러나 샤오강 사회, 즉 골고루 잘사는 사회로 만들자는 중국 정부의 정책 방향에 따라 중국 내륙 쪽에 정부지원이 집중되면서 오히려 연안 쪽은 초기 수출 기업에 지원하던 관세 감면 등 각종 혜택이 대폭 줄어들고 있다. 여기에 최저 임금이 급상승하면서 각종 노동 관련 분규가 자주 발생하고 진출기업의 채산성도 급격히 떨어지고 있는 상황이다. 특히 연안 쪽에 중국의 저임금 효과를 보기 위해 진출했던 우리나라 중소기업들은 철수도 못하고 그렇다고 계속 사업을 영위하기도 어려운 상황에 점점 빠져들고 있다. 가끔 경영진이 투자했던 모든 것을 포기하고 야반도주하는 사례도 생기면서 중국 내에서 사회문제화되고 있기도 하다.

이러한 분위기에서 한국의 성장을 시기하는 중국의 일부 여론은 한류에 찬물을 끼얹는 행위를 하곤 했다. 이러한 상황을 극복하는 길은 우리나라 기업들이 한국으로 U턴하지 말고 내수를 겨냥해서 중국 내륙으로 P턴하는 길밖에 없다고 생각한다. 그러나 중국의 중서부 내륙 지역에 대한 시장 상황이나 거래 관행에 관한 정보도 부족하고 거래에 따른 위험부담도 커서 우리나라의 기업들이 진출을 망설이는 동안 일본이나 대만 기업들은 선점효과를 누리고 있었다. 그도 그럴 것이 중국 내륙의 내수기업들과의 거래는 기본적으로 위안화 거래이고 수출보험도 제대로 해당되지 않기 때문에 달러 거래에 익숙하고 수출보험에 의해 리스크 없이 수출을 하던 우리나라 기업들은 당연히 진출을 망설일 수밖에 없었다. 게다가 코트라의 KBC도 내륙에는 청두, 우한, 시안 세 곳밖에 없어서 중소기업들이 의지할 곳도 많지 않았다.

청두 한국 상품전의 대성황

나는 우선 시장 상황을 살피기 위해 2009년 1월 쓰촨성의 청두를 방문했다. 청두는 중국의 가장 내륙에 있는 도시로 유비가 은거하던 촉나라의 수도이기도 하다. 산악지대가 많아 천혜의 요새가 되었으나 이로 인해 연안 쪽으로부터 퍼져오는 산업화도 가장 늦게 받아들인 것으로 알려져 있다. 다른 목적으로 싱가포르에서 업무를 마친 후 청두로 출발한 중국 항공은 기상이 좋지 않아 쿤밍에 불시착했다. 당시 나는 비서팀장만 수행을 시켰는데 그나 나나 중국어가 미숙했고 공항에서 영어 안내도 변변치 않아 손짓 발짓을 해가면서 간신히 몇 시간 후에 청두행 비행기를 다시 얻어 탈 수 있었다. 중국 내륙은 하늘길도 쉽지 않았다.

청두는 우리나라의 30년 전 도시의 모습이었지만 의외로 공해가 심했다. 그러나 중국 중서부의 도시를 외관으로만 평가하면 큰 낭패를 본다. 총영사와 코트라 관장의 이야기를 들어보니 우선 인구의 규모가 입이 벌어질 정도였다. 청두만 해도 1,000만이 넘는 규모였고 쓰촨성 전체는 8,000만이 넘었다. 그리고 그중 상위 10퍼센트는 상상을 초월할 정도의 엄청난 구매력을 갖고 있다고 했다. 확인하지는 못했지만 중국에서 폭스바겐 자동차가 가장 많이 팔리는 지역이 청두라고 했다.

반면에 이 지역의 유통업계는 일본의 이토요카토Itoyokato 등 일본계와 유럽계가 이미 오래전에 들어와 있었다. 한국 상품은 일본 백화점의 한국 특별상품전을 통해 간간히 소개되는 정도였다. 그러나 이곳의 소비자들은 한국 드라마에 푹 빠져 있었고 한국의 의료 수준을 동경하고 있는 등 호의적인 기류가 강하게 흐르고 있었다. 더구나 수년 전 쓰촨성 대지진 때 한국의 건설업체가 크레인 등 중장비를 신속하게 제공해 구조작업에 나서주었고 이명박 대통령이 일정을 바꾸어 직접 날아와 현장을 방문하고 이재민들을 위로해준 것을 진심으로 고맙게 생각하고 있었다.

한국 총영사는 이러한 우호적인 분위기를 활용해 한국 기업이 빨리 진출해서 성공하면 좋겠는데 그런 상황이 아니라서 매우 안타깝다고 말했다. 그래서 나는 즉석에서 총영사에게 그해 가을 열리는 쓰촨성 박람회에 코트라가 한국관 규모로 참가하겠다는 약속을 했다. 물론 사전에 계획된 사업이 아니어서 예산 뒷받침이 없었지만 반드시 내륙 진출의 물꼬를 터보겠다는 생각뿐이었다. 예산은 어떻게 해서든 마련해볼 작정이었다.

2009년 10월 16일부터 청두 국제전람중심에서 열린 제10회 중국 서부국제박람회에서 한국은 2009 청두 한국우수상품전을 개최했다. 중국 측은 한국이 최초로 정부 차원에서 참여하게 되는 것을 크게 반기며 박람회장 요충지인 1호관에 5,000제곱미터 규모의 한국상품전 장소를 할애했다. 관심을 보인 한국 기업 76개사가 대거 참가했고 삼성, LG, 현대차 등 한국의 글로벌 대기업들이 첨단제품과 자동차 등을 선보였다. 작지만 경쟁력 있는 우수한 중소기업 제품들이 돋보이는 박람회였다.

한국상품전에는 4일간 40여만 명이 참관을 했고 유력 바이어 1,500여 명에 상담액은 1억 달러가 넘었다. 계약액도 1,300만 달러 규모의 큰 성과를 얻었다. 화장품, 의료기기, 생활용품이 인기가 많았는데 특히 한국의 의료산업을 홍보한 글로벌 헬스케어관에서는 무료 의료체험과 피부미용시술이 시행되어 그야말로 발 디딜 틈이 없을 정도로 인산인해를 이루었다. 여기에 중국의 의료관광 에이전시 63개사, 성형외과 및 종합병원 92개 병의원, 피부미용원 143개사가 방문 상담을 해 뜨거운 반응을 보였다.

중국의 CCTV 등 중앙방송은 물론 지역 방송국, 신문매체, 인터넷 포털 등은 특보로 한국의 우수상품을 다루었다.

한국상품전이 각 참가사마다 최소 20여 건 이상의 상담 또는 계약 성과를 거두면서 끝나는 것을 보며 나는 우리 상품의 중국 내륙지방 진출의 가능성을 확신했고 그 자리에 함께 참석했던 주중국 한국 대사와 청두 총영사도 기대 이상의 성과에 무척 감격스러워했다.

원자바오 총리의 깜짝 방문

그런데 대사건이 박람회 개막식날 일어났다. 원자바오溫家寶 중국 총리가 한국상품전에 깜짝 방문을 한 것이다. 사실 총리의 참석이 예견되어 있던 터라 한국상품전에 방문할 가능성도 있다는 정보도 있었지만 기대는 거의 하지 않고 있었다. 그러나 개막식 전날 청두 총영사관에 원자바오 총리의 한국상품전 방문 사실이 통보되었고 우리는 초긴장 상태로 들어가 철저한 안전점검과 인원통제를 했다. 총리가 몇 시에 방문할지는 아무도 이야기해주지 않았다. 그러다가 한국상품전 개막식 직전인 아침에 총리의 방문이 통보되었고 나는 주중 대사, 총영사와 함께 진시회장 앞에서 그를 영접했다.

온화한 인상의 원자바오 총리는 구름 같은 수행원들을 대동하고 한국상품 전시장을 짧은 시간 동안 둘러보았다. 내가 안내를 하면서 설명을 하자 총리는 "한국 상품이 매우 우수하다", "한국이 이번에 중국 서부박람회에 대규모로 참석해줘서 감사하다"라고 말했다. 특히

"이명박 대통령께서 쓰촨성 지진 때 직접 현장을 방문해주신 것에 대해 정말 고맙게 생각하며 중국 국민들은 잊지 않을 것"이라는 말도 덧붙였다. 나는 그 말을 듣고 원자바오 총리의 한국상품전 방문은 한국 대통령의 재해현장 방문에 대한 답례라는 것을 알았다.

그날 총리의 한국상품전 방문은 중국 전 언론에 대서특필되면서 중국 국민들의 반한감정 해소와 국가브랜드 제고에 크게 기여했다. 국내 언론도 사진과 함께 총리의 방문을 크게 보도해 코트라의 위상을 올려놓았다.

청두에서 갖게 된 자신감은 그 뒤 우한과 시안 방문으로 이어졌다. 나는 성장과 부성장 등 정치지도자들을 만나 경제 협력에 관한 대화를 나누었고 청두 행사보다 규모는 작지만 한국 상품을 소개하고 수출 상담을 할 수 있는 자리를 지속적으로 마련해 우리나라 기업들이 중국 내륙의 내수시장을 공략할 수 있는 발판을 만들어나갔다.

성 하나가 한 나라

중국의 각 성은 그 자체로 한 나라로 보면 된다. 각 지역마다 산업적 특성이 다르기 때문에 진출을 하려면 지역별 특성에 맞게 맞춤형 진출을 해야 한다. 즉 산업재 수요가 많은 지역도 있고, 생활소비재 수요가 많은 지역도 있고, 무역거래보다는 현지 투자진출이 효과적인 지역도 있다. 중국 연안지역에서 경쟁력이 떨어진 한국의 봉제기업들은 오히려 화북성이나 화남성 등지에 새로 둥지를 틀기도 했다. 나는 이와 같이 맞춤형 진출을 하기 위해서는 코트라의 역할이 무엇보다 중요하다고 생각했다. 적어도 중국의 각 성시마다 코트라의 KBC가 하나씩은 있어야 한다는 생각을 했다.

그러나 당시 우리나라 정부와 공공기관은 구조조정을 하고 있었기 때문에 조직을 늘리는 것은 어려운 일이었다. 그럼에도 불구하고 우리나라 기업의 중국 내수시장 진출을 위해 코트라의 KBC를 신설해야 된다는 내 주장은 점차 지지를 받았고 2010년 말, 드디어 중국의 무역관은 10개에서 17개로 늘어났다. 충칭, 정저우, 창사, 난징, 선양, 샤먼, 항저우 등이 추가로 개설되어 이제는 중국 대부분의 성시에 우리나라 기업 진출의 교두보가 마련되어 있다. 코트라 KBC의 증설에 가장 큰 도움을 준 분은 박영준 총리실 차장이다. 나보다 더 적극적으로 중국의 한국 진출 로드맵을 그린 분으로 그 후 지식경제부 제2차관이 되어서도 프로젝트를 마무리하는 데 끝까지 많은 도움을 주었다.

보시라이 당서기와 양강경제특구

나의 마지막 발로 뛰는 통상일지는 중국의 최대 인구 도시인 충칭 코트라 KBC의 개설이었다. 2011년 4월 7일, 나는 코트라 KBC 증설의 최대 공신인 박영준 지식경제부 차관과 함께 충칭의 KBC 개소식에 참가했다. 충칭은 우리나라 임시정부가 있었던 지역이어서 더 큰 역사적 의의를 갖게 했다. 그날은 한국 임시정부가 철수한 후 60여 년 만에 최초로 한국의 공공기관이 들어가는 감동의 날이었다.

충칭에는 현재 양강경제특구가 건설되고 있다. 이는 보시라이薄熙来 충칭시 당서기가 범죄와의 전쟁에서 큰 명성을 얻은 후 상하이 포동지구와 톈진의 빈하이특구와 같은 대규모 산업단지를 건설하는 프로젝트다. 그는 양강경제특구에 많은 한국 기업이 진출하기를 원했고 코트라 KBC의 개설과 관련된 도움도 많이 주었다.

박 차관과 나는 어렵게 보시라이 충칭시 당서기를 면담했다. 상무부장을 역임하고 차기 정치국 상무위원의 매우 유력한 후보로 알려진 그는 친한파로 알려져 있기도 하다. 그와의 면담 약속은 무척이나 잡기 어려웠지만 결국 전날에 면담 약속시간 통보를 받을 수 있었다. 당서기 집무실은 매우 검소했다. 노련한 정치인은 우회적 화법을 쓰며 자신이 하고 싶은 이야기를 다 했고 박 차관과 나도 현안사항과 요구사항에 대해 아낌없이 대화를 나눴다. 그리고 당초 약속된 시간을 훨씬 넘어서 우리는 서로 만족해하며 면담을 끝냈다. 보시라이 당서기는 양강경제특구 프로젝트를 거론하면서 충칭에 역사적 인연이 많은 한국 기업이 적극 진출해달라고 요청했다. 그는 특히 중소기업의 진출을 갈망했다.

충칭시의 요구가 없더라도 우리는 양강경제특구 등 중국 내륙, 내수시장 진출에 총력을 기울여야 한다. 정부와 코트라에서도 우리 기업들의 중국 진출에 새로운 자세로 지원을 해야 한다. 아울러 이제 마지막 남은 큰 시장, 중국 내수시장 진출을 위해 대중국 전략을 대전환시켜야 한다.

PART 2

다시 폭풍 속으로 들어가며

　　세계의 많은 나라가 한국을 부러워하고 개도국은 한국의 대외지향적 발전 방식을 배우려 하고 있다. 그러나 우리의 내재적 실력은 많이 좋아졌지만 현재의 시장 상황은 너무 빠르게 변화하고 있고 미국과 유럽발 경제위기 등 우리가 대응해야 할 주변 여건은 점점 더 복잡해지고 있다. 오히려 현재 위치를 지키기 위해 과거보다 몇 배의 노력이 필요해 보인다. 낙관도 비관도 할 수 없는 불투명한 경제 동향은 물론 곳곳에 숨어 있는 각종 지뢰들과 한국을 향한 노골적인 견제와 합종연횡 등이 우리 앞을 가로막고 있기 때문이다. 따라서 우리는 다시 거센 폭풍 속으로 들어갈 준비를 해야 한다. 그러기 위해서는 속도를 늦추면 안 된다. 더 빨리 경제의 바퀴를 굴려야 한다.

　　수출에 의한 경제성장은 경제 양극화의 해소 또는 균형 발전과 대치되는 것이 아니다. 나는 오히려 우리나라와 같은 좁은 땅덩어리에서는 밖에서 더 많이 벌어 파이를 키워 배분의 몫을 늘려가야 한다고 생각한다. 다만 일부 대기업과 몇몇 제조업 품목에 과도하게 편중된 수출 구조의 문제점을 인식하고 중소기업 제품과 부품소재가 균형 있게 발전될 수 있도록 지원하고 내수형 서비스 업종도 해외로 진출할 수 있도록 적극적으로 밀어주는 전략이 매우 중요하다고 생각한다. 특히 중소기업 제품과 부품소재는 한국 경제가 안고 있는 문제점을 개선할 수 있는 유일한 돌파구이기 때문에 이 분야의 해외시장 개척은 매우 절박한 상황이다.

　　2008년 세계 금융위기 발발 이후 우리는 다른 나라보다 비교적 잘나갔고 개도국들이 닮고 싶어 하는 성장모델이 되었지만 아직도 우리의 종합적인 경쟁력과 국가 브랜드의 힘이 안정권에 도달하려면 갈 길이 멀다. 특히 세계경제가 돌아가는 상황에서 잠시라도 눈을 떼고 경계를 풀면 우리에게 어떤 폭풍이 불어올지 모른다.

　　오늘날은 도요타, 노키아 등 그 분야 세계 1위의 절대 강자도 불과 1년도 안 되는 사이에 추락하는 냉정한 현실이다. 세계시장에서 버틸 힘이 없으면 사라지는 치킨게임이 다시 시작되고 있다. 삼성, LG, 현대차와 같은 글로벌 기업들도 살얼음판을 걷듯 불안하고 위태로운 상황 속에서 우리 중소기업의 글로벌 전사들은 외로운 격전을 치르고 있다.

'뉴노멀'이 경제 패러다임을 바꾼다

세계경제에 대한 전망이 점점 어두워지고 있다. 특히 스탠더드앤드푸어스S&P에서 미국의 신용등급을 강등시킨 후부터 비관론자의 목소리에 힘이 실리고 있다. 그 요지는 이미 경제회복을 위한 재정지출을 할 만큼 다해 이제 미국이 돈을 마구 찍어대는 것도 과거처럼 뜻대로 되지 않을 거라는 주장이다. 특히 유럽의 몇몇 국가들을 이미 국가부도 상태로 보는 견해까지 있다. 여기에 대안시장 역할을 해온 신흥 개도국들도 물가상승 압박 때문에 과거와 같은 공격적 성장정책을 쓰지 못하고 있다. 이러한 상황에서 선진국 기업들은 한국을 향해 포위망을 치고 압박작전을 펼치고 있다.

밀려드는 세계경제의 먹구름, 우리도 피할 수 없다

세계경제가 살얼음판을 걷는 것처럼 불안하다. 특히 올해 들어서는 중동의 민주화 사태, 일본의 대지진, 남유럽의 재정위기, 미국의 신용등급 하락 등 초대형 사건들이 연이어 터지고 있다. 한 사건의 영향을 분석하기도 전에 또 다른 사건이 터지니 따라가기도 숨 가쁘다. 그러다 보니 지난달 경기 예측과 이달 예측이 다르고, 지난주 전망과 금주의 전망도 판이하게 다르다.

이런 상황이 지속되면 학계의 비관론자들인 닥터 둠이 들끓기 시작한다. 이들은 경기침체 후 잠시 회복기를 보이다가 다시 침체로 이어지는 이중침체 현상인 더블딥double dip에 빠질 가능성이 있다고 우려하고 있다. 특히 뉴욕대학 누리엘 루비니Nouriel Roubini 교수 같은 대표적 비관론자들은 모든 지표가 완벽하게 악화되는 퍼펙트 스톰(perfect storm, 여러 악재가 한꺼번에 겹치는 최악의 위기)을 주장하기도 한다.

분명한 것은 최근 3년간 각국 정부가 헬리콥터 살포라고 할 만큼 경기 부양을 위해 천문학적 자금을 살포했음에도 불구하고 경기는 본격적으로 살아나지 않고 있다는 사실이다. 무엇보다도 미국의 고용지표, 주택가격과 제조업 생산지수에서 본격적인 호전이 있어야 소비자들이 지갑을 여는데, 아직도 눈에 띄게 달라진 것은 없다. 다만 자동차산업 등 제조업 분야에서 다소 생산이 회복되고 아이폰에서 비롯되어 트위터, 페이스북 등으로 이어지는 정보통신 분야와 아바타 영상이 불을 지른 3D 영상기기 및 콘텐츠 등에서 창출된 새로운 수요가 그나마 경기 회복을 위한 신규 투자를 만들어냈다. 그리고 중국의 거대한 외환보유고를 무기로 한 자원개발 투자와 일부 신흥 경제권에서의 사회간접자본 투자 등이 호재로 작용했다.

반면 일본의 대재앙으로 인한 세계적 부품 공급채널 장애, 리비아와 이집트 등 북아프리카와 중동의 정정불안과 신흥 개도국의 인플레로 인한 투자 리스크 고조 등 악재도 연이어서 발생했다. 여기에 유럽의 재정 적자와 이로 인한 세계적 금융 불안이 세계경제를 위기로 빠트릴 수 있는 메가톤급 복병으로 떠올랐다.

그 많던 돈은 다 어디로 갔을까

이렇듯 전반적인 시각으로 볼 때 세계경제의 불안 유발 요인이 호재 요인보다 많다. 이러한 요인들은 단기적으로 해결될 것들이 아니지만, 세계경제는 아주 느린 속도로 회복될 가능성이 많다. 왜냐하면 1990년대 말 아시아 경제위기 등 그간 몇 차례의 세계 경제위기에 비해 지금은 리스크를 높일 플레이어들도 많아졌지만, 동시에 리스크를 해소시킬 플레이어들도 많아졌기 때문이다.

나는 그 대표적인 선수를 중국으로 본다. 중국이 세계 공장과 시장의 역할을 충실히 하고 있고, 중국을 중심으로 한 세계시장의 공급체인supply chain은 지금도 건재하기 때문이다. 동남아 등 개도국에서 생산된 기초 원료와 원자재는 한국, 일본, 대만 등에서 부품이나 반제품, 기자재의 형태로 제작되어 중국에 수출되고 있고, 중국에서 만들어진 값싼 소비재는 미국이나 유럽에 수출되어 소비자들이 보다 풍족한 소비를 즐길 수 있도록 해주기 때문이다.

과거에는 이렇게 해서 생긴 구미의 소비자 여유 자금이 금융 채널을 통해 첨단 분야에 투자되었고, 아시아의 앞서가는 나라들은 이를 좇아가기 위해 유발 투자를 했다. 그리고 이 공급체인에서 부족한 자금은 세계 유일의 실효성 있는 기축통화 발권력이 있는 미국을 배경으로 채권을 통해 조달되어 왔다. 그래서 미국은 늘 "달러는 미국 돈이지만, 달러의 문제는 미국 문제가 아니다"라는 궤변 같지만 불편한 진실을 주장해왔던 것이다.

그렇다면 2008년 말 리먼브라더스의 몰락 이후 생긴 세계 경제위기 때부터 지금까지 세계의 돈이 달러 기준으로 두 배 이상 풀렸는데 과연 그 많은 돈들이 어디로 간 것일까.

일부는 생산적인 투자로 흘러들어갔고, 위기를 겪고 있는 나라의 부족한 재정적자를 메워주는 데도 사용되었지만, 대부분은 소위 유동성 함정 속에 빠져들어간 것처럼 보인다. 금융권에 갇혀서 투자 기회를 찾지 못하고 맴돈다는 이야기다. 또 일부는 투기자본화되어 금, 은,

구리 등 광물 자원과 옥수수, 보리, 밀, 콩, 육류 등 식량자원의 가격을 급등락시키고 있다.

나는 이와 같이 풀린 돈이 건전하고 생산적인 투자처를 찾을 때까지는 현재 세계경제의 불안과 흔들림은 계속될 수밖에 없다고 본다. 그러나 인류는 역사상 최악의 경제적 재앙마저도 자연이나 신의 힘이 아니라 스스로의 힘으로 극복해왔듯 이번 위기도 결국 인류의 힘으로 극복할 것으로 믿는다. 그리고 그것을 가능하게 하는 것이 '파괴적 혁신disruptive innovation'이라 본다.

1930년대 대공황을 정복한 것은 인류의 문명과 삶의 질을 완전히 바꾼 4대 부문의 혁신, 즉 석유화학 제품, 성능 좋은 소형 모터의 개발, 자동차 엔진의 일대 혁신, 라디오와 통신수단의 발달이었다고 한다. 이들 제품의 혁신으로 인해 의류와 생활필수품을 더 튼튼하고 값싸게 만들 수 있는 새로운 소재가 나왔고 세탁기, 냉장고가 대중화되었으며, 값싸고 성능 좋은 자동차가 서민들에게까지도 공급되었다. 또 라디오 통신을 통해 여가 문화가 창출되면서 각종 산업이 활성화되고 고용과 소비가 늘고 돈이 도는 선순환적 경기 회복이 이루어졌기 때문이다.

나는 이러한 파괴적 혁신만이 오늘날의 지지부진한 세계경제를 근본적으로 바꿔놓을 것으로 생각하고 또 반드시 그렇게 되리라고 본다. 인류의 생명을 연장할 수 있는 신약, 엄청나게 가볍고 견고한 나노 신소재, 사람의 기능을 대체할 로봇, 융복합 IT 제품, 그리고 환경을 획기적으로 개선할 신제품 등과 같은 파괴적 혁신 제품과 서비스가 그것이다.

스마트한 세상, 스마트한 세계 주부들

이와 같이 세계경제는 큰 흐름을 봐야 한다. 거시적 시각을 가지려면 TV의 주식투자 방송에서 홍수같이 쏟아내는 단기적 예측에 일희일비해서는 안 된다. 현재의 얽히고설킨 세계경제의 혼돈 속에서 단기적 예측이 적중하지 않는 것은 오히려 정상이다.

과거 미국 〈월스트리트저널〉이 이와 관련해 재미있는 실험을 했다. 원숭이가 '다트게임'으로 선택한 4개 종목의 주식과 당시 내로라하는 펀드매니저가 심혈을 기울여 고른 4개 종목의 주식을 1년 후에 비교해봤더니 원숭이가 선택한 종목 중에서 3개 종목의 가격이 올랐고, 펀드매니저가 선택한 종목 중에는 겨우 1개 종목만이 가격이 올랐다. 원숭이가 펀드매니저를 이긴 이 어처구니없는 실험 결과는 단기적 투자 예측이 그만큼 어렵다는 것을 단적으로 보여준 사례다. 주식투자에 대한 예측도 이토록 어려운데 경제 전망에 대해서는 더 말할 필요도 없다. 특히 실물 현장을 모르고 쏟아놓는 경제학자들의 전망은 더더욱 그렇다. 나는 국내외를 막론하고 그들의 단기적 전망을 신뢰하지 않는다.

세계의 돈의 흐름을 단기적으로 몰아가는 데 한몫하는 사람들은 시세를 좇아 움직이는 세계의 주부들이라 한다. 엔 캐리 트레이드(yen carry trade, 일본의 낮은 금리를 활용해 엔화를 빌려 제3국에 투자하는 금융거래) 등 국제간 자금 이동을 좌우하는 사람들은 '일본의 와타나베 부인', '미국의 스미스 부인', '유럽의 소피아 부인'들이라고 한다. 아마 여기에 한국이 낀다면 '김 여사'들도 만만치 않은 역할을 할 것이다. 한국의 중산층 주부들 중 펀드나 주식 한두 종목씩 갖고 있지 않은 사람은 거의 없을 것이다. 그만큼 시민들의 생활과 세계경제는 불가분의 관계를 맺고 있다.

수년 전 세계 경제위기가 닥쳐 한국이 위험 국가로 분류되면서 주식과 펀드가 한때 반토막, 심지어 3분의 1토막으로 급락했다. 이때 한국이 반드시 위기를 이겨낼 것이라고 믿고 버텨준 '김 여사'들은 대부분 충분한 소득을 얻었을 것이고, 전문가들의 단기적 전망을 믿고 샀다 팔았다를 반복한 '이 여사'는 대체로 재미를 보지 못했을 것이다. 그래서 거시적 시각에서 세계경제의 흐름을 이해하고 조망하는 일은 아주 중요하다. 또 그 안에서 세계와 한국이 어떻게 상호작용하고 있는지 제대로 살펴보는 일이야말로 우리 앞에 펼쳐진 새로운 기회를 발견하고 잠재적인 위협을 감소시키는 길이다.

미국, 신뢰 회복과 파괴적 혁신이 답이다

미국은 세계경제의 약 4분의 1의 비중을 차지하고 있는 세계 최강국이다. 중국이 일본을 제치고 G2의 자리에 올랐지만, 아무리 중국에 호의적인 경제 예측도 10년 내에 중국이 미국을 따라잡을 것이라는 예측은 찾아보기 어렵다. 지금까지 대부분의 '파괴적 혁신'은 미국에서 나왔다. 최근 세계경제의 모멘텀을 제공했던 소위 TGIF(Twitter, Google, iPhone, Facebook)도 다 미국산이고, 3D의 붐을 일으킨 것도 미국이다. 나는 결국은 미국이 턴어라운드 해야 세계경제 회복이 완성될 것이라 본다.

지난해 경제성장률이 3퍼센트를 넘어서면서 10퍼센트를 넘어섰던 실업률이 8퍼센트대로 떨어지면서 우리나라 GDP의 세 배에 달하는 3조 달러의 경기부양책의 효과가 드디어 나타나는 듯했다. 그러나 경제의 펀더멘털은 여전히 개선되지 않고 있다. 미국 경제의 70퍼센트를 차지하고 있는 소비와 글로벌 금융위기의 직접적인 원인이 되었던 주택경기가 좀처럼 살아나지 않고 있기 때문이다.

8월 초에는 미국 역사상 처음으로 국가신용등급이 강등되는 충격적인 금융사건이 터졌다. 미 정부부채 규모가 GDP에 육박할 정도로 불어났고 정부부채 한도를 상향 조정하는 과정에서 정치권과의 불협화음이 불거져 미 정부가 디폴트(default, 공·사채나 은행융자 등에 대한 이자 지불이나 원리금 상환이 불가능해진 상태)에 처할 수도 있다는 전망까지 나오기도 했다. 미국의 신용등급이 하락하자 글로벌 금융시장은 곧바로 요동을 쳤다. 미국의 금융위기가 이대로 자칫 실물경제로까지 전이된다면 미국의 경제회복은 지연될 수밖에 없을 것으로 보인다. 자동차, IT 부문 등의 일부 산업 분야의 활력 회복으로 제조업 생산지수는 다소 나아지긴 했지만 아직도 답보상태다.

그러나 리먼브라더스 쇼크가 발발한 지 5년이 되는 2013년에는 재고 수준이 많이 감축되어 본격적인 회복국면으로 돌아설 것으로 보는 견해가 많다. 미국에서 매월 발표되는 단기적 전망은 별 의미가 없다. 나는 미국의 경기회복 속도는 결국 '신뢰 회복'과 '파괴적 혁신제품의 출현'에 달려 있다고 본다.

유럽 경제, 난치일까 불치일까

27개국의 연합체인 EU는 요즘 노인병을 앓고 있다. 단기적으로는 폭약덩어리 같은 생각도 든다. 여기서 막으면 저기서 터지고 막았다 싶으면 다시 불거진다. 글로벌 금융위기가 발생한 지 3년이 지났건만 해결의 실마리는 좀처럼 보이지 않는다.

심장과 간이 건강해도 신장이나 일부 장기에 병이 들면 정상적인 활동에 제약을 받는다. EU도 마찬가지다. 일부 나라가 고질병을 앓으면 곧 전체의 문제로 확대되는 구조다. 이는 개별 회원국이 독자적인 재정정책을 추진하는 데에는 한계가 있고 회원국의 재정문제는 이웃 국가가 일정 부분 연대 책임을 져야 하기 때문이다.

세계경제의 호황기에 남의 돈 잘 굴려서 호황을 누리거나 조상 잘 만나서 관광 수입으로 국가 재정을 꾸려나가던 남유럽의 나라들이 가장 큰 곤욕을 치르고 있다. 특히 남유럽의 재정위기는 스페인, 이탈리아 등 점차 큰 나라로 번져가고 있다. 남유럽의 재정위기는 EU나 IMF 차원의 공조를 통해 막아낼지는 모르겠지만 상당 기간 지속될 것으로 보이며 쉽게 해결될 것 같지는 않다. 독일, 프랑스 등 비교적 온전한 나라들은 남유럽의 어려운 나라에 대한 지원 방식을 놓고 의견이 크게 엇갈리고 있다.

유럽은 몇 나라 빼고는 세계시장의 흐름을 좌우할 만한 제조업 기반이 별로 없다. 막강한 제조업 파워를 자랑하던 북구도 혁신의 속도에서 미국이나 아시아권을 쫓아가지 못하면서 몸살을 앓고 있다. 신재생에너지 분야로 세계경제의 새 흐름을 주도하려던 몇몇 국가들도 모멘텀을 찾지 못하고 있다.

지금 유럽에 무엇보다 중요한 것은 의지다. 우리나라는 과거 외환위기 때 허리띠를 졸라매면서 국가를 위해 너도나도 '금 모으기'를 했다. 그러나 경제위기를 겪고 있는 유럽 나라들의 국민들은 오히려 '금 사재기'를 하고 있다. 이러한 대조적인 모습에 국제금융시장이 이들 나라에 신뢰를 보내기는 어려울 것이다. 또 노르웨이에서 발생한 테러에서도 나타나듯이 경제난에 빠지면서 극우주의 정서가 급격히 확산되고 있어 유럽의 불안을 가중시키고 있다. 경제난에 따른 민심의 이반 조짐도 나타나고 있다. 최근 영국은 극심한 폭동에 시달렸는데, 그 직접적인 원인이 경찰의 과잉 대응으로 인한 시민의 억울한 죽음에 대한 항의였지만 그 이면에는 실업률 상승으로 인한 젊은이들의 불만이 도사리고 있음을 부인할 수 없다.

하지만 유럽은 산업혁명의 발상지이고 상술이 발달되어 있고 식량 자원도 여유롭다. 금융사들에 대한 스트레스 테스트에서 문제가 되고 있는 몇 나라 빼고는 대체로 양호하다. 제약이나 기계류, 발전설비, 통신 분야 또는 신재생에너지 분야에서 앞서가는 힘이 만만치 않다. 오늘날의 위기를 버텨낼 힘이 있다는 이야기다. 결국 유럽 경제의 안정화는 EU의 결속력과 국민의 의지에 달려 있다고 본다. 아니면 제2차 세계대전 이후 미국이 유럽의 흑기사가 되었듯이 또 다른 흑기사의 출현을 기대해볼 수밖에 없다. 최근 중국이 잠재적 위험이 큰 남구의 한 나라 국채를 사들였다. 나는 유럽의 흑기사가 중국이 아닐까 예상해본다.

중국의 지속, 혁신 역량과 부패 단절에 달렸다

현재 외관상 가장 문제가 없어 보이는 나라는 중국이다. 중국은 2010년 일본을 제치고 세계 2위의 경제대국으로 올라섰다. 나는 "왜 중국이 현재와 같이 경제 강국이 되었나?"라는 질문을 받으면 "가장 큰 원인은 정치체제의 안정"이라고 말하곤 한다.

안정된 정치체제란 적절한 통제와 시장자율의 체제를 유지해온 중국 영도자들의 효율적인 집단 의사결정 체제를 말한다. 13억 인구에게 일자리를 주고 기본생활을 해결해주고 불만을 최소화시키고 여기에서 축적된 에너지를 경제도약으로 이끈 중국은 외환보유고 3조 달러를 돌파해 세계 최대 규모를 이루어냈다. 그리고 이 돈에서 미국 국채에 1조 달러 이상을 투자해 미국에게 큰소리칠 입장에 섰다. 최근에는 이 돈으로 M&A를 통해 글로벌 기업 사냥에도 나서고 있다. IBM의 PC 부문에 이어 볼보, 델파이 등 굴지의 기업이 이미 중국 기업으로 넘어갔다.

그런데 요즘 중국은 물가와의 전쟁이 한창이다. 인플레이션율이 6월 들어서부터 6퍼센트를 넘어섰다. 중국 사람들이 좋아하는 돼지고기 가격은 1년 사이에 50퍼센트나 올랐다. 가뭄과 홍수로 인한 식품가격 인상과 원자재 가격 인상이 인플레이션의 원인으로 꼽히고 있다. 중국 중앙은행인 인민은행이 올해 들어 8월까지 금리를 3차례, 지급준비율을 6차례나 인상했다. 중국 정부는 중국 경제를 끌고 온 수출을 다소 희생해서라도 물가를 안정시키려 노력하고 있다. 그래서 좀 더 적극적으로 위안화 절상에 나서라는 미국 압력에도 불구하고 강경하게 버티던 중국이 위안화 가치를 점차 올리고 있다.

중국 정부가 무엇보다 가장 걱정하는 상황은 '물가로 인해 생활고를 겪는 인민의 불만이 집단으로 표출'되는 것이다. 그런데 최근 유가가 뛰어오르면서 트럭기사들의 불만이 집단행동으로 나타났고 결국 중국 정부는 유가안정을 위해서라도 위안화 강세를 용인할 수밖에 없었다. 특히 SNS(social network service, 온라인상의 불특정 타인과 관계를 맺을 수 있는 서비스)의 급속한 전파로 중국도 사회통제의 한계를 계산하지 않을 수 없게 되었다. 그럼에도 불구하고 농민공 문제, 지역 간 불균형 등의 해소를 위해 8~9퍼센트의 성장을 계속 유지할 수밖에 없다. 또한 당분간 중국의 성장 엔진은 세계경제의 안정을 위해서라도 꺼져서는 안 된다.

현재 중국이 세계경제의 주도권을 장악하지 못하는 최고의 한계는 혁신역량을 축적하지 못했다는 점이라고 나는 생각한다. 물론 중국이 거대한 재정자금을 투자해 R&D 역량을 높이고 있지만 민간 부문의 혁신역량은 구미나 일본에 비해 많이 부족하다. 중국은 자체적인 기술혁신보다는 M&A를 통해 기업과 사람과 기술을 사들이려 하고 있다. 보다 쉬운 방식의 경쟁력 배양이기 때문이다. 그러나 1등은 남의 힘으로 되지 않는다. 나는 중국이 지속 가능한 성장을 하려면 '시급한 혁신역량의 축적'과 '부패와 거품의 사슬 단절'에 있다고 본다.

일본, 지독한 '승자의 저주'는 끝나가나

일본은 1980년대 중반부터 제조업 분야에서 세계 최고의 경쟁력을 확보했고 미국도 앞지를 기세였다. 일본 경제의 절정기였던 1990년대 초반 미국 경제의 70퍼센트를 넘어서기도 했던 일본의 경제 규모는 현재 40퍼센트 아래로 내려앉았다. 19세기 중반 메이지유신 이후 개방 모드로 전환한 일본은 급속한 경제발전을 이룩했으나 점차 일본 열도의 폐쇄적인 생태계에 갇혀 글로벌 감각에 무뎌졌고 방향감각도 잃고 말았다. 아무래도 지독한 승자의 저주에 걸린 듯하다.

세계 최대 자동차 기업으로 등극한 도요타도 관료주의에 발목이 잡히고 폐쇄적인 기업 생태계에 안주하면서 세계 1등자리에서 물러나고 말았다. 게다가 지난 3월 11일 동일본 대지진과 쓰나미로 인한 엄청난 인명피해와 함께 물류와 공급망이 붕괴되면서 경제도 막대한 피해를 입었다. 1990년 이후 세 번째 잃어버린 10년을 맞을 것이라는 우려의 목소리까지 나오고 있는 실정이다. 쓰나미 이후 일본의 성장률은 계속 마이너스를 이어가고 있다. 그렇게 자신만만해하던 무역 부문에서도 적자를 내고 말았다.

하지만 일본을 결코 가볍게 보면 안 된다. 나는 일본이 당면하고 있는 문제는 이제까지 누적되어왔던 문제이고 이번 재앙으로 인해 오히려 반전의 계기로 돌아설 수 있을 것이라고 예측해본다. 그동안 세계 도처의 다양한 기업가들을 만나봤지만 일본을 얕잡아보는 사람은 거의 없었다. 유독 우리나라 사람들만 일본의 저력과 위상을 인정하지 않으려는 경향이 있다.

　나는 일본의 쓰나미가 쓸고 간 것이 인명과 주택뿐만이 아닐 수 있다고 생각한다. 일본으로서는 정부의 비효율 정책과 관료주의, 폐쇄적인 기업 생태계, 개인주의와 패배의식 등과 같은 고질병도 쓸어갈 수 있는 계기가 되길 바란다. 경제적으로는 엄청난 손실을 입었지만 그동안 사회와 단절된 채 방에 틀어박혀 지내던 일본 청년들을 밖으로 끌어냈고 일본인들의 공동체 의식에 불을 지피는 계기가 되었다. 파괴적은 아니지만 가이젠(개선)적 혁신으로 핵심부품, 정밀산업 분야에서 여전히 세계 최고의 경쟁력을 보유하고 있는 일본은 이제 20년의 침묵을 깨고 부활의 기회를 노리고 있다.

신흥국, 몰리는 돈만큼 리스크도 커진다

　글로벌 금융위기 이후 당당히 세계 경제의 주요 플레이어로 등장한 신흥국들은 요즘 몸값이 크게 올랐다. 선진국 경제는 글로벌 금융위기의 그림자에 갇혀 아직도 헤매고 있는데 인도, 브라질, 러시아, 아세안 등 신흥국들의 경기는 2010년부터 본격적인 회복세로 접어들었다. 경제 규모는 선진국에 비해 작지만 인구가 많고 특히 젊은 층의 인구가 많으니 돈이 몰리고 시장이 빠른 속도로 성장하는 것은 당연하다. 우리나라 기업들이 신흥국 시장을 주목하고 성장의 모멘텀을 신흥국으로의 진출에서 찾는 것은 바람직한 현상이다.

그러나 신흥국은 기회와 함께 리스크도 내포하고 있음을 주목해야 한다. 무엇보다도 신흥국의 아킬레스건은 인플레이션이다. 2011년 아시아 신흥국의 물가상승률은 평균 6.8퍼센트 수준인 데 반해 선진국들은 2.2퍼센트 수준이었다. 세 배 이상 높은 수치다. 특히 외국 자금이 몰려든 베트남의 경우는 20퍼센트대의 인플레를 기록할 수 있다고 내다보고 있다. 물가의 앙등은 곧 그 나라에 투자한 외국 돈의 빠른 유출을 초래하고, 이는 경제에 대한 신뢰도를 급격히 떨어뜨려 주가를 급락시키는 결과를 가져온다. 인체로 따지면 고열 현상과 같이 위험한 상황이다.

또한 신흥국은 선진국과 달리 정치가 불안정하거나 제도가 미비한 경우가 많고 부패의 먹이사슬 때문에 장기적인 비즈니스 플랜을 마련하기가 어려워 예상치 못한 추가 비용이 수반되는 경우가 많다. 공개된 정보가 부족하고 밀실행정이 만연해 있어 부득이 현지의 은밀한 네트워크를 통해 문제를 해결해야 할 때도 있다. 경제 규모가 작아 외부로부터 오는 충격에 약한 것도 신흥국의 약점이다. 특히 일부 신흥국은 주변국과의 분쟁이나 내분과 같은 최악의 상황이 발생할 수도 있음을 염두에 둬야 한다.

구미판과 아태판, 거대한 충돌의 시작

최근 수년간 세계 곳곳에서 크고 작은 지진이 자주 일어나고 있다. 지진은 한 지각판이 다른 지각판과 충돌하면서 한쪽이 다른 쪽 밑으로 밀려들어갈 때 발생한다고 알려져 있다. 세계경제도 최근 구미판과 아태판이 움직이면서 충돌하는 양상을 보이고 있다. 이와 같은 충돌은 거대한 흐름이고 필연적이라 우리가 바꿀 수 있는 힘은 별로 없지만 최소한 그 충돌로 생겨나는 지각변동에 희생되어서는 안 된다.

앞으로의 세계경제 전망을 위해서는 우선 글로벌 금융위기 이후 전개되고 있는 세계경제 패러다임의 변화에 주목해야 한다. 지금까지 세계경제를 주도해온 구미 중심의 패러다임은 이제 더 이상 세계경제의 엔진과 갈등의 해결사 역할을 해내지 못하고 있다. 거대 지각판들 간의 충돌로 지진이 일어나고 지진 이후에 지각판들이 이전과는 다른 모습으로 정렬되듯 글로벌 금융위기 충격 이후 세계경제의 패러다임이 다시 짜이고 있다.

새로운 세계경제 패러다임의 등장으로 우리는 이전에 경험하지 못했던 환경에 적응해야 하는 도전을 마주하고 있다. 게임의 룰이 바뀌고 선수도 교체되고 있는 것이다. 그래서 우리에게는 이 위기가 오히려 기회가 될 수도 있다. 이 위기의 사태를 재빨리 간파하고 변화에 적응해서 살아남는다면 말이다. 번영의 기회도 살아남는 자에게만 주어진다.

지금 전개되고 있는 세계경제 패러다임의 변화를 이해하기 위해서는 먼저 미국에서 금융위기가 발생할 수밖에 없었던 이유, 즉 미국 경제의 구조적인 모순에 대해 먼저 알아볼 필요가 있다.

위기 원인은 미국 정부의 잘못된 경제 정책

나는 글로벌 금융위기를 불러온 미국의 금융위기의 원인이 금융기관의 탐욕에도 있지만 근본적으로 미국 정부의 장기간에 걸친 잘못된 경제정책 때문이라고 본다. 미국은 그동안 윗돌 빼서 밑에 고이는 식의 경제정책을 계속해서 써왔던 것이다. 이로 인해 경기부양책에 돈이 과도하게 풀렸고 재정적자도 걷잡을 수없이 늘어났다. 무역적자로 미국을 빠져나간 돈은 빚으로 다시 미국으로 돌아오는 악순환이 계속되었다. 여기에 천정부지로 오르던 주택가격이 폭락하면서 금융위기가 터진 것이다. 문제는 과도하게 풀린 돈과 만성적인 무역적자였다.

미국의 금융위기가 발생하기 7년 전인 2000년에 벤처기업 열풍이 거품처럼 사그라지자 경기는 바닥을 향해 곤두박질쳤고 거리에는 실직자가 넘쳐났다. 그러자 앨런 그린스펀Alan Greenspan 미연방준비제도이사회(Federal Reserve Board, FRB) 의장은 일자리를 만들어내기 위해 이자율을 대폭 낮추고 경기를 끌어올리는 데 열을 올렸다. 이후 경기는 좋아진 듯했지만 실업자 수는 줄지 않았다. 소위 고용 없는 성장이 이루어지고 있었다. 최근 우리나라도 비슷한 상황이 연출되고 있다. 2009년 이후 우리나라의 경제성장세를 보면 글로벌 금융위기로부터 벗어난 듯하나 실업률은 좀처럼 줄어들지 않고 있다. 산업이 발전하면서 경기와 실업률의 연관성이 점차 낮아지고 있기 때문이다.

실업자 수가 줄지 않으니 주택가격의 거품이 감지되었어도 이자율을 올릴 수 없었다.

사태가 호전되지 않자 미국 정부는 실업자와 저소득층의 고통을 덜어준답시고 신용이 나빠도 은행에서 대출을 받을 수 있도록 금융규제를 풀기 시작했다. 정치적 포퓰리즘과 금융권의 탐욕이 세계를 벼랑 끝까지 몰고 간 역사적 합작품을 만든 것이다. 이자율이 낮고 주택가격이 오르는 상태에서 저소득층에게 서브프라임 모기지로 주택을 구입하도록 길을 터주자 너도나도 빚을 내서 주택을 구입했다. 버블은 점점 커졌고 결국 2007년 서브프라임모기지 부실이 터지면서 미국의 금융시장이 무너지기 시작했다.

경제학자들은 미국이 오랫동안 이자율을 올리지 않을 수 있었던 것을 낮은 인플레이션율로 보고 있다. 하지만 나는 미국이 곳간을 채우기 위해 싼 이자로 해외로부터 빚을 얻어올 수 있었기 때문이라고 생각한다.

미국 소비자들에게 싼 이자로 돈을 빌려준 물주는 바로 중국, 일본, 한국 등 주로 아시아 지역의 무역흑자 국가들이었다. 따지고 보면 월가의 금융기관들은 이들 국가들로부터 빌린 돈을 미국 소비자들에게 전달하는 중개인 역할을 했던 것이다. 무역적자로 미국에서 빠져나갔던 달러가 다시 미국 소비자들에게 전달되었다. 어찌 보면 달러는 미국 돈이니 미국으로 다시 들어가는 것이 당연한 것도 같다. 그러나 미국 소비자들은 빚으로 집도 사고 자동차를 굴린 셈이다.

나는 미국이 앞으로 이와 같은 경제위기를 또다시 겪지 않으려면 수출을 늘리는 것이 답이라고 생각한다. 오바마 대통령도 같은 생각을 하고 있다. 수출이 늘어야 무역적자도 줄이고 일자리를 더 만들 수 있다. 일자리가 늘어야 세금 수입도 늘고 저소득층에 대한 지원도 줄일 수 있어 재정적자를 줄일 수 있다.

미국은 글로벌 금융위기 이후 금융개혁에 칼을 갖다 댔지만 결국 경제정책의 초점은 수출 확대에 맞출 수밖에 없다. 미국이 중국에 위안화를 절상하라고 압박하고 FTA를 확대해 해외시장을 넓히고 수출진흥기관의 기능과 예산을 대폭 보강하고 있는 것은 그 때문이다. 게다가 얼마 전 국가신용등급이 하향조정된데다 정부 재정적자까지 감축해야 하는 미국은 수출 확대에 더 적극적으로 나올 게 뻔하다.

아태판 신흥국에 돈과 사람이 몰린다

신흥국의 대표주자는 단연 중국이다. 13억 인구의 중국은 무서운 기세로 성장하고 있다. 경제규모 면에서는 이미 일본을 앞질렀고 미국에 이은 세계 2위의 경제 대국으로 부상했다. 인도도 중국과 함께 신흥국의 대표주자로 주목받고 있다. 인구는 12억을 넘어서 조만간 중국 인구를 추월할 것으로 보인다. 시장 개방은 중국에 비해 늦었지만 최근 경제성장률이 8퍼센트 이상을 넘나들며 경제발전에 시동이 제대로 걸렸다.

골드만삭스는 인도가 2025년에 중국, 미국에 이어 제3의 경제대국으로 부상할 것으로 전망했다. 인구가 많은데다 교육열이 높고 자원도 풍부해 명실공히 포스트 차이나 시대의 선주주자다. 한국, 아세안, 브라질, 멕시코는 신흥국 중에서 앞서나가고 있으며 중동·아프리카 지역과 동구권, 중앙아시아 지역 국가들도 성장세가 빨라지고 있다.

아시아는 현재 세계 GDP 중 비중, 수출 중 비중, 자동차 보유 대수 등에서 세계 30퍼센트대에 머물러 있지만 60퍼센트가 넘는 비중을 가진 것이 두 개 있다. 바로 인구수와 외환보유고다. 돈과 사람이 있다는 것은 미래가 있다는 이야기다. 또 인구구조 면에서 늙어가는 선진국과 달리 젊음을 유지하고 있다. 여성의 노동참여율이 낮고 농업에 종사하는 인구가 많아 앞으로 산업현장에 투입할 수 있는 노동력이 풍부하다. 부양해야 할 가족은 상대적으로 적다. 저임금의 풍부한 노동력은 신흥국 기업의 경쟁력이 지속적으로 증가하는 데 가장 중요한 토대다. 또 자동차와 휴대폰을 구매할 젊은 계층이 자라고 있다. 경제 체질도 몰라보게 강해졌다. 1990년대 후반 외환위기로 인한 IMF 사태가 보약이 되었기 때문이다.

당시 무분별한 차입경영과 무역적자로 경제성장을 지탱해오던 신흥국 경제는 일시에 무너졌다. 해외로부터 갑자기 돈줄이 끊어지니 공장은 문을 닫고 실업자는 거리로 쏟아져 나왔다. 정복자처럼 기세등등했던 IMF는 구제금융의 대가로 신흥국들에게 뼈를 깎는 고통을 요구했다. 신흥국들은 허리띠를 졸라매고 군살을 제거해야만 했다. 경쟁력을 잃은 기업은 도산시키고 자금 사정에 허덕이던 알짜 기업은 외국에 내다 팔기도 했다.

신흥국들은 빚을 내서 지탱해왔던 경제가 사상누각이었고 수출 확대와 충분한 외환보유고가 생명줄이라는 것을 새삼 깨달았다. 이후 신흥국들은 개미처럼 열심히 일했고 소비는 줄였다. 수출을 늘리고 수입은 줄여 달러를 창고에 쌓아놓기 시작했다. 그래서 글로벌 금융위기도 큰 어려움 없이 이겨낼 수 있었다. 결국 돈이 있고 젊은 인구가 많고 성장 가능성이 높은 신흥국으로 더 많은 돈과 인력과 기술이 몰려들수밖에 없는 것이다. 이 모든 것들이 내가 신흥국의 미래를 밝게 볼 수밖에 없는 이유다.

구미 선진국과 아시아 신흥국의 충돌

최근 글로벌 무역 불균형이라는 용어가 신문 경제면에 자주 등장한다. 이는 무역 부문에서는 오래전부터 사용되어오던 용어다. 나는 글로벌 무역 불균형이라는 용어가 세계경제를 이해하고 내다보는 데 매우 중요한 키워드라고 생각한다. 각국의 입장에 따라 불균형의 문제를 바라보는 시각, 불균형 문제를 해결하기 위한 수단과 방법들, 그리고 불균형의 해소 과정에서 국가 간의 갈등과 마찰을 살펴보는 일은 매우 흥미로우며 앞으로 우리나라 무역의 나침반 역할을 할 수도 있다.

1990년 이전까지 글로벌 무역 불균형은 주로 선진국 간의 문제였다. 좀 더 구체적으로 들여다보면, 만성적인 무역적자에 허덕이는 미국과 무역흑자를 주체하지 못했던 일본, 독일 간의 문제였다. 미국은 1980년대에 들어와 무역적자가 늘어나자 수출을 늘리려고 환율조정을 주장했다. 그리고 마침내 1985년 플라자 합의에서 G5(미국, 일본, 독일, 프랑스, 영국)는 독일 마르크와 일본 엔의 가치를 절상시키는 데 합의했다. 일본 엔화는 1985년 말 달러당 240엔에서 1995년 80엔대로 10년에 걸쳐 세 배 가까이 절상되었다. 환율조정 덕택에 미국의 수출은 점차 늘었고 이후 미국 경제는 살아나기 시작했다. 반면 일본은 수출 부진으로 1990년부터 침체의 늪에 빠져버렸고 아직도 허우적대고 있다.

글로벌 금융위기 이후 미국의 무역 불균형 대상국은 1985년 플라자 합의 때와는 달라졌다. 미국의 상대가 일본, 독일 대신 외교적, 정치적으로 껄끄러운 중국과 다수의 신흥국들로 전선이 크게 확대되었다. 그러나 중국의 사정은 좀 다르다. 중국은 미국에 일방적으로 휘둘릴 것 같지 않다. 그러나 미국의 기세도 만만치 않다. 이빨 한두 개 빠져도 호랑이는 호랑이다. 상처 난 맹수가 더 위험하다는 말도 있다. 미국은 어찌되었건 경제 규모가 여전히 2위의 중국보다 두 배 이상이고 군사력도 세계 최강이다. 미국의 달러도 여전히 세계 유일의 기축통화다. 영어가 세계 공용어로 통하고 인터넷에 올라온 정보의 대부분도 영어로 되어 있다.

미국의 신흥국에 대한 반격은 이번에도 역시 수출 확대 정책으로 나타나고 있다. G20 정상회의를 통해서도 국가 간 무역 불균형이 세계경제의 발목을 잡고 있다면서 이를 시정하지 않고서는 글로벌 경제의 미래가 없다고 치고 나왔다. 미국은 1990년대 말 IMF사태 때 신흥국처럼, 소비를 줄이고 경쟁력이 없거나 자금줄이 막힌 기업을 퇴출시키는 뼈아픈 구조조정은 미뤄둔 채 덜 고통스러운 방법을 선택했다. 플라자 합의 때와 마찬가지로 환율을 조정해서 수출을 늘려보겠다는 심산이다.

나는 최근의 글로벌 무역 불균형 문제가 중국으로 대표되는 아태 경제판과 미국을 중심으로 한 구미 경제판의 충돌로 본다. 문제는 거대 세력들의 충돌과 함께 그 여파가 쓰나미처럼 우리에게도 밀려올지 모른다는 불안한 예감이 든다는 것이다.

이와 같이 세계경제의 중심축이 선진국에서 신흥국으로 이동하고 있다. 세계경제의 이슈도 선진국 간의 문제에서 선진국과 신흥국 간의 문제로 확대되었다. 1990년 미·소 냉전이 역사의 뒤안길로 사라진 이후 미국을 중심으로 한 선진국 주도의 세계경제 패러다임에 신흥국들이 변수로 등장하게 된 것이다.

이런 상황으로 볼 때 이제 미국과 유럽이 세계경제 주도권을 신흥국과 나누어 가질 수밖에 없을 것으로 보인다. G20 체제에서는 11개

국에 달하는 신흥국 멤버가 의사결정에 중요한 몫을 차지할 수밖에 없을 것이다.

달러 패권의 퇴조와 중국의 부상

세계 기축통화인 미국 달러의 위상이 흔들리고 있다. 달러는 미국 돈이지만 달러 위상의 추락은 결코 미국만의 문제가 아니다. 당장 원화의 안정을 위해서도 기축통화 불안정은 바람직하지 않다. 유로존이 재정위기로 휘청이면서 유로화도 위세를 잃고 있고 중국의 위안화는 아직 국제통화로서 걸음마 단계에 불과해 앞으로 상당 기간 동안 미국의 달러는 기축통화로서의 지위를 유지할 것이다. 오히려 세계 경제위기에는 더욱 강세가 되고 있다.

그러나 예전과 같은 무소불위의 권력을 계속 누리지는 못할 것이다. 단지 유럽 사정이 미국보다 더 나쁘기 때문에 달러화 가치가 급락하지 않고 있을 따름이다. 그래서 투자자들은 달러도 아니고 유로화도 아니고 엔화도 아닌 금에 투자를 하고 있는 것이다. 달러 위상의 추락은 금융위기로 드러난 미국 경제의 구조적 문제점으로부터 부각되기 시작했다.

미국은 그동안 무역적자 누적과 무리한 경기부양책에 따른 구멍난 재정을 해외로부터 빚을 얻어와야만 메울 수가 있었다. 그러나 언제까지 해외에서 싼 이자로 돈을 빌릴 수는 없다. 미국의 누적 재정적자가 1~2년 이내에 미국 GDP를 초과할 것은 자명한 사실이다. 나는 미국

의 재정적자 누적이 달러의 위상을 위협하는 가장 중요한 원인이라고
생각한다.

그래서 미국의 신용평가기관인 S&P가 지난 8월 미국 정부의 재정
적자 감축 규모가 충분하지 않고 재정적자 감축 과정에서 벌어진 정치
적 불협화음을 이유로 미국의 신용등급을 하향조정한 것이다.

달러의 기축통화 지위를 위협하는 또 하나는 중국의 빠른 경제성
장이다. 나는 요즘 세계경제에 대한 강연을 할 때 100달러짜리 지폐에
벤저민 프랭클린이 아니라 마오쩌둥 초상화가 들어 있는 지폐 그림을
청중들에게 보여주고 있다. 미국의 투자 자문가이자 경제학자인 재커
리 캐러벨Zachary Karabell이 쓴 《초융합Super Fusion》의 겉표지 그림이
다. 미 달러화의 위상에 위협적인 존재가 중국이라는 것을 일깨워주고
싶어서다.

중국이 보유한 미국 채권의 규모는 1조 달러를 넘었다. 미국이 달러
를 무분별하게 찍어내면 달러 가치가 떨어지니 중국은 미국 채권을 팔
아버릴지도 모른다. 물론 중국이 미국 채권을 마구 파는 것은 현실적으
로 제 발등을 찍는 것이니 그러지도 못할 것이다. 하지만 만일 중국이
외면하면 미국은 어디서 그 많은 돈을 빌려올 수 있을까? 미국은 이제
중국이라는 벽에 부딪혀 무작정 달러를 찍어낼 수도 없게 되었다.

중동과 남유럽, 신흥국발 리스크 증가

그동안 세계경제의 변방에 머물러

있었던 신흥국이 글로벌 금융위기 이후 세계경제의 중심 무대로 올라오면서 신흥국발 리스크도 커지고 있다. 세계경제의 주도권이 신흥국으로 이동하면서 리스크도 따라 이동하고 있는 것이다. 영향력이 커지면 책임과 의무도 같이 커지는 것처럼 사람이 많고 돈이 몰리는 신흥국에 리스크가 커지고 있는 현상은 당연하다.

올해 초 중동에서 일어난 민주화 시위가 유가를 끌어올리면서 세계경기 회복에 찬물을 끼얹었고 그리스, 아일랜드, 포르투갈 등 남유럽의 재정위기가 유럽을 돌아 세계경제에 위협이 되고 있다. 세계적인 곡물, 원자재 가격과 중국의 임금 인상이 자칫 글로벌 인플레이션으로 나타나질 않을까 세계 각국이 촉각을 곤두세우고 있다. 신흥국들의 경제가 몰라보게 성장했고 세계경제가 촘촘히 연결되어 있다 보니 한 지역에서의 문제가 더 이상 지역적인 문제로 끝나지 않고 세계적인 리스크로 확대될 가능성도 그만큼 더 커졌다. 이제는 미국만 쳐다보고 경제를 운용할 수 없게 되었다. 세계경제에 일정 부분 영향력을 행사할 수 있는 선수들이 대거 등장했기 때문이다. 이에 따라 경기 결과 예측은 더욱 힘들어지고 불확실성도 커져가고 있다.

미국과 중국의 불편한 동거와 초융합

미국의 무역적자 중에서 중국과의 무역에서 발생한 적자가 약 절반을 차지하고 있다. 이는 중국에 수출을 늘려 중국과의 무역적자를 줄이지 않고서는 무역적자를 줄이기가 어렵다는 의미다. 미국은 무역적자의 원인이 중국 정부가 위안화를 평가절하시켜 수출업체에게 부당한 보조금을 주고 있기 때문이라며 중국 정부를 매섭게 몰아붙이고 있다. 양국 정상회담에서까지 오바마 미국 대통령은 직접 후진타오 중국 주석에게 위안화의 환율조정 문제를 들고 나왔다. 한국, 일본 등 주요 흑자 국가들에 대해서도 인위적인 환율조정을 강도 높게 비난하기 시작했다.

그렇다고 미국의 압박에 쉽게 굴복할 중국이 아니다. 중국의 생존이 수출에 달려 있기 때문이다. 중국은 제2의 경제 대국이지만 일인당 국민소득이 4,000달러에 불과하고 아직도 10억이 넘는 대다수의 국민이 국제 기준으로는 빈곤층으로 남아 있다. 중국으로서는 갈 길이 급하다. 자칫 경제성장에 제동이 걸릴 경우 중동지역 국가처럼 국민들의 민주화 요구와 체제불만 세력들로 인해 사회가 극도로 불안해질 수 있다. 중국은 지금까지 경제성장을 주도한 수출이 위안화의 갑작스런 절상으로 타격받는 것을 두고 볼 수가 없는 상황이다.

그러면 미국과 중국의 충돌은 피할 수 없는 것인가? 이미 두 세력 간의 환율전쟁은 수면 위로 드러났다. 이들의 싸움은 어떻게 전개될 것인가? 결국 미국과 중국은 적정선에서 타협하고 서로 현실을 인정할 수밖에 없을 것이다. 미국과 중국은 서로에게 생명줄을 연결시켜놓은 초융합 상태와 같다. 한쪽이 죽으면 다른 쪽도 죽을 수밖에 없는 사활적 관계다. 그래서 미중 정상회담 이후 나온 공식논평이 '미국과 중국의 관계는 복잡하면서도 사활적이다'라는 아리송한 내용이 될 수밖에 없다. 미국은 중국이 가진 돈이 절실하고 중국도 미국시장이 없으면 경제성장이 불가능하다. 서로에게 상대를 대체할 만한 나라가 아직은 없다.

중국의 2010년 총 무역흑자는 1,845억 달러인데 미국으로부터의 흑자가 1,818억 달러다. 즉 다른 나라들에서는 본전치기를 했고 대부분의 달러를 미국에서 벌어들인 것이다. 중국은 미국시장에 수출하지 않고는 하루도 굴러갈 수 없는 경제체제가 되어버렸다. 그래서 중국은 일단 양보하는 모양새를 취하면서 위안화를 천천히 절상시키고 있다. 중국 내부적으로도 위안화 절상이 필요하기 때문이다.

중국은 올해 초 경제성장 모델을 수출 중심에서 내수 중심으로 전환하겠다고 선언했다. 수입을 확대하고 과도한 무역흑자를 줄이겠다는 것이다. 중국으로서는 더 이상 경제의 운명을 미국시장에 맡겨두고 싶지 않은 심사일 테고 이는 중국이 그만큼 성장했다는 의미도 된다. 최근 중국 내 인플레이션 문제도 위안화의 절상을 부추기고 있다. 얼마 전 상해에서 유가상승 때문에 벌인 트럭 운전사들의 시위를 중국 정부는 가볍게 보지 않았다. 이후 중국 정부는 수입 물가를 낮춰 인플레이션을 완화하려고 노력하고 있다.

미국도 위안화 평가절상 압력 강도를 높이고는 있지만 파국적인 충돌은 원치 않고 있다. 미국 정부는 중국의 돈이 필요하고 미국 소비자들은 값싼 중국산 제품을 여전히 원하고 있기 때문이다. 중국은 미국이 기대하는 만큼 급격한 위안화 평가절상을 하지 않을 것이지만 물가 안정과 내수시장 확대를 위해 점진적으로 위안화를 평가절상시킬 수밖에 없을 것이다. 앞으로 양국은 환율 문제뿐만 아니라 수입규제 등 양자 간의 각종 경제 현안 때문에 늘 긴장관계를 유지하겠지만 결국에는 현실적 타협을 이뤄나갈 것이다. 나는 이것이 세계경제가 다시

대공황으로 가지 않는 중요한 열쇠라고 생각한다.

구미판과 아태판 충돌의 중재자 한국

우리나라는 지정학적으로 세계시장의 양대 축인 구미 선진국과 아시아 신흥국의 경계선에 위치하고 있다. 경제적으로도 기술과 자본을 가진 구미 세력과 풍부한 노동력 및 제조업을 기반으로 급성장하고 있는 아시아 신흥국들의 연결선 상에 있다. 이러한 배경을 놓고 볼 때 나는 한국이 지금 세계경제에서 목소리를 낼 수 있는 절호의 기회를 맞이하고 있다고 생각한다. 세계경제의 양대 세력들은 자신들의 영향력을 확대하고 유리한 고지를 차지하기 위해 지정학적, 경제적으로 최전방에 있는 우리나라를 우군으로 만들고 싶어 하기 때문이다.

미국, EU는 중국도 일본도 아닌 우리나라와 먼저 FTA를 체결했다. 구미 경제판의 세력이 태평양을 건너 한국을 통해 아시아 대륙에 상륙한 것이다. 중국과 일본도 한국과의 FTA 체결에 적극적으로 나서고 있다. 중국은 마음이 급하다. 무조건 올해 안에 우리나라와 FTA 협상을 시작하자고 한다. 2011년 6월 초 서울에서 개최된 한중일 경제통상 포럼에서도 내가 만난 중국과 일본 대표단들은 한중일 FTA를 조속히 추진해야 한다고 입을 모았다. 한중일 3국의 경제 규모는 2015년이면 미국 경제를 추월할 것으로 예상된다.

우리나라는 아세안, 인도와는 이미 FTA를 체결했고 이제 한중일

FTA를 통해 아태 경제판과의 본격적인 세력 연계에 나서야 한다. 특히 중국과 일본은 국민들의 정서 때문에 선제적인 FTA 제의를 못하고 있지만, 이것이 바로 한국이 한중일 경제관계 트라이앵글의 중심이 될 수 있는 기회다. 중국, 일본과 함께 세계 최대 시장으로 우뚝 설 동아시아 경제 벨트를 구성해 우리의 최대 수출시장인 중국과 세계 최고 수준의 기술력을 가진 일본을 적극 활용해야 한다. 달러나 유로에 대항할 수 있는 한중일 3국의 단일 통화체계도 고려해볼 필요가 있다. 한국은 이미 세계 첨단제품의 테스트베드test bed로 자리매김을 했다. 세계의 모든 글로벌 기업들은 한국 기업을 때로는 경쟁자로, 때로는 파트너로 대우하고 있다.

구미판과 아태판 세력은 우리나라를 간절히 원하고 있다. 우리나라는 앞으로 두 거대 세력과의 연계를 강화하고 나아가 두 세력 간의 중재자 역할도 해야 한다. 우리나라 경제가 도약할 수 있는 기회가 바로 우리 눈앞에 있다. 천금 같은 이 기회를 잘만 활용하면 우리는 번영의 길로 접어들 것이다. 그러나 아쉽게 이 기회를 놓친다면 양대 세력의 틈바구니에 끼어 자칫 2등 국가로 전락할지도 모른다.

뉴노멀 시대
한국의 생존법

세계 도처의 블랙스완 출현이 이제는 뉴노멀(New Normal, 시대 변화에 따라 새롭게 부상하는 표준으로, 위기 이후 5년~10년간 세계경제를 특징짓는 현상. 과거를 반성하고 새로운 질서를 모색하는 시점에 등장한다)로 정착되고 있는 듯하다. '뉴노멀'이라는 용어는 2001년 미국에서 벤처기업 열풍이 거품처럼 꺼져버린 후 새롭게 등장한 시장질서와 표준을 지칭하는 말이었는데, 2010년 초 다보스포럼에서 다시 등장했다. 글로벌 금융위기 후 경제질서가 다시 바뀌고 있기 때문이다. 나는 기회 있을 때마다 뉴노멀이 우리 기업의 해외시장 진출에 새로운 기회를 줄 것이라고 강조했다. 소비자, 기업, 정부도 변하고 있고 앞에서 설명한 세계경제 패러다임도 바뀌고 있다. 사람도 시련을 겪고 나면 성숙해지듯 시장 질서도 충격 이후에 달라지는 것이다.

선진국의 구매자는 보다 실용적으로 되어가고 중국 등 신흥국의 졸부가 쇼핑 싹쓸이를 하는 광경을 지구촌 곳곳에서 어렵지 않게 볼 수 있다. 고가품만 만들어내던 1등 기업들도 중저가 시장에 진출해서 한 푼이라도 더 벌려고 혈안이 되어 있다. 기업도 조금이라도 비용을 절감할 수 있는 파트너가 있다면 언제라도 옛 친구를 버리고 지구 반대편까지라도 새 친구를 찾아간다. 또 이제는 외형을 키우기보다는 이익 중심으로 바뀌고 있다. 작은 것이 아름답다고 외치던 정부는 금융규제를 강화하고 과감한 경기부양 정책을 펼치고 있다. 세계경제의 주도권도 미국을 중심으로 한 서구에서 중국을 중심으로 한 신흥국으로 급속히 이동하고 있다. 소비시장, 기업, 정부, 세계경제의 패러다임 등 사회 전반에서 뉴노멀이 형성되고 있는 것이다.

스마트 소비가 늘어나고 있다

내가 가장 주목하는 것은 소비시장에서의 뉴노멀이다. 소비자가 시장을 주도하고 기업은 소비자를 좇으며 정부도 궁극적으로는 소비자의 이익을 대변할 수밖에 없기 때문이다. 소비시장에서 나타나고 있는 뉴노멀 현상으로는 첫째, 가격과 품질을 동시에 따지는 실용적이고 합리적인 스마트 소비가 확산되고 있다. 둘째, 소비자들의 욕구가 다양해졌고 소비리듬도 빨라졌다. 셋째, 선진국에서는 저가제품, 신흥국에서는 고급제품 시장이 확대되는 묘한 현상이 발생하고 있다.

먼저 스마트 소비가 어떻게 확산되고 있는지 살펴보자. 과거에는 소비자들이 주로 저렴한 가격대의 제품을 찾거나 품질이 우수한 제품을 원했다. TV, 냉장고, 세탁기 등 가전제품은 기능이 좋아야 하고 의류, 구두, 액세서리 등 패션제품은 디자인이 중요한 구매 요소가 되기도 했지만 그래도 대부분의 제품에서 가격과 품질이 가장 중요한 구매 요소였다. 소득 수준과 취향에 따라 가격과 품질로 양분되는 경향이 있었다는 것이다. 그래서 기업들도 마케팅할 때 가격으로 치고 들어갈지 품질로 승부할지를 먼저 고민했다. 그런데 이제는 소비자들이 가격이 저렴하면서 동시에 품질이 우수한 제품을 찾는다.

얼핏 보면 불가능할 것 같지만 인터넷과 온라인 쇼핑으로 소비자의 이런 상충된 욕구가 충족되고 있다. DSLR(digital single-lens reflex) 카메라를 구입하려는 소비자가 있다고 가정해보자. 그는 우선 인터넷으로 카메라의 종류나 가격대를 검색해서 훑어볼 것이다. 그러고는 전문가로서 카메라를 원하는 것이 아니라서 조작이 편리하고 너무 크지 않아 휴대가 용이한 제품을 구입하기로 결정한다. 나중에 욕심이 생겨 구입할 수도 있는 망원렌즈 등 특수렌즈와의 호환성도 염두에 둔다. 그리고 가격비교 사이트로 들어가서 자신이 원하는 사양을 갖춘 모델 중에서 가격이 낮은 모델들을 1차 후보로 선정한다. 다시 후보 제품 중에서 브랜드 인지도를 비교하고 A/S 조건 등도 꼼꼼히 따져본다. 인터넷에 올라온 1차 후보 모델들에 대한 선배 구매자들과 전문가들의 평가도 인터넷으로 검색해본다. 이런 과정을 통해서 가격과 품질을 동시에 만족시키는 최적의 모델을 선정한다. 그러고는 다시 매장이나 인터넷 쇼핑몰에서 판매 가격이 제각기 다르므로 어디에서 구입하는 것이 가장 저렴한지를 비교한다. 할인 쿠폰을 제공하는 사이트에 들어가

할인쿠폰을 이용할 수 있는지도 검색해본다. 인터넷으로 카메라를 산다면 굳이 국내 인터넷 쇼핑몰을 고집할 필요가 없으므로 해외 인터넷 쇼핑몰에도 들어가본다. 좀 더 스마트한 소비자는 포인트를 많이 받는 신용카드로 구입할 것인지 세금공제 혜택이 높은 체크카드로 구입할 것인지 아니면 현금 구입으로 다시 할인을 요구할 것인지도 비교한다.

예전 같으며 길고 복잡해서 이렇게까지 꼼꼼히 따져보기가 어려웠다. 즉 시간도 돈이므로 애써 발품을 팔지 않았다. 요즘은 버스 안에서도 스마트폰 하나로 이와 같은 쇼핑의 모든 과정이 간단히 해결된다. 이제는 품질이 비슷하다면 가격이 가장 낮아야 하고, 가격대가 비슷하다면 품질이 가장 우수한 제품만이 시장에서 살아남는다. 적당한 가격에 적당한 품질은 설 자리가 없어진 것이다. 가격과 품질 중 어느 것도 포기하지 않는 소비 트렌드, 바로 이것이 소비시장에서 형성되고 있는 뉴노멀이다. 현재 한국 수출이 잘나가는 이유는 이 두 가지를 비교적 스마트하게 잘 맞춰나가고 있기 때문이라고 나는 생각한다.

소비시장의 양면성과 인스턴트 소비

소비욕구가 다양해지면서 소비시장의 양면성이 뉴노멀로 자리 잡고 있다. 감각적이고 자기중심적인 소비로 자신을 차별화하려는 욕구가 강해지는 동시에 실용적이고 보수적인 소비성향도 늘어나고 있다. 소셜미디어social media를 통해 개인의 사생활을 공개하는 동시에 개인정보와 프라이버시에 대한 보호욕구도 강해지고 있다. 1달러짜리 점심 메뉴가 등장하고 패스트푸드업체들이 경쟁적으로 가격인하에 나서고 있는 와중에도 명품 브랜드, 고급 승용차, 일반 휴대폰보다 가격이 훨씬 비싼 스마트폰은 불티나게 팔리고 있다. 소비자의 욕구가 다양해졌고 소득의 양극화가 심화되었기 때문이다. 어린이와 노년층도 소비 주도세력으로 가세하면서 소비 계층이 확대된 점도 소비욕구의 다양성을 부채질하고 있다.

소비자들의 양면적인 욕구를 충족시키는 상품은 시장에서 인기다. 하이테크 제품이면서도 조작법이 간단하고 사용하기 편한 아이폰, 실내에서 사용하는 오락게임이면서 몸으로 움직이고 가족, 친구끼리 함께 즐길 수 있는 닌텐도 위Wii, 휴대가 편하고 조작이 쉬우면서도 나만의 독창적인 사진을 찍을 수 있는 DSLR 카메라는 이율배반적으로 보이는 소비자의 양면성에 어필한 제품들로 크게 히트를 치고 있다. 그것이 같은 돈으로 플러스 알파를 요구하는 소비심리다.

소비리듬도 매우 빨라졌다. 신모델이 시장에 나온 지 얼마 되지 않았는데 벌써 구형이 돼버리고 새로운 모델이 다시 등장한다. 신기술을 적용한 모델에 밀리고 더 값싼 제품이 나와서 소비자가 외면하고 유행이 변해서 더 이상 팔리지 않기도 한다. 소비자를 리드하기는커녕 수시로 변해가는 소비 취향을 따라가기도 버거워졌다. 이와 같이 소비리듬이 빨라진 것은 특히 패션업계가 대응해야 할 문제다. 한국은 빠른 것에 대해서는 세계 최고의 선수다. 빨리 판단하고 빨리 말하고 빨리 먹고 빨리 배우고 빨리 모방하고 빨리 자기 것으로 만들고 등등. 커피 자동판매기에서 커피가 종이컵에 다 떨어질 때까지 기다렸다 컵을 꺼내는 한국인은 많지 않다.

그런데 최근 이러한 한국인보다 더 빠른 외국 기업이 있다. 그것도 한국시장에서 스피드로 승부해 한국의 의류패션업계를 이겨낸 것이다. 스페인 의류업체인 자라Zara는 스피드 경영으로 변덕스러운 소비자를 고객으로 끌어들이고 있다. 자라는 중저가 패션 브랜드로 길거리에서 뜨는 유행 모드를 조기에 포착해 제품기획에 반영한다. 신제품 출시주기는 한 달 이내다. 공장에서 전 세계 매장까지의 배송은 이틀 안에 끝낸다. 소비리듬에 따라갈 수 있도록 기업의 공정을 다시 설계했기 때문이다.

스피드 소비는 중국에까지 파고들고 있다. 중국인의 특성을 말할 때 흔히 표현되는 용어가 '만만디慢慢的'다. 모든 것을 천천히 게으르게 한다는 것을 의미한다. 그러나 요즘 중국인들을 만만디라고 부르는 경우는 거의 없다. 오죽 답답하면 이렇게 불리던 중국인들의 소비리듬도 빨라지고 있다. 최근에는 택배서비스와 퀵서비스도 번창하고 있다. 고속철도도 전국적으로 확장되고 있다.

선진국과 신흥국의 상반된 뉴노멀

선진국 시장과 신흥국 시장에서 서로 상반된 방향으로 형성되는 뉴노멀도 있다. 금융위기 이후 자산가치가 줄고 소비심리가 위축된 선진국 소비자들은 중저가 제품에 대한 관심이 증가하고 있지만 신흥국에서는 고급 제품을 찾는 소비자가 크게 늘고 있고 있다.

미국에서 최저 가격을 모토로 내세우는 월마트는 금융위기 이후 매출이 줄었다. 그러나 1달러짜리 제품을 파는 '달러 스토어'는 2010년 매출액이 전년 대비 20퍼센트 이상 증가했고 매장수도 늘어나고 있다. 소비자들의 구매 욕구를 자극하기 위해 '99센트 스토어'도 등장했다. 또 '적당한 품질의 상품을 1.25달러에 판매하겠다'고 광고하는 매장도 생겼다.

영국에서는 알카텔이 0.99파운드(약 1,800원)짜리 휴대폰을 출시했다. 이 휴대폰은 선불식으로 판매되는데, 휴대폰을 개통할 때 신용을 조회하지 않고 일정 금액을 충전만 하면 즉석에서 사용할 수 있어 신용불량자도 구입이 가능해졌다. 저가 제품을 찾는 소비자가 그만큼 늘고 있다는 것을 방증하고 있다.

명품 브랜드 코치Coach도 가격에 민감해진 미국 소비자들의 지갑을 열기 위해 중저가 브랜드 팝피Poppy를 출시했다. 유럽 소비자들도 가격에 민감해지기는 마찬가지다. 영국에서는 구두 명품브랜드 지미추Jimmy Choo가 현지 유통업체와 공동으로 중저가 제품라인을 출시했다. 500파운드 이상 줘야 살 수 있었던 부츠를 180파운드에, 400파운드 하던 액세서리를 단지 15파운드에 내놨다.

프랑스의 르노자동차는 루마니아의 다키아Dacia를 인수하고 생산 자동화 설비에 투자하는 대신 값싼 현지 노동력을 활용할 목적으로 자동이 아닌 수동식 생산라인을 선택했다. 결과적으로 다키아는 경쟁모델보다 30퍼센트나 저렴한 SUV인 더스터Duster를 출시할 수 있었고 이 모델은 2010년 프랑스에서 SUV 중 가장 많이 팔렸다.

반면에 신흥시장에서는 고급 제품에 대한 수요가 크게 늘고 있다.

PART 2 다시 폭풍 속으로 들어가며

베트남에서는 LG생활건강이 700달러가 넘는 초고가 화장품 세트를 출시했다. 베트남 소비자들의 구매력에 비춰볼 때 터무니없는 가격이지만 고급품 이미지로 포지셔닝했더니 불티나게 팔렸다. 인도에서도 고급 LCD TV가 인기다. 인도네시아, 말레이시아에서는 일반 휴대폰보다 가격대가 두 배인 스마트폰이 더 잘 팔린다. 러시아에서는 노키아가 내놓은 고가 브랜드 베르투Vertu 휴대폰이 4,000유로로에도 꾸준히 팔리고 있다. 한국 소비자에게는 잘 팔리지 않는 초고가 명품이 한국에 온 중국 관광객들에게 인기리에 팔려나가기도 한다.

신흥국들은 그동안 경제성장으로 부유층이 늘었고 이들을 대상으로 한 고가 마케팅이 증가하다 보니 중산층에서도 고가품을 사려는 수요가 늘고 있다.

매출보다 이익을 챙기는 스마트 기업

스마트한 소비자의 마음을 사로잡기 위한 경쟁이 치열해지면서 기업들도 발 빠르게 변신하고 있다. 기업 세계에서 나타나고 있는 뉴노멀은 첫째, 경영 목표를 매출 중심에서 이익 중심으로 바꾸고 있다. 둘째, 오픈이노베이션으로 생태계를 확대하고 있다. 셋째, 신흥국의 중산층도 마케팅 타깃으로 인식하고 이들을 위한 상품개발에 열을 올리고 있다.

외연은 둘째 문제이고 내실을 중시하는 기업들이 늘어나고 있다. 매출 중심의 경영 목표가 이익 중심으로 바뀌고 있는 것이다. 시장점유율을 늘려야 생산과 마케팅에서 규모의 경제를 살릴 수 있고 규모의 경제를 이루는 것이 곧 경쟁력이라고 생각했던 기업들이 하나를 팔더라도 이익을 남기겠다며 깐깐해졌다. 이익을 남기려니 싸게 만들어서 비싸게 팔아야 하는데, 요즘 스마트한 소비자에 비싸게 파는 것이 어렵다 보니 싸게 만드는 쪽을 선택하는 기업들이 많아지고 있다. 애플의 성공 비결도 결국은 신흥국에 거의 모든 생산 과정을 아웃소싱해서 비용을 줄인 데 있다.

이러한 이유로 생산비의 상당 부분을 차지하는 재고관리 비용을 줄이기 위해 자동차업계에서 성행하던 적기생산방식(just in time, JIT)이 산업 전반으로 확산되고 있다. 납품업체로부터 부품이나 원부자재 공급을 여러 번에 걸쳐 소량으로 주문하고 제품 생산도 판매시기와 판매량을 염두에 두고 계획적으로 시도한다. 언제 팔릴지도 모르는 제품을 생산해놓고 팔리지 않으면 밀어내기를 하던 관행이 사라지고 있는 것이다. 부품 재고도 줄이고 생산한 완제품의 재고도 줄이겠다는 계산이다. 선택의 여지가 적은 혁신 제품은 비싸게 파는 전략을 취한다. 이 역시 애플의 사례에서 찾아볼 수 있다. 싸게 생산하고 비싸게 팔고, 남는 것은 R&D에 투자하니 애플이 세계시장을 계속 장악할 수밖에 없다.

오픈이노베이션으로 기업 생태계가 열린다

나는 지난 3년간 코트라 사장으로

있을 때 이틀에 한 명꼴로 글로벌 기업가들을 만났다. GM, GE, 인텔, 퀄컴, 도요타, 히타치 등 세계적인 기업의 CEO들이 나를 찾아왔다. 예전 같으면 찾아가도 명함 건네기도 어려운 콧대 높은 글로벌 기업들이 이제는 한국이 필요하다며 자신들의 생태계로 한국 기업을 끌어들이겠다는 생각을 적극적으로 하고 있는 것이다.

이런 전략이 바로 오픈이노베이션(Open Innovation, 개방형 혁신)이다. 생산 단가를 줄이는 동시에 기업의 체질을 개선하기 위해 선택한 경영전략이다. 금융위기 이전부터 성행하던 아웃소싱이 청소, 소모품, 콜센터 등 기업의 비핵심역량을 외부로부터 조달하는 것이라면, 오픈이노베이션은 패쇄적인 기업 생태계를 외부 세계에 완전히 오픈하는 통 큰 아웃소싱이다.

기술 유출을 막고, 기술을 독점하기 위해 외부와의 협력을 꺼려했던 글로벌 기업들이 이제는 외부의 다양한 자원을 활용하는 개방형 기술혁신을 기업문화로 정착시키고 있다. 핵심기술도 필요하다면 외부로부터 조달한다. 경쟁업체와도 공동연구에 참여하고 경우에 따라서는 공동투자해서 새로운 회사를 만들기도 한다. 필요한 기술을 보유한 업체가 있다면 M&A를 통해 기업을 통째로 사들이기도 한다.

퀄컴, 인텔, 마이크로소프트 등 세계적인 IT업체들도 독자적인 기술개발을 고집하지 않고 외부 업체로부터 새로운 기술을 적극적으로 도입하고 있다. 최근에는 구글이 경쟁기업에 대항하기 위해서 핵심기술을 오픈하면서 자신의 생태계를 크게 넓혔다. 애플에 대항하기 위해 휴대폰의 운영체계를 오픈시켜 안드로이드 군단을 조직했고, 마이크로소프트에 대항하기 위해 컴퓨터의 운영체계인 '크롬'을 개발하고 이를 오픈시켰다.

　품질에 유난히 자부심이 강하고 폐쇄적인 문화를 고집했던 도요타, 혼다 등 일본 자동차업체들도 부품 공급선을 해외로 돌리고 있다. 특히 동일본 대지진으로 부품 공급망이 붕괴되어 생산라인이 올 스톱되는 초유의 사태를 겪은 일본 기업은 부품 공급망을 해외로 더욱 확대할 것으로 예측되고 있다. 철옹성 같았던 도요타나 닛산의 연구개발과 생산라인에 한국 부품기업의 참여 가능성이 커진 것도 이러한 배경이 한몫했다. 광고카피나 디자인, 마케팅보고서 등은 아예 인터넷을 통해 불특정 다수에게 일감을 주고 채택된 건에 대해서 비용을 지불하기도 한다. 시장에서 경쟁이 치열해질수록 기업들의 오픈이노베이션도 증가할 수밖에 없다.

신흥국 중산층이 마케팅 타깃이 되고 있다

　　　　　신흥국 소비시장에서 중산층을 타깃으로 한 글로벌 기업들의 마케팅도 뉴노멀로 자리잡고 있다. 신흥국의 대표주자인 중국은 그동안 낙후 지역이었던 중서부 내륙을 개발하고 내수시장을 키우고 있다. 중국 정부는 또한 올해부터 근로자의 임금을 매년 15퍼센트 인상해 2015년에는 올해 임금의 두 배 수준으로 올리겠다고 했다. 브라질도 중산층이 늘어남에 따라 자동차 판매가 크게 늘고 있다. 인도, 아세안 국가들도 경제성장이 지속됨에 따라 중산층의 구매력이 나날이 커지고 있다. 신흥국 중산층이 부상하자 이들의 지갑을 열기 위한 글로벌 기업들 간의 경쟁도 치열해졌다. 글로벌 기업들이 신흥국의 중산층을 블루오션 시장으로 보기 시작한 것이다.

그동안 선진국 시장을 겨냥하고 개발한 제품을 신흥국 시장에 그대로 내다 팔았던 글로벌 기업들이 이제는 신흥국 중산층을 타깃으로 한 상품 개발에 박차를 가하고 있다. 그중에서 일본 기업들이 가장 적극적으로 신흥국 중산층을 파고들고 있다. 일본은 100여 년의 탈아입구(脫亞入歐, 아시아를 떠나 서구열강으로) 전략을 버리고 탈구입아(脫歐入亞, 서양을 벗어나 다시 아시아로) 전략으로 돌아서고 있다. 20년간의 불황과 연이어 터진 글로벌 금융위기로 누구보다 고통스러운 시간을 보내야 했던 일본 기업들이 이제는 고급 제품만을 고집하지 않고 신흥시장의 중산층 공략을 새로운 성장의 돌파구로 삼겠다는 것이다.

이것은 일본 정부가 제안한 볼륨 존(volume zone, 신흥국의 중간소득 계층) 전략으로 소득 피라미드 구조에서 부풀어 오르는 중산층을 공략하는 전략이다. 파나소닉, 샤프, 소니, 시세이도 등 명문 일본 기업들이 품질 수준은 유지하면서도 가격을 대폭 낮춘 제품을 만들겠다고 발표했다. 아울러 그동안 소극적이었던 해외생산 기지 이전과 해외로부터의 조달도 크게 늘릴 계획이라 한다.

케인지안의 목소리가 커졌다

전 세계적으로 정부 정책에서도 뉴노멀 현상이 나타나고 있다. 글로벌 금융위기 이후 정부가 경제 문제

해결사로 전면에 등장하고 불황기 고용 창출을 위한 정부의 역할을 강조한 케인지안Keynesian의 목소리가 커지고 있다.

이전에는 경제를 시장에 맡겨야 한다는 의견이 많았다. 정부가 시장 간섭을 적게 할수록 경제가 잘 돌아간다고 믿었던 것이다. 그래서 새로운 정부가 들어설 때면 으레 작은 정부를 만들겠다고 했다.

그러나 금융위기 이후에는 정부의 역할이 확대되고 있다. 시장의 기능이 제대로 작동하지 않으니 경제를 시장에만 맡겨둘 수 없다는 것이다. 시장에서 기대했던 자율적인 조정작용도 일어나지 않았다. 시장경제는 시장 참여자들이 자신의 이익을 위해서 행동하는 것을 전제로 하는데, 사회가 복잡해지다 보니 점점 시장 참여자들의 이익과 사회 전체의 이익이 일치하지 않는 경우가 많아지고 있다.

은행은 단기적인 수익을 좇아 대출에 열을 올렸고 소비자들은 주택가격은 오르는데 이자율이 낮으니 가능한 한 많은 돈을 빌려서 주택시장에 뛰어들었다. 정부는 시장에서 거품이 쌓이고 문제의 조짐들이 나타나는데도 사실상 손을 놓고 있었다. 이는 세계 도처에서 일어났던 상황이며 특히 미국이 그 정도가 심했다. 최근 우리나라에서 일어난 저축은행 도산사태도 따지고 보면 이와 크게 다르지 않다.

금융기관의 부실이 드러나고 실물경제까지 그 여파가 확산되자 정부는 부실 금융기관이 시장에서 도태되도록 내버려둘 수가 없었다. 하는 수 없이 상당수 금융기관의 부실채권을 인수했다. 이는 미국과 유럽에서만 일어났던 현상이 아니다. 아시아도 외환위기 때 이와 유사한 경험을 했고 일본은 1990년대 초에 경험했다. 작은 정부만 고집하다 위기 대응에 실패한 것이다. 그래서 최근에는 정부가 시장 개입에 보다 적극적으로 나서고 있다. 은행의 자기자본 의무 비율을 높이고 파생상품 거래를 제한했다.

이처럼 정부의 역할이 커지면서 정부조달 규모도 커질 것으로 예상되고 있다. EU와 미국과의 FTA가 체결되면서 유럽과 미국의 정부조달 시장이 활짝 열렸다. 나는 우리 기업들이 이제 외국 정부를 대상으로 한 비즈니스에도 적극적으로 달려들 것을 주문하고 싶다.

뉴노멀이 불러온 기회

나는 세계시장에서 불고 있는 뉴노멀 현상이 우리 기업에게는 기회라고 본다. 과거에는 새로운 질서와 표준이 늘 우리에게 불리한 여건을 만들어왔는데 이제는 역전되었다. 해외에서 한국 제품에 대한 전반적인 평가는 가격은 싸지만 브랜드 인지도와 품질은 선진국 제품 대비 낮다는 것이었다. 그래서 그동안 선진국 시장에서 제값을 받지 못했고 히트상품도 많지 않았다. 그런데 해외 소비자들이 스마트해진 뒤 브랜드보다는 가격이 싸면서도 품질이 우수한 제품을 찾게 되면서 우리 기업들의 제품이 인정받기 시작했다.

2011년 5월 말, 나는 네덜란드의 한 전시회에 방문했다가 로봇유리청소기를 전시한 한국 기업의 부스에 바이어가 몰려드는 광경을 목격했다. 이 청소기는 IT기술과 로봇기술을 융합한 아이디어 제품으로 인건비가 비싼 유럽시장에 출시하면서 스마트한 유럽 소비자들의 이목을 집중시켰다. 앞으로는 이 제품으로 인해 고층 유리창에 위태롭게 매달려 있는 스파이더맨이 없어질지도 모른다.

코트라에서 우리나라 기업들의 해외건설 프로젝트 수주를 지원하면서 느낀 점은 우리 기업들의 기술이 스마트한 발주처에 크게 어필하고 있다는 사실이다. 유럽 엔지니어링 기업의 텃밭인 루마니아에서도 최근 우리 기업이 상하수도 공사를 수주하는 쾌거를 이루었다. 이러한 사례는 셀 수 없이 많다. 뉴노멀 현상 중 하나인 스마트 소비와 이에 따른 실용구매의 확산이 우리 상품의 입지를 높이고 있는 것이다.

다시 고개 드는
구악을 경계하라

요즘 세계경제는 태풍이 지나가고 햇빛이 잠시 비치는가 싶더니 다시 폭풍우가 몰려올 것처럼 먹구름이 진다. 금융위기로 가라앉았던 거품들도 다시 부풀어 오르고 있다. 유가가 요동치고, 석탄, 철광석, 구리 등 광물가격이 천정부지로 치솟고 있다. 곡물가는 살인적이다. 그러다가 추락할 때는 날개가 없다. 소위 안전자산으로 분류되는 금 가격은 4월에 온스당 1,500달러를 넘어서더니 9월 들어서는 1,800달러를 돌파하다가 폭락과 급등을 반복하며 요동치고 있다.

리먼브라더스 사태 이후 썰물처럼 미국으로 빨려 들어갔던 돈들이 이제는 밀물이 되어 신흥국으로 다시 들어와 거품을 키우고 있다. 미국에서는 월가의 CEO 연봉이 금융위기 이전 수준으로 다시 올랐고 소셜네트워크업체들의 주가는 2000년 초 벤처기업 열풍에 비견될 정도로 오르고 있다. 탐욕과 거품의 시대로 다시 돌아가려는지 금융위기 이전의 비합리적인 현상들이 도처에서 나타나고 있다. 올드 애브노멀 Old abnormal로의 강한 복원의 몸짓이 느껴진다.

시장경제에서 경기는 숙명적으로 불황과 호황을 반복하는 사이클을 탈 수밖에 없지만 최근 들어 사이클이 점점 더 짧아지고 강도는 더해가고 있다. 겨울은 더 추워지고 여름은 더 더워지는 요즘 날씨처럼 말이다. 월가의 금융기관들은 2008년에는 금융위기로 죽겠다고 난리를 치더니 2년 만인 2010년에는 엄청난 수익을 올렸다고 잔칫상을 차렸다. 2008년 이후 잠적했던 헤지펀드들이 다시 수면 위로 나왔다 들어갔다 하고 있다. 정보는 인터넷을 타고 빛의 속도로 움직이고 금융기관은 조금이라도 이익이 더 나는 곳으로 돈을 몰고 다니다 보니 불확실성도 커지고 있다.

세계경제는 투자, 무역, 금융으로 유기적으로 연결되어 있다. 그러다 보니 한 지역에서 발생한 불안은 금세 다른 지역으로 번져간다. 우리 몸이 신경세포로 연결되어 있어 오른손에 가시가 박혔는데 왼손도 힘이 없고 속도 안 좋고 머리도 아픈 것처럼 말이다.

불나방처럼 떠도는 글로벌 유동성

우스갯소리이겠지만 미국을 금융위기로부터 구한 것은 아이폰과 헬리콥터라고 한다. 아이폰은 경기침체기에 얼어붙은 소비심리를 되살린 일등 공신이고 헬리콥터는 미국 정부에서 돈을 뿌리는 데 사용했다는 의미다. 미국은 금융위기 이후 우리나라 GDP의 세 배인 3조 달러를 풀었다. 미국 정부 부채가 16조 달러가 넘는 이유다. 이 규모는 1달러짜리 지폐로 쌓아놓으면 달나라를 두 번이나 왕복할 수 있는 길이라고 한다.

중국은 금융위기로 미국시장에서 수요가 줄어들어 수출이 줄고 경기가 하락하자 4조 위안(약 6,200억 달러)을 투입했다. 유럽도, 일본도, 신흥국들도 자국 기업의 도산을 막고 경기를 살리려고 돈줄을 풀어댔다. 2010년 기준으로 미국의 본원통화와 전 세계의 외환보유고를 합하면 10조 달러로 5년 전에 비해 두 배가 넘었다. 하지만 실물경제 성장은 그 기간 동안 40퍼센트도 되지 못했다. 이것이 세계경제를 늘 불안하게 만드는 것이다.

투기적인 요소가 강하고 단기 수익을 좇아 다니는 헤지펀드 자금 규모도 금융위기 이전 수준으로 급속하게 상승하고 있다. 2007년 1.9조 달러로 최고점을 찍은 헤지펀드 규모는 2008년 1.4조 달러로 줄어들었다가 2010년에 다시 1.7조 달러로 늘어났다. 중국의 국부펀드도 덩치가 커졌다. 3조 달러 규모인 중국 외환보유고의 약 30퍼센트 수준인 8,000억 달러로 아부다비 투자청의 국부펀드 운용액인 6,270억 달러를 넘어서 세계 최대의 국부펀드로 등극했다.

세계 각국 정부가 경기를 살리겠다면서 시장에 쏟아 부은 돈, 투기적인 헤지펀드의 부활, 신흥국 국부펀드의 성장 등으로 글로벌 유동성이 크게 증가하자 여러 곳에서 부작용이 생기고 있다. 또다시 금융위기 이전의 올드 애브노멀로 돌아가고 있는 것 같다. 시장으로 나온 돈들이 소비를 되살리고 기업의 투자를 늘려서 새로운 일자리를 만들어야 하는데, 금융위기에 놀란 선진국의 소비자들은 돈을 움켜쥐고 웬만

해서는 지갑을 열려고 하지 않는다. 10달러를 내고 6개짜리 콜라 1박스를 사가던 소비자들이 2달러를 내고 달랑 콜라 1병만 들고 나간다. 절약모드로 돌변한 것이다. 소비가 늘지 않으니 기업들의 투자도 부진하다. 금융위기 이전의 과잉설비로 가동률이 낮다 보니 대부분의 기업들은 소비가 늘어도 당분간 투자를 크게 늘리기 어려운 상황이다.

미국 정부가 돈을 헬리콥터로 살포하다시피 했지만 소비도, 투자도, 일자리도 생각만큼 늘지 않고 있다. 모든 약은 부작용을 수반한다. 화학적인 부작용 이외에도 우리 몸이 스스로 치유하는 능력도 갉아먹는다. 그래서 약은 웬만하면 먹지 않는 게 좋다. 꼭 필요할 경우 최소량만 먹어야 한다. 실물경제를 살리겠다고 살포한 돈들이 제자리를 잡지 못하고 다시 불나방처럼 날아다니고 있다.

요즘 돈은 정보와 같이 빛의 속도로 이동하고 국경도 없다. 컴퓨터 마우스 버튼 하나로 미국에서 중국으로, 주식에서 채권으로, 달러에서 엔화로 변신이 가능하다. 글로벌 유동성의 증가가 글로벌 경제에 심각한 부작용을 일으키는 씨앗이 될 수도 있다.

원자재 가격의 버블

원유 등 원자재 가격도 올드 애브노멀로 가고 있다. 불나방처럼 떠도는 돈들이 당연히 원자재에도 달려들었다. 유가는 글로벌 금융위기 이후 배럴당 37달러까지 떨어진 후 오름세가 가파르다. 올해 초 배럴당 90달러를 돌파하더니 7월에는 110

　　　　　　　　　　　

달러까지 올랐다.

미국의 신용등급 강등 이후 유가 오름세가 다소 진정되었지만 언제 다시 튀어오를지 불안하다. 중동의 민주화 사태가 점차 안정되고 세계적으로 경기가 둔화될 것이라는 전망이 올 상반기부터 우세했지만 유가는 고공행진을 멈추지 않고 있다. 중국, 인도 등 고성장 가도에 접어든 거대 신흥국들의 원유 수요가 앞으로도 크게 늘 수밖에 없으며 세계 최대 원유 소비국인 미국 경기의 회복 조짐 또는 산유국에 돌발 변수라도 발생하면 언제든지 폭등할 수 있다. 제철용 석탄가격은 톤당 300달러, 발전용 석탄은 톤당 125달러로 금융위기 이전 수준을 회복했다. 철광석 가격은 톤당 180달러로 금융위기 이전 최고치 대비 두 배로 올랐다. 구리, 납 가격도 금융위기 이전 수준으로 회복했다.

곡물가격도 급속히 오르고 있다. 국제 곡물과 원자재 가격을 대표하는 CRB(Commodity Research Bureau) 지수가 최근 1년 새 60퍼센트나 상승했다. 옥수수, 설탕, 대두, 밀 등은 지난 1년 새 두 배나 뛰었다. 소위 안전자산으로 분류되는 금 가격은 금융위기 이전에 온스당 잠시 1,000달러를 돌파하고 주춤하더니 9월 들어 1,800달러를 돌파했다. 9월 말 현재는 상승세가 주춤한 상태다.

은 가격은 더 가관이다. 금융위기 직후 온스당 9달러에서 2011년 4월 밀에는 48달리로 2년 만에 다섯 배가 올랐다. 5월 들어 30달러대로 급락한 이후 다시 오르기 시작하더니 8월 들어 40달러를 다시 넘어섰다. 금과 은 가격이 과도하게 오르는 것은 세계경제의 불확실성 때문이다. 너도나도 안전자산을 선호하려는 경향이 나타나고 여기에다 인플레이션 우려와 달러 약세 추세, 유동성 확대로 인한 투기적인 수요가 맞물린 것이다. 가히 올드 애브노멀의 종합판이라 해도 과언이 아니다.

제2의 닷컴 버블

최근 미국 SNS 기업들의 주가가 천정부지로 치솟고 있다. 마치 2000년대 초의 닷컴 버블을 연상시키고 있다. 골드만삭스가 페이스북에 5억 달러를 투자하면서 페이스북의 주식 총액은 650억 달러를 넘어섰다. 주식 총액이 연간매출액의 25배로까지 치솟은 것이다. 제이피모건체이스J.P. Morgan Chase가 트위터에 투자할 뜻을 내비치자 트위터의 주가 총액은 연매출의 50배인 50억 달러를 넘어섰다. 가격 정보와 할인 쿠폰을 서비스하는 그루폰Groupon의 주가 총액은 매출액의 70배인 250억 달러로 솟아올랐다. 그루폰의 주가가 1년 만에 18배가 오른 것이다.

이들은 아직 상장도 되지 않은 기업들이다. 2011년 5월 말에 상장한 링크드인LinkedIn 주식 총액은 90억 달러로 연 매출액의 100배다. 요즘 잘나가는 한국 증시에서 삼성전자의 주식 총액이 연간 매출액의 1.3배 수준이고 아이폰으로 글로벌 혁신을 주도하고 있는 애플도 주식 총액이 연간 매출액의 네 배를 넘지 않고 있는 것에 비하면 요즘 미국 SNS 기업의 주가 오름세가 예사롭지 않다. 그러나 SNS 기업의 고객은 언제든지 쉽게 이동될 수 있다. 최근 트위터의 접속 고객이 줄어드는 것을 우리는 주목할 필요가 있다.

되살아나는 탐욕

미국 CEO들의 탐욕도 되살아나고 있다. 2008년 금융위기로 도산 직전에 내몰려 미국 정부의 자금 수혈을 받고 간신히 되살아난 월가 금융기관들은 2010년 실적이 크게 호전되었다며 보너스 잔치를 벌였다. 〈뉴욕타임스〉에 따르면, 2010년 미국 200개 주요 기업 CEO의 평균 연봉이 960만 달러로 2009년에 비해 12퍼센트나 증가했다. 2010년 미국의 GDP 증가율은 2.9퍼센트인데, CEO의 연봉 증가율은 이보다 네 배나 높았다. 커뮤니케이션 및 미디어 기업 비아콤Viacom CEO인 필립 다우먼Philippe Dauman의 연봉은 8,450만 달러, 석유 기업 옥시덴털석유Occidental Petroleum의 CEO인 레이 이라니Ray Irani의 연봉은 7,610만 달러, 제이피모건체이스의 CEO인 제이미 다이먼Jamie Dimon의 연봉은 1,750만 달러였다. 실리콘밸리의 최대 아이콘으로 불리는 스티브 잡스 같은, 이제 연봉 1달러의 CEO는 점차 사라져가고 있다.

신흥국에서 번지고 있는 인플레이션

신흥국들의 인플레이션도 심상치 않다. 글로벌 금융위기로 신흥국에서 미국 등 선진국으로 되돌아갔던 돈들이 이제는 신흥국으로 다시 몰려오고 있다. 미국과 일본의 국채 금리가 제로 수준이고 달러 가치가 장기적으로 떨어질 것이라는 전망이 우세하다 보니 이자율을 높게 쳐주는 신흥국으로 유턴하고 있다. 달러캐리, 엔캐리 자금이 신흥국의 주가를 금융위기 이전 수준으로 끌어올리고 있다. 자금이 쏟아져 들어오니 신흥국의 통화가치도 빠르게 절상되고 있다. 호주 달러 가치는 올해 처음으로 미 달러 가치를 추월했다. 중국의 위안화뿐만 아니라, 브라질의 헤알, 멕시코의 페소, 인도네시아의 루피아 가치도 상승하고 있다. 신흥국들도 금융위기 이후 경기를 부양한다며 돈줄을 풀었는데, 선진국으로부터 흘러오는 돈까지 더해지다 보니 인플레이션 우려가 가중되고 있는 것이다.

여기에다 중동의 정세불안으로 유가가 불안하고 각종 원자재 가격도 급격히 인상되고 있어 신흥국의 인플레이션에 기름을 붓고 있는 형국이다. 인플레이션으로 근로자들의 실질소득이 줄어들어 임금인상 압력도 심해지고 있다. 임금인상은 인플레이션을 더욱 악화시킬 수 있다. 악순환의 고리가 형성될 조짐이 보이고 있는 것이다.

신흥국 정부는 인플레이션을 잡겠다고 돈줄을 조여보지만 한계가 있다. 중국은 계속해서 은행의 지급준비율을 올리고 이자율을 인상시켜보지만 인플레이션율이 내려가지 않고 있다. 2009년 마이너스를 기록했던 중국의 인플레이션율은 슬금슬금 오르더니 2011년 3월에 5퍼센트를 넘고 6월 들어서는 6퍼센트를 훌쩍 넘었다.

물가가 오르니 근로자들의 임금인상 요구도 빗발치고 있다. 베이징 시는 최저 임금을 올해 들어 21퍼센트나 인상했다. 4월 말에는 상하이에서 1,000여 명의 트럭기사와 차주들이 물가인상에 항의하며 극렬한 시위를 벌였다. 유류가격, 톨게이트 비용, 항만 사용료가 감당하기 어려운 수준으로 급속히 올랐으니 정부가 대책을 마련하라는 요구였다. 5월에는 난징에서 시민 수천 명이 임금인상을 요구하며 시청으로 행진하다가 경찰과 충돌해 수십 명이 부상을 입었다. 정보를 통제하고 시위의 자유가 보장되지 않는 중국에서의 폭력시위는 예사로운 일이 아니다. 중국 정부는 물가 불안으로 발생한 이번 시위가 자칫 정치적인 시위로 번지지 않도록 유가와, 각종 수수료를 인하하겠다고 급히 대책을 내놨지만 시중에 풀린 돈이 넘쳐나 인플레이션을 잡기는 쉽지 않아 보인다.

인도도 금융위기 이후 7차례나 이자율을 인상했지만 4월 이후 인플레이션율이 9퍼센트에 달하고 있다. 환차와 이자율을 노린 돈들이 선진국으로부터 계속 들어오다 보니 이들 신흥국만의 힘으로 대응하기에는 역부족이다. 신흥국들의 인플레이션은 그들만의 문제가 아니다. 선진국으로 금세 전파될 수 있다.

특히 중국은 세계의 공장으로 선진국 소비자들은 중국의 값싼 물건에 길들여져 있다. 중국에서 인플레이션이 일어나면 중국산 수입품 가격이 오를 것은 불 보듯 뻔한 일이다. 위안화 절상 추세도 중국산 제품 가격의 인상 요인으로 작용할 것이다. 신흥국에서 번지고 있는 인플레이션도 다시 닥칠지 모를 위기의 징후로 볼 수 있다.

글로벌 유동성의 증가와 투기세력들의 부활로 형성되고 있는 원자재 가격의 거품도 위험하지만 세계경제를 위기로까지는 몰고 갈 것 같지는 않다. 그런데 신흥국으로 들어온 돈이 일시에 빠져나가면 문제가 커진다. 이자율과 환차를 노리거나 주가 상승을 예상하고 신흥국으로 들어온 돈은 들어올 때보다 나갈 때의 속도가 훨씬 빠르다. 자금이 들어올 때는 어느 지역에 어떤 상품에 어느 정도 위험을 감수할 것인지 등을 꼼꼼히 따지고 들어온다. 하지만 나갈 때는 남아야 하느냐 떠나야 하느냐만 판단하면 되기 때문에 결정이 빠르다. 여행을 가기 전에는 꼼꼼히 계획을 세우지만 집으로 돌아올 때는 특별한 계획을 세울 필요가 없는 것처럼 말이다.

신흥국 입장에서 보면 경제위기가 글로벌 금융위기처럼 외부에서 발생할 수도 있고 IMF 사태처럼 내부로부터 시작될 수도 있다. 투자한 지역에서의 수익률이 상대적으로 낮아지면 들어왔던 돈이 한순간에 빠져나갈 수 있다. 투자자에게 불리한 상황이 와서 자금이 빠져나가기 시작하면 시간이 지날수록 주가가 떨어지고 신흥국 통화가치도 낮아지니 늦게 나갈수록 손해가 커진다. 막차를 타면 안 된다는 생각 때문에 서두르게 되는 것이다. IMF 사태 때도 이러한 상황이 발생했고 글로벌 금융위기 때도 마찬가지였다.

위기감지 시스템을 갖춰라

앞에서 내가 제시한 올드 애브노멀들은 또 다른 글로벌 경제위기의 전조일 수도 있지만 최소한 그 차체만으로도 우리에게는 큰 위협이 되고 있다. 나는 올드 애브노멀의 위협을 대략 3가지로 본다. 첫째, 원자재 가격 인상과 신흥국발 인플레이션으로 인한 물가의 인상이다. 물가는 과거 우리나라 경제의 고질병이었는데, 또다시 투기의 광풍이 몰아치고 청교도적인 근검절약 정신을 망칠 수 있다. 특히 에너지와 곡물을 대부분 수입에 의존하다 보니

  PART 2 다시 폭풍 속으로 들어가며

우리나라는 무방비 상태에 놓여 있다고 해도 과언이 아니다.

둘째, 한국 중소기업이 외국 기업에게 잠식당할 가능성이다. 글로벌 유동성의 증가와 이웃 중국의 막대한 외환보유고가 한국으로 들어와 재무구조가 취약한 중소기업을 M&A를 통해 삼켜버릴 수도 있다.

셋째, 급격한 환율 변동이다. 우리나라의 주식, 채권 등 자산시장에 들어와 있는 외국 자본이 갑자기 빠져나가면 원화 환율이 요동치고 이에 따라 우리 경제도 심각한 타격을 받을 수 있다.

나는 우리나라 경제가 다시 고개를 드는 올드 애브노멀들로 인해 위협당하는 것을 대비하기 위해서는 지속적인 모니터링과 경제체질 개선이 필요하다고 생각한다. 그러나 나는 올드 애브노멀들로 인한 경제위기의 피해를 최소화하기 위해서는 무엇보다 금융으로 일확천금을 노리려는 탐욕을 버리고 경제발전의 토대가 되는 제조업과 수출에 더욱 매진해야 한다고 본다.

우리는 글로벌 금융위기를 상대적으로 쉽게 극복했다. 중국이라는 큰 시장이 든든히 버텨주기도 했지만 든든한 곳간이 결정적인 도움이 되었다. IMF 이후 수출 확대에 힘을 쏟아 부어 무역을 흑자로 돌린 덕분에 외환보유고는 3,000억 달러를 넘었다. 위기의 사이클이 짧아지고 진폭은 점점 더 커지고 있다. 성장도 좋지만 이제는 성장의 질을 높이고 위기를 감지하고 대비하는 능력을 키우는데도 투자를 아끼지 말아야 할 것이다.

격동이 일상화된 시대, 메가트렌드에 편승하라

세계경제에 큰 영향을 미치는 현상 두 가지만 이야기하라면 사람들은 무엇을 꼽을까? 고령화, 저출산, 불균형, 양극화 등 열거할 것이 많지만 나는 재해의 일상화와 소통 방식의 대변화를 들고 싶다.

지구의 나이는 45억 살을 넘어섰다. 100살까지 살면 장수한 것으로 여겨지는 인간이 존재했다 가는 기간은 여기에 비하면 찰나일 뿐이다. 오늘날 지구의 지배자를 자칭하는 인류가 지구상에 등장한 것은 불과 수백만 년 전이라고 알려져 있다. 그나마 지금처럼 제대로 모습을 갖춘 문명을 발달시키기 시작한 것은 불과 4000~5000년 전에 불과하다.

그런데 최근 들어 우리 삶의 터전인 지구의 건강진단 결과가 심상치 않다. 2010년 한 해 동안 전 세계에는 950건의 자연재해가 발생해 약 30만 명이 숨지고 1,300억 달러의 직접적인 피해가 발생했다. 인명 피해만 놓고 본다면 1983년 에티오피아 대기근으로 30만 명이 숨진 이후 가장 큰 피해라고 한다. 올해만 하더라도 연초부터 지구촌 곳곳에서는 물난리, 가뭄 등 이상기후 피해 뉴스가 끊임없이 들려오고 있다.

자연재해도 급증해 이웃나라 일본은 지진에 이은 쓰나미와 방사선 유출로 경제가 거의 마비지경에까지 이르렀다. 최근에는 미국에서 토네이도로 500명 이상이 목숨을 잃었다. 금년 상반기에만 미국에 토네이도가 1,000번 발생해 예년의 배를 넘었다고 한다. 우리나라도 중부지방에 1년 내릴 비의 반이 사흘 동안 내려 강남 한복판에 차가 떠다녔다. 또 올해는 예년보다 추운 3월과 4월이 이어지면서 지리산 반달가슴곰이 평년보다 1주일 이상 동면에서 늦게 깨어났고, 흑산도를 방문하는 철새들도 열흘가량 늦게 방문했다고 한다.

요즘은 걸핏하면 '몇십 년 만에 최대' 또는 '사상 최대'라는 표현이 지진, 토네이도, 가뭄, 추위, 홍수, 폭설 등에 따라 붙는다. 가히 이상기후와 재해가 일상화되는 메가트렌드라고 부를 만하다.

이제는 재해와 함께 살아가야 할 인류

우리 인류가 최근 수십 년 동안 이루어놓은 문명의 발달은 수백여 년 동안 이루어놓은 것보다 인류의 삶과 편의를 위해 훨씬 더 큰 성과를 보여줬다. 토끼가 방아 찧고 있다고 생각했던 달나라로 날아가 발자국을 남기고 온 지도 벌써 40년이 지났다. 10년 신에는 세계 각국의 과학자가 참여해 인간의 유전자 정보 전체를 해독해냈고 이제는 새로운 생명체를 창조하겠다고 나서고 있다. 마이크로소프트는 나의 아바타가 나의 손자와 대화하는 꿈을 실현시키려고 연구를 하고 있다.

그러나 이러한 인류의 오만과 탐욕에 대한 경고일까? 이런 눈부신 과학문명의 발달에도 불구하고 아직 대자연의 거대한 힘 앞에선 너무나도 약한 존재인 것 같다. 지진, 해일 등 재난을 철저히 준비하고 전 지구상에서 재해 대응 매뉴얼이 가장 잘 갖춰져 있다는 일본이 대지진 앞에서 무력하게 무너져내린 참상을 보고 있으면 더욱 그렇다. 원자력 발전소에서 새어나오는 방사선은 지진이 일어난 지 몇 달 동안 차단시키지 못했다. 시꺼멓게 밀려오는 쓰나미 앞에 너무나도 쉽게 휩쓸려 가버리는 집들과 자동차 등을 바라보면서 우리 인간들은 자연 앞에서는 한없이 나약한 존재임을 깨닫고 그동안의 자만을 뼈저리게 반성해야 된다고 생각한다.

이상기후로 인한 자연재해는 우리 인류 스스로가 초래한 측면도 크다. 이상기후의 가장 큰 원인으로 지적되고 있는 지구온난화 문제만 보더라도 산업혁명 이후 지구가 감내하기 어려운 수준의 이산화탄소를 인류가 내뿜어온 것이 주요 원인으로 꼽힌다. 개발이라는 명목으로 열대우림을 파괴하고 각종 오염물질을 마구잡이로 배출해온 인류는 수십억 년에 걸쳐 만들어지고 유지해온 지구의 자정 메커니즘의 오작동을 유발한 것이다. 지금 인류는 동식물을 포함해 다 같이 숨 쉬며 살아가야 할 환경을 파괴한 대가를 치르고 있다.

바로 이 시간에도 빙하가 녹아내리면서 해수면이 높아지고 있다.

지난 2007년 기후변화에 관한 정부 간 협의체(Intergovernmental Panel on Climate Change, IPCC)는 오는 2100년까지 해수면이 최소 28센티미터 상승할 것으로 예측했다. 그러나 환경단체인 세계자연보호기금(World Wide Fund Nature, WWF)은 북극해의 빙하, 그린란드와 남극대륙의 빙하가 녹는 속도가 빨라지고 있어 2100년이면 해수면이 지금보다 1미터 이상 상승할 것으로 전망했다.

아프리카 적도의 킬리만자로의 빙하도 불과 몇 년 안에 다 녹아내려 찾아볼 수 없을 것이라 한다. 이는 이집트까지 흘러들어가는 나일강의 2대 수원이 끊어지는 것을 의미한다. 킬리만자로의 빙하 감소는 아프리카 일대 사람들의 수원을 고갈시켜 분쟁을 야기시키는 문제로까지 이어지고 있다.

자연재해와 비즈니스 기회

더 큰 문제는 이런 재해와 이상기후가 해당 지역의 피해만으로 끝나는 것이 아니라는 것이다. 전 세계가 글로벌화되고 거미줄처럼 얽혀 있는 상황에서 한 지역에서 발생한 문제는 이제 전 세계적인 문제로 퍼져나가고 있다.

올해 초 호주 물난리로 세계 석탄가격과 철강가격이 꿈틀댔고 우크라이나 지역의 기뭄으로 세계 밀값이 폭등했다. 중동에서 민주화 시위의 단초가 된 것 중 하나가 중동지역의 주식인 밀가격이 폭등했기 때문이라는 말도 있다. 만약 세계 최대 옥수수, 밀 재배지역인 미국과

중국의 이상기후로 수확량이 크게 감소하면 전 세계에 심각한 문제를
초래할 수도 있다. 최근 대지진으로 일본 전자부품 공장 가동에 차질이
생기면서 태평양 건너편에 있는 미국 애플의 신형 아이폰 출시가 연기
가 되고, 보잉이 항공기를 제조하지 못하는 사태가 발생하기도 했다.
요즘 같으면 "브라질 아마존에 사는 한 마리 나비의 날갯짓이 미국 텍
사스에 토네이도를 일으킨다"라는 나비효과가 그대로 들어맞고 있는
형국이다.

이제 우리는 이런 이상기후와 재해가 우연히 발생하는 돌발변수라
고 생각하면 안 된다. '재해의 일상화'와 '재해와 같이 살아가야 하는
인류' 등과 같은 불편한 진실을 인정하고 대비해야 한다. 국가나 기업
등 모든 조직에서 연간 계획을 수립할 때도 재해 변수를 고려해야 한
다. 재해를 감당할 수 있는 예비비, 재해상각, 비상계획, 재해 관련 보
험 등 리스크 관리 등은 앞으로 기업 경영에 필수 고려 사항이 되어야
한다.

다소 과할 정도의 재해 예방과 긴급 피난을 위한 투자는 국가나 기
업의 발전을 지속가능하게 하는 일종의 안전핀이다. 이미 보험업계에
서 도입 중인 기후 보험도 앞으로 일상화될 수밖에 없다. 비가 10밀리
미터만 집중적으로 와도 접객업소의 고객이 절반으로 준다는 통계도
있다. 오늘날은 재해의 경제학과 경영학 이론이 설득력 있게 들릴 때
이고, 앞으로는 기상과 지질 전문가들의 경제, 경영에 대한 참여폭이
빠르게 확대될 것으로 보인다.

그런데 아이러니컬하게도 우리의 삶을 위협하는 재해가 속출하는
가운데서도 새로운 비즈니스 기회는 계속 생겨나고 있다. 세계은행 부

총장을 지낸 영국의 니콜라스 스턴Nicholas Stern은 2006년 〈기후변화
경제학The Economics of Climates Changes〉이라는 700페이지짜리 보고서
를 통해 "기후변화는 경제성장과 상충하는 것이 아니라 성장과 발전,
혁신과 기술변화 등 여러 분야와 밀접한 관련이 있다"라고 말했다. 우
리나라의 경우만 보더라도 농업, 건설업, 소매업, 서비스업, 운송업 등
날씨에 영향을 받는 산업 비중이 전체 GDP의 52퍼센트 수준이라 한
다. 세계에서 가장 높은 수준이다.

이와 같은 기준에서 본다면 앞으로 더욱더 예측하기 어려운 기후
와 미래의 재난을 대비한 보험 및 파생상품, 기상산업, 날씨산업 등이
더 크게 성장할 것으로 보인다. 이미 우리나라 기상청의 경우 제주도
감귤과 같은 지역 특산물의 피해를 줄이기 위해 기후변화 적응 산업을
발굴하고 지원하기 위해 지역기후 서비스를 추진하고 있다.

전 세계적으로 붐이 일고 있는 저탄소 녹색산업도 기회로 활용할
수 있다. 산업혁명 이후 250여 년 만에 대기 중 CO_2 농도가 35퍼센트
이상 급증했고 지구 평균기온이 0.8도 상승했다고 한다. 또한 전 세계
에너지원의 85퍼센트를 화석연료에 의존하고 있을 정도로 에너지 소
비구조가 편중되어 있는 점도 문제다.

다행히 이대로 가다가는 다같이 망할 수 있다는 공감대가 선진국
에서부터 신흥국까지 두루 확산되고 있다. 이제라도 기후 변화의 위협
을 이해하고 이를 본격적으로 대비하려는 움직임이 있다는 것은 참으
로 다행한 일이다. 앞으로 친환경에너지, 저탄소 등으로 대변되는 녹
색산업은 향후 세계경제의 성장 동력으로 자리매김할 것으로 보인다.

현재의 경제성 판단이 문제가 아니다. 지난 20년간 세계경제 성장

을 ITInformation Technology가 이끌어왔다면 앞으로 20년은 GTGreen Technology가 주도하게 될 것이다. 녹색산업의 대표주자인 신재생에너지 시장은 지난 5년간 연평균 58퍼센트 성장했다. 영국의 한 컨설팅회사에 따르면 세계의 녹색시장 규모는 2010년 6,000억 달러에서 2030년 3조 달러 규모로 성장할 것이라고 전망했다.

기후환경 분야에서 우리가 주목해야 할 분야 중 하나는 환경규제다. 이미 유럽, 미국 등 선진국들은 환경보호를 빌미로 각종 제품에 대한 규제를 강화하고 있다. EU는 가전제품의 에너지효율 라벨 부착 의무 대상을 세탁기와 냉장고에서 올 11월부터는 TV로까지 확대할 예정이다.

미국도 올해 5월부터 에너지효율 라벨을 TV로까지 확대하고 이행하지 않을 경우 제품당 최대 1,600달러까지 벌금을 부과하기로 했다. 에너지효율이 낮은 제품은 시장에서 발붙이지 못하도록 하겠다는 것이다. 이렇게 되면 어느 날 갑자기 한국이나 일본에서 만든 가솔린 자동차가 유럽시장 진입이 금지될 가능성도 생각해봐야 된다.

태생적으로 가진 것이 없어 무역으로 살아갈 수밖에 없는 한국이 이러한 변화에 적응해야 하는 것은 이제 선택이 아닌 필수다. 우리는 이러한 변화와 경제성장 메커니즘의 변화에 철저하게 대비하고 준비해야 한다. 지구환경 보호뿐만 아니라 새롭게 생겨나는 비즈니스 기회를 포착해 제2의 반도체, 휴대폰 신화를 창조하려는 노력을 소홀히 하면 안 될 것이다.

SNS의 폭발력, 선악 가늠에서 나온다

컴퓨터와 인터넷의 발전은 오늘날 우리 삶의 틀을 송두리째 바꿔놓고 있다. 이런 기계들이 없었던 과거에는 사람들이 답답해서 어떻게 살았을까 자문할 정도다. 인터넷과 휴대전화가 본격적으로 보급된 지는 채 20년도 되지 않았다. 그런데 우리 삶은 참으로 많은 변화를 보고 있다.

우리는 인터넷과 휴대전화가 만들어낸 변화 중에서 특히 TGIF가 주도하는 스마트 매체인 SNS의 급성장에 주목해야 한다. 140자 단문 전파채널인 트위터의 경우 작년 연말 기준 전 세계 가입자 수가 2억 명이나 된다. 우리나라 가입자 수도 300만 명에 달한다고 한다.

구글은 인터넷 검색에서 유튜브 등 동영상에 이르기까지 다양한 인터넷 서비스를 제공하고 있다. 또한 스마트폰 운영 프로그램인 안드로이드를 개발해 애플과 함께 스마트폰 운영 시스템의 쌍두마차로 자리를 잡았다. 주식 총액이 자그마치 1,500억 달러로 삼성전자보다도 많다.

아이폰은 현재까지 전 세계에 2억 대가 판매되었다. 페이스북은 2004년 문을 연 이후 매년 1억 명의 신규 가입자가 생길 정도로 급속도로 성장해왔다. 2010년 4월 기준으로 가입자 수가 전 세계 인구의 1할이 넘는 7억 명에 달한다. 주식 총액도 650억 달러를 넘어섰고 내년이면 1,000억 달러에 이를 것이라는 전망도 나오고 있다.

이처럼 SNS는 모바일 기술과 접목되면서 인류의 커뮤니케이션을 빛의 속도로 전파시키고 있다. 이제는 한 나라뿐만 아니라 지구 어디에 있는 사람들과도 수월하게 소통을 할 수 있다. 아이폰을 필두로 한 스마트폰의 본격적인 출현으로 지구촌 네티즌 간의 소통의 장이 더욱 확대되고 있다. 스마트폰은 텔레비전(1970년대), 컴퓨터(1980년대), 인터넷(1990년대), 모바일(2000년대) 등 각 시대를 주도했던 기술을 하나로 엮은 혁명적 도구라는 평가를 받고 있다.

스마트폰은 말 그대로 우리의 삶과 틀 자체를 바꿔놓았다. 우리나라에서도 스마트폰이 본격 출시된 지 1년 5개월 만인 올해 3월 가입자 수가 1,000만 명을 돌파했고, 연말까지 2,000만 명을 넘어설 것이라고 한다. 이제는 버스나 지하철 안에서 4인치 남짓의 작은 화면에 몰두하고 있는 사람들을 목격하는 일이 더 이상 낯설지 않게 되었다. 이들은 단순히 시간을 때우기 위한 게임이나 혼자만의 놀이에 빠져 있는 것이 아니라 세상과 끊임없이 소통하고 있는 것이다. 이처럼 소통의 수단과 속도는 이전과 비교할 수 없을 정도로 빠르게 바뀌고 있다.

우리는 올해 초, 중동과 북아프리카 민주화 사태에서 변화된 소통 채널의 위력을 제대로 확인할 수 있었다. 수십 년 동안 철옹성을 구축하고 권력을 독점해온 독재자들이 연초부터 백기를 들고 초라하게 쫓겨나는 모습을 보았다. 순한 양처럼 권력에 길들여져온 사람들이 자신들의 잃어버린 권리에 눈을 뜨고 독재에 저항해서 그 권리를 스스로 되찾았다. 어느 날 갑자기 "우리나라는 자원도 있는데 왜 나는 이렇게 가난할까? 그것은 내가 차지할 부를 통치자가 다 가져간 것이 아닐까?" 하는 자각이 트위터와 페이스북을 통해 청년층을 중심으로 들기 시작했기 때문이다.

이와 같이 소수 계층이 국부를 독점하는 불합리함과 경제난에 따른 생활고, 실업률에 따른 불만이 응집해서 폭발하게 된 것도 다수의 네티즌 간에 SNS를 통한 공감대가 이루어졌기 때문이다. 실제로 중동과 북아프리카 지역의 페이스북 가입자 수는 2010년 78퍼센트나 증가했다. 사태의 시발점인 튀니지의 경우 페이스북 가입자 수가 215만 명으로 전체 인구의 20퍼센트에 달한다.

이렇게 마우스 클릭이나 스마트폰 단축 버튼 하나로 수백 명 아니 수천 명이 넘는 사람들에게 메시지를 전파할 수 없었다면 이런 변화가 가능했을까? 나는 아니라고 본다. 하나씩 떼어놓고 볼 때는 미약한 개개인의 의견을 SNS가 하나로 집결시켜 큰 힘으로 분출시키는 촉매로서의 역할을 발휘한 것이다. 나는 앞으로 세계의 시장 변화를 주도할 수 있는 메가트렌드를 SNS로 보고 있다.

얼마 전 서울 시내 유명 호텔에서 한복 디자이너가 호텔 입장을 거부당한 사건도 트위터를 통해 급속도로 확산되었다. 일본 대지진 소식과 피해 상황도 정상적인 통신수단이 두절된 상황에서 트위터를 통해서 실시간으로 전파되었다. 한국의 수도권에서 물폭탄이 터졌을 때도, 중국의 고속철 참사가 있을 때도 구조 당국보다 더 빨리 그 상황을 전달하고 구조를 도운 것은 바로 SNS였다.

SNS를 통해 유명인과 일반인들이 논쟁을 하기도 하고, 정치인들의 선거 당락에도 결정적인 영향을 끼치고 있다. 또한 SNS의 정보 파급력으로 곤욕을 치르는 일도 쉽게 목격할 수 있다. 기업도 마찬가지다. 과거에 아무리 잘나가던 기업이라 해도 잘못된 정책이나 고의적 은폐 등이 발생할 경우 SNS를 통해 한 방에 나가떨어질 수도 있는 시대가 된 것이다.

SNS 소통이 세상을 바꾼다

이처럼 본격적인 SNS 시대가 열리면서 새로운 비즈니스 기회도 나타나고 있다. 비즈니스가 본질적으로 많은 사람을 접하고 설득해야 성공할 가능성이 큰 만큼 수억 명의 사람들이 모이는 SNS에서 비즈니스 기회를 찾는 것은 당연한 일이다. 따라서 SNS를 활용한 마케팅, 고객관리, 상품판매 등 다양한 활동이 최근 다양하게 전개되고 있다. 기업은 SNS를 통해 소비자의 생생한 의견을 들을 수 있을 뿐만 아니라 새로운 아이디어를 발굴하기도 한다.

바이럴 마케팅viral marketing, 크라우드 소싱crowd sourcing도 SNS를 타고 급속하게 유행하고 있다. 바이럴 마케팅은 컴퓨터 바이러스처럼 급속히 확산된다고 해서 붙은 이름이다. 기업이 소비자들에게 직접적으로 홍보하지 않고, 소비자의 블로그를 통해 입에서 입으로 전해지는 광고라는 점에서 전통적인 광고 채널과는 그 성격이 많이 다르다.

미국에서는 단순한 고무줄에 불과한 실리밴드가 바이럴 마케팅을 통해서 소비자들에게 확산되면서 히트상품의 반열에 올랐다. 크라우드 소싱은 특정 분야에 관한 한 전문가 뺨치는 지식과 기술을 가진 네티즌으로부터 기업들이 혁신적인 아이디어를 찾는 것을 말한다.

SNS는 기업과 소비자들 간에 중요한 가교역할을 수행하고 있다. 기업은 소비자들 간의 네트워크와 의사소통 구조를 파악해, 비즈니스 모델을 개선하고 효과적인 마케팅을 펼칠 수 있다. 제품을 구매할 때 인터넷 등의 후기나 댓글을 참고해 구매 여부를 최종 결정하는 성향을 가진 트윈슈머(twinsumer, twin과 consumer의 합성어), 제품 구입뿐만 아니라 생산에까지 적극적으로 참가하는 프로슈머(prosumer, product와 consumer의 합성어)의 등장도 SNS 통한 소비자들의 영향력이 커지고 있음을 보여주는 단적인 사례다.

기업 입장에서는 그동안 소비자들의 선호를 파악하기 위해 많은 인력과 비용을 투입해 시장조사를 했지만, 요즘은 SNS에 즉각적으로 나타나는 소비자들의 반응만 잘 살펴도 소비자들이 원하는 바를 알 수 있기 때문에 이를 적극 활용하고 있다. 이렇게 SNS를 활용한 비즈니스는 현재 급성장하고 있다. 사실 수억 명의 사람이 드나드는 새로운 시장을 가만히 보고 있는 것이 어떻게 보면 이상할 수도 있다.

미국의 그루폰은 소셜커머스(social commerce, 소셜네트워크서비스인 SNS를 통해 이루어지는 전자상거래) 산업을 선도하는 대표적인 기업이다. 2008년 설립된 그루폰은 2년 만에 회원 1,300만 명을 모집했고 미국 내 76개 도시로 사업 규모를 확장했다. 뿐만 아니라 현재 영국, 독일, 한국, 브라질 등 세계 21개국에 서비스를 제공하고 있으며 연 3억 5,000만 달러의 매출액을 달성하는 글로벌 기업으로 성장했다. 우리나라에도 50퍼센트 할인을 한다든지 공동구매를 통해 여러 사람이 이익을 볼 수 있는 한국판 소셜커머스가 성업 중이다.

SNS는 보통 사람들에게도 좋은 아이디어만 있다면 얼마든지 창업할 수 있는 기회를 제공하고 있다. 비싼 사무실 임대료를 걱정할 필요도 없고 직원을 고용하지 않아도 된다. 새로운 사업 아이디어와 인터넷이 연결된 컴퓨터만 있으면 된다. 아마 앞으로는 SNS를 통한 1대1 물물교환이 본격화될지도 모르겠다. 기존의 메커니즘에서 벗어나 새로운 시장을 창출할 수 있는 SNS의 성장 가능성은 앞으로도 무궁무진해 보인다.

고령화, 기후변화, 재생에너지 등 세계를 주도할 트렌드가 있지만 나는 앞으로 30년간은 SNS를 가장 주목해야 할 이 시대의 트렌드로 보고 있다. 우리 기업들은 요즘 소통의 중요성을 인식하고 소비자를 따라가지 못하면 경쟁자에게 뒤처진다는 사실을 실감하고 있다. 나는 최근 한국의 타이어업체가 중국에서 SNS의 희생양이 된 것을 보면서 새삼 SNS의 휘발성과 전파력에 놀라움을 금치 못하고 있다.

SNS는 한 개인의 생각이 무한대로 퍼져나가 무수한 사람들에게 영향력을 행사할 수도 있는 이 시대 소통의 장이다. 그러나 익명성을 담보로 상대방에 대한 비방과 근거 없는 소문도 쉽게 확산되고 있다. SNS가 선과 악의 개념으로 전락하는 경우를 심심찮게 볼 수 있다는 의미다. 디지털의 기본 구조가 0과 1에서 시작하듯 SNS의 전파력이 가장 강한 부호는 선과 악인 것 같다.

SNS는 깊이 있는 정보보다는 결론 위주의 단편적인 정보가 더 빨리 득세하는 경향이 있다. 기업은 착한 기업, 나쁜 기업이라는 두 부류로 너무나 쉽게 나누어지기도 한다. 잘나가는 기업도 SNS에서 잘못 찍히면 한 방에 나가떨어질 수 있다. SNS 사용자들은 제품의 품질과 성능, 디자인에 관한 정보보다는 기업의 오너에 관한 정보를 더 선호하는 경향이 있다. 이를테면 기업의 오너가 환경을 생각하는 사람인지, 비리가 있는 사람은 아닌지, 소비자를 어떻게 생각하는지를 더 궁금해하는 것이다. 이러한 선악의 단순 정보는 SNS에서 훨씬 더 파괴력이 있다. 이런 분위기라면 SNS를 단순히 기업 홍보와 마케팅 수단으로만 활용하지 말고 SNS 그 자체를 목표로 삼을 필요가 있다.

  PART 2 다시 폭풍 속으로 들어가며

소셜커머스는 인터넷이라는 사이버 공간에서 이루어지는 한계가 있어서 사기와 불만거래 사례도 많다. 동시에 요즘 소위 잘나가는 SNS 기업의 주식에 거품이 잔뜩 쌓여 있다는 지적도 적지 않다. 하지만 세상이 변화하는 방향과 그 속도를 볼 때 앞으로도 SNS의 중요성과 활용도는 더욱더 커질 것으로 보인다. 한류가 동남아 지역에서 유행할 수 있었던 이유 중 하나는 유튜브 등을 통해 한국의 가수들을 쉽게 접할 수 있었기 때문이라고 한다.

트위터에서는 하루 1억 개가 넘는 메시지가 오고간다. 사람들이 인터넷 검색창에 입력하는 검색어만으로도 앞으로 전개될 트렌드를 파악할 수 있는 좋은 데이터가 될 수 있다. 이런 데이터를 잘 가공하고 활용한다면 기업이 경쟁 환경을 더 잘 이해하고 보다 효과적으로 시장과 커뮤니케이션할 수 있을 것이다. SNS는 한국인 특유의 스피드와 잘 조합될 것 같다. 이제는 자동차, 휴대폰뿐만 아니라 한국산 SNS가 전 세계인들을 서로 연결시키는 중요한 소통의 도구가 되기를 기대해본다.

6

그래도 우리는 사는 줄에 서 있다

다시 한 번 사활을 건 전투가 시작되었다. 살아남기 위해서는 우리 스스로에 대한 재점검이 필요하다. 편중된 수출 구조를 시급히 개선해나가고 한국 기업에 대한 세계의 재평가를 바탕으로 그동안 축적해온 경험과 노하우, 위기 극복 능력, 그리고 스피드와 유연성 등 우리의 강점을 최대한 살려 무기로 활용해야 한다. 위기 때마다 수많은 난관을 극복해온 우리의 저력과 새로 관찰된 경쟁력의 힘을 과소평가해서는 안 된다. 분명한 것은, 이번 위기의 활로도 밖에서 찾아야 된다는 점이다. 우리 모두가 사력을 다해 위기에 대응해나간다면 세계시장에 다시 폭풍이 불더라도 우리는 계속 '사는 줄'에 서 있을 것이다.

한국의 살길,
계속밖에서 찾아라

'글로벌'과 '반성문'

지금까지 한국 경제를 이끌어온 큰 힘이 수출이라는 것은 누구도 부인할 수 없다. 그런데 요즈음에 뜨고 있는 유머 아닌 유머가 하나 있다. '글로벌'을 우리말로 번역하면 '반성문'이란다. 글로 벌을 준다는 의미에서 '반성문'이라고 해석한 귀여운 유머인데, 실제로 지금까지 우리의 글로벌 전략에 대해 반성문을 요구하는 주장들이 심심치 않게 나오고 있다. 우리나라의 수출 위주 글로벌 전략 때문에 고용이 멈춰 있고 대기업과 중소기업, 수출기업과 내수기업 간의 양극화가 심해져 있으므로 지금쯤 반성문을 한번 쓰고 국가의 경제전략을 수정해야 된다는 주장이다. 내가 아무리 '개방전도사'라고 해도 그 주장을 전면 부인할 수는 없다. 부분적으로 일리가 있는 주장이다.

수출은 지금까지 우리를 실망시키지 않고 변방의 보따리 장사에서 세계 7위의 수출 대국으로 만들어줬고 금년에는 무역 1조 달러의 대국을 향해 달려가고 있지만, 그 혜택의 체감 효과는 점차 상대적으로 떨어지는 감이 있다. 수출이 느는 만큼 청년실업 문제와 가계 형편이 좋아지지 않고 상대적 불만이 쌓여가는 것도 사실이다. 그러나 이는 수출 구조의 문제이지 '글로벌화 전략' 자체의 문제로 몰아가서는 안 된다. 일부 품목에 편중된 수출 구조, 특히 대기업 중심의 수출 구조가 고착된 것이 근본적 문제라고 나는 본다.

중소기업의 수출 비중은 한때 40퍼센트 수준에 이르렀으나 지금은 30퍼센트대를 간신히 넘기는 정도가 되었다. 나는 우리 경제가 안고 있는 대부분의 문제는 중소기업과 중소기업 제품, 그리고 서비스 부분의 글로벌화에서 그 해결책을 찾을 수 있다고 보고 있다. 그러나 그 길은 아직 멀다.

우리나라에 100만 달러 이상 직수출을 하면서 해외시장에서 뛰고 있는 중소기업은 1,000개사도 안 된다. 일본이나 독일 또는 대만에 비해 우리나라의 수출이 늘 불안한 것은 이러한 이유 때문이다. 노키아를 가진 핀란드 경제가 휘청거린 것도 노키아에 지나치게 의존한 때문이라고 나는 본다. 우리나라의 몇몇 글로벌 대기업을 제외하고는 명목상 대기업으로 분류되는 기업도 세계시장에서는 잘 알려지지 않은 중소기업 정도의 지명도밖에 갖지 못한다. 세계시장에서 작고 강한 중소기업 군단의 활약만이 우리 경제의 동력을 유지할 것이라고 나는 생각한다.

그런데 중소기업 단체에서는 매년 연초에 중소기업의 글로벌화를 외치고는 있지만 실제로는 획기적인 진전도 없고, 대기업과의 갈등은 더욱 고조되고 있는 듯하다. 청년 인력은 취업난에 시달리지만 중소기업은 늘 구인난에 힘들어하고 있다. 중소기업들은 기술도 부족하지만 제대로 상품을 만들어도 그것을 해외시장에 내다 팔기가 힘들다. 외국어도 되고 국제감각을 가진 인력을 구할 수 없는 상황이기 때문이다. 고급 인력들은 그저 대기업에 납품만 해서 연명하고 있는 중소기업에는 미래가 없다고 보고 입사를 기피하는 악순환에 빠져 있다. 상황이 이러하니 정부가 아무리 좋은 처방을 해도 양극화 문제가 해결될 실마리를 찾기 힘든 것이다. 이러한 문제점들이 결국 수출이 늘어도 서민경제는 좋아지지 않는 원인이라고 본다.

그러나 나는 우리의 중소기업들과 수없이 해외시장을 다니면서 중소기업들의 희망을 많이 봐왔다. 크게 기대하지 않고 그저 선이나 보인다고 참가한 전시회에서 우리 중소기업 상품이 예상외의 큰 인기를 끄는 경우를 많이 봐왔기 때문이다. 단순히 먼지만 빨아들이는 기존 청소기와 달리 살균기능을 갖춰 기존 청소기의 개념을 바꾼 진드기청소기, 무선 3차원 손가락 마우스, 태양열로 충전이 되는 LED 랜턴, 아이스크림을 연상케 하는 클렌징 화장품 등 기발한 아이디어를 상품화해 바이어들의 눈길을 사로잡은 중소기업 제품은 수도 없이 많다.

우리 기업의 서비스 부분도 내수에만 머물러 있을 수 없다. 조금만 뒷받침해주면 얼마든지 세계시장에서 뿌리를 내릴 수 있다. 특히 소프트웨어 분야, 의료·건강 서비스, 이·미용, 요식업 등 프랜차이즈 분야, 캐릭터·애니메이션 등 문화 콘텐츠 분야, 공연 분야 등은 충분히 국제 경쟁력이 있는 분야다. 더구나 최근의 신한류는 이러한 한국의

서비스가 해외 진출할 수 있는 뒷받침이 되어줄 수 있다. 우리와 문화
와 관습, 취향이 비슷한 중국과 일본, 동남아라는 최대 시장이 바로 이
웃에 있다. 나는 중소기업이 해외에서 대약진을 해야 대기업도 바로
서고 우리 경제도 지속가능하게 발전할 수 있다는 믿음을 갖고 있다.

살얼음판을 걷고 있는 대기업들

하지만 우리의 대외 여건은 더욱 복
잡하고 불투명한 양상을 보이고 있다. 유럽과 미국의 심각한 경제 상
황 외에도 중동, 아프리카 등 각지에서의 지역적 갈등과 지진, 이상 기
후 등의 자연재해로 인해 환율, 원자재 값이 등락을 거듭하고 있는데
다 세계 각국에서 자국 이익을 지키기 위해 신보호주의가 극성을 부리
고 있다.

난공불락, 대마불사로 여겨졌던 세계적 대기업들도 서든 폴
(sudden fall, 급작스러운 추락)에서 자유롭지 못하다. 최근에는 도요타와
노키아가 그렇다. IBM, GM, 인텔, 애플, 마이크로소프트 등 세계시장
을 주도하는 자이언츠들도 서든 폴을 한 번씩은 다 경험했다. 월드컴,
리먼브라더스, 메릴린치 등은 아예 사라져버렸다. 30년 전에 비해 세
계 100위권 기업에서 탈락한 기업이 80개도 넘는다. 원인은 기술변화
에 못 따라갔거나 시장의 흐름을 읽지 못했거나 사회적 신뢰를 잃었거
나 탐욕을 부렸거나 1등의 저주 등 점차 다양해지고 있다.

한국에서 대표적으로 잘나가는 삼성, LG, 현대차 등의 글로벌 기

업들도 살얼음판을 걷고 있으며 제 코가 석자다. LG는 스마트폰사업에서 머뭇거리다 위기를 겪었으며, 삼성도 애플과 인텔의 협공 등 미국, 일본, 대만의 전자업체들이 합종연횡하면서 전개하는 공격에 하루하루 전쟁과 같은 상황이다.

미국시장이나 중국시장에서 점유율을 높여가는 현대기아차도 일본 차의 저가 공세와 미국이 전기차 또는 하이브리드카로 시장을 바꾸어놓겠다는 전략에 한순간도 여유를 부릴 틈이 없다. 특히 변덕스러운 지구촌 고객들은 한 명의 고객이라도 화나게 하면 며칠 사이에 전 세계의 고객들과 동조해 맹수의 발톱을 드러낸다. 과거에는 그냥 넘어갔던 사소한 하자에도 즉시 모든 제품을 자진해 리콜하지 않으면 소비자들은 그 회사의 모든 제품들을 영원히 외면해버린다. 서든 폴은 세계시장의 쓰나미라고 해도 과언이 아닌 것이다.

현재 한국이 세계시장 점유율 1위를 차지하고 있는 품목은 메모리 반도체, TFT LCD, CDMA 휴대폰, 해수 담수 설비, 온라인 게임, LNG 운반선 등 52개에 달하고 있다. 세계시장에서 5위권에 진입한 품목도 자동차, 철강, 석유화학, 백색 가전 등 꽤 많이 있지만, 중소기업 제품은 대만이나 중국보다 세계시장 점유율에서 많이 밀리고 있다. 그렇다고 서든 폴에 전전긍긍하는 대기업들에게 직접적인 큰 도움을 기대할 수노 없다.

중소기업, 글로벌화될 때 진정한 '상생' 실현

물론 국내 대기업과 중소기업의 동반 진출로 성공한 사례도 있다. 완성차업체와 중소 자동차부품 회사들과의 해외 동반 진출이 그 대표적인 경우다. 현대기아차의 해외투자 시에 우리의 부품회사들이 동반 진출해 클러스터를 이루고 현지 공급체인을 형성하는 것이다. 하지만 이는 경쟁력 있는 회사들의 이야기일 뿐이다.

IMF 외환위기 때 도산 위기에 있던 한국의 자동차부품 회사들은 미국의 GM 등 해외시장을 뚫어가면서 국제 경쟁력을 키워온 업체들이다. 국내 시장에서는 정부에서 대기업을 감시하고 규제도 해주지만 해외시장에서는 감독관이 없다. 같이 경쟁하면서 살아나가야 된다. 기술이나 시장점유율에서 경쟁력이 있어야 대기업들이 러브콜을 한다.

다행히 세계시장은 넓다. 서로 다른 시장을 찾아갈 수도 있고, 다른 나라의 경쟁자들을 상대로 같이 힘을 합쳐 시장을 개척해나갈 수도 있다. 해외시장에서 계속 생존해나가려면 매년 수출 증가율이 두 자릿수는 되어야 한다. 물론 큰 승부는 한국의 대표선수들인 대기업이 해줘야 한다. 그리고 이들이 한국과 한국 산업, 한국 상품의 전반적인 브랜드 가치를 올려줘야 한다.

현재까지는 참 잘하고 있다는 생각이 든다. 그러나 대기업들의 서든 폴을 막아내려면 시장 저변에 히든 챔피언들이 많이 포진해 있어야 한다. 숨어 있는 저격수와 같은 중소기업들을 찾아내 힘을 모으고 위기를 이겨내야 한다. 공룡의 멸망 원인은 덩치가 너무 커서 움직임이

둔해 빙하기에 작은 동물들에 비해 먹이 확보에 뒤처졌기 때문이라는 설도 있다. 세계시장의 생태계에 언제 다시 빙하기가 올지 아무도 모른다. 대기업들은 중소기업들과 상생의 길을 찾아야 한다. 중소기업들도 대기업들과 진정한 상생을 실현하려면 무엇보다 제품의 경쟁력과 독자적인 시장 개척 능력울 키워나가야 한다.

우리의 경쟁력은
무엇인가

한국인의 5F

작년에 캐나다의 가장 큰 유통업체인 M사의 대표가 한국과의 거래를 확장하고자 한국을 찾아왔다. 그는 한국의 알찬 중소기업을 소개해달라고 하면서 나에게 한국과 거래하는 매력 포인트를 말해주었다. 한국인들에게는 '5가지 F'가 있어서 거래하는 것이 즐겁다는 얘기였다.

한국인의 가장 큰 강점은 무엇보다도 '빠르다Fast'는 것을 들었다. 한국인은 외세의 침략을 많이 받아 긴박하게 살아와서 그런지 생각과 행동이 빠르다. 특히 의사결정이 무척 빠르다. 외국 거래선이 제품에 대해 문의 또는 주문했을 때 매우 빠르게 대응을 해줘서 좋단다. 아무리 급한 주문도 며칠 밤을 새워서라도 맞춰준단다. 그렇다고 중국과 같이 날림도 없다는 것이다. 자기 나라에서는 새로운 제품을 만들거나 사양이 바뀌거나 시장 상황이 변하면 몇날 며칠 커피잔 들고 회의만 하다가 소중한 시간을 다 보낸다고 한다. 하도 커피잔을 들고 다니다 보니 오른손 둘째손가락이 구부러진 경영진도 많다는 농담도 했다. 그런데 한국의 중소기업은 사장의 지시 한마디로 일사분란하게 역할 분담을 해 어렵게 보이는 목표를 어떻게 해서든 달성해온다는 것이다. 세계경제가 불확실하고 시장의 추세가 매일매일 바뀌다시피 하는 요즘 외국 유통업체들이 거래선으로 가장 적합하다고 보는 파트너는 스피드가 있는 기업이라 하면서, 그런 면에서 한국의 중소기업만큼 괜찮은 데를 찾아보기가 어렵다고 했다.

둘째는 집중력과 정성을 나타내는 '포커스Focus'라고 했다. 빠름과 일맥상통하는 의미이지만 한국인의 몰입은 그야말로 못 말린다고 했다. 일하는 것, 노는 것, 사람 좋아하는 것 등 한 번 빠지면 그렇게 정성스럽게 올인하는 민족도 세계에 많지 않다고 했다. 우리 속담에 "둘이 먹다 하나가 죽어도 모른다"라는 말이 있듯 몰두하다 보면 옆에 벼락이 떨어져도 모른다. 아마 이런 습관이 우리가 고도의 집중력을 통해 어려운 상황에서 늘 돌파구를 찾고 창의력을 발휘하도록 만든 것이 아닌가 싶다.

셋째는 '유연성Flexible'이라고 했다. 자기가 만나본 한국 사람들은 대부분 사고가 유연하고 융통성이 많았다고 한다. 이런 점이 일본과 많이 다른 점이라는 말도 덧붙였다. 일본 기업과 거래해보면 담당자는 자신의 권한 밖에서는 한 발자국도 나가지 못했고 예상 밖의 상황이 발생하면 반드시 상급자에게 허락을 받아야 하는 시스템이라서 상대방을 질리게 한다고 했다. 그러나 한국은 '말만 잘하면 공짜'라는 말도 있듯이 협상이 유연하고 가끔은 실무자가 월권을 하는 게 아닐까 할 정도로 협상의 폭이 넓고 과감하다고 했다. 그래서 회사 경영도 유연하고 남의 의견, 남의 문화를 잘 포용할 수 있는 장점을 지녔다고 했다.

넷째는 매우 '친절하다Friendly'는 평가를 했다. 한국인들은 처음에는 다소 수줍음을 많이 타고 접근이 쉽지 않은 듯하지만 어느 정도 친해지면 세계 어떤 민족보다 친절하다고 했다. 특히 외국인들에 대한 선입견이 없고, 다정하게 대해줘서 한국인과의 관계는 오래간다며 좋아했다.

마지막으로 한국인들은 '재미있다Funny'고 했다. 겉으로는 무뚝뚝해 보이지만 유머가 많고, 놀 줄도 안다는 것이다. 즉 끼가 있단다. 한국인의 끼는 오늘날 전 세계를 즐겁게 해주고 있는데 이는 케이팝K-POP뿐만이 아니란다. 한국인들과 비즈니스를 하면 늘 새롭고 즐거운 메뉴를 제공받는다고 했다.

이제 우리 중소기업인들은 유연하고 빠르고 집중력 있는 사고와 행동을 통해 외국인들을 사로잡는 끼가 있다는 자신감을 가져도 좋다. 이것이 바로 한국인이 가지고 있는 개척의 DNA이다. 어찌 보면 일할 때는 한국의 꼬장꼬장한 파트너들보다 말은 잘 안 통하지만 상대를 객관적으로 대해주는 외국인 파트너가 더 편할 때가 있다. 외국인이 인정한 한국인의 '5가지 F'도 우리의 보이지 않는 경쟁력이다.

한국인의 위기 극복 에너지 5가지

최근 10여 년 사이 한국같이 진폭이 큰 명운을 가졌던 나라는 없다. 외환위기 때 지옥의 문턱까지 갔다가 이제는 세계경제의 구원투수 역할까지 주문받고 있다. 정부의 정책이 좌우로 요동쳐도 이를 다 소화시켜 국가의 에너지로 승화시켜왔다. 그

러는 과정에서 우리는 남들이 좀처럼 갖기 힘든 경쟁력을 빠른 시간 안에 축적할 수 있었다.

첫 번째 경쟁력은 학습효과다. IMF 외환위기 때 한국을 관찰했던 한 외국인은 '위장된 축복disguised blessing'이라고까지 평했다. 우리나라가 외환위기를 맞았을 때 대부분의 기업들은 하루하루 버티기 힘든 상황 속에서 연구개발 조직과 해외 영업망부터 축소했다. 매일 돌아오는 어음을 막기 위해서는 지출만 있고 당장 현금화될 수 없는 분야들부터 처리해야 했다. 어쩔 수 없는 결단이었다. 특히 중소기업들이 더 심했다. 그 후 청년들은 이공계 진학을 기피했고 엔지니어와 해외 마케팅 인력들도 중소기업을 기피했다. 나는 바로 이것이 궁극적으로 중소기업의 글로벌화를 지체시킨 요인이라고 생각한다. 하지만 그 다음의 세계경제위기 때는 달랐다. 아무리 어려워도 중소기업들이 엔지니어를 퇴직시키고 연구소를 없앴다는 이야기는 더 이상 듣지 못했다. 외환위기 때 영업흑자에도 불구하고 과도한 부채로 인해 이자 감당이 안 되어 좋은 기업을 팔아넘긴 사례가 참 많았다. 물론 아직도 우리나라 중소기업들의 재무구조가 튼튼하다고는 볼 수 없다. 그러나 외환위기 때 크게 데어본 적이 있기 때문에 가급적 빚지지 않으면서 경영하려는 노력들이 있어왔고 이런 노력으로 세계경제의 한파 속에서도 다른 나라의 기업들에 비해 우리 중소기업들이 적응력을 갖게 되었다고 본다. 이것이 바로 학습효과에서 나온 경쟁력이다.

두 번째 경쟁력은 한국 제품의 품질과 성능, 디자인 등이 그동안 많이 좋아졌다는 점이다. 올해 초 나는 일본에서 일본 전자기기 수입협회장을 만난 적이 있다. 그는 일본 지역 특히 후쿠오카 등 일본 관서 지역에서는 한국 부품을 쓰지 않으면 제품 경쟁력을 유지할 수 없기 때문에 한국 부품의 사용 여부가 선택이 아닌 사활의 문제라고 말했다. 이는 일본의 육상 물류 코스트가 세계 어느 나라보다 비싸고 한국 남부에서 오는 해상 물류 비용이 비교가 안 될 만큼 싸기 때문이라고 했다. 그런데 그 이유가 단순히 물류비용 차이에만 있는 것일까? 일본 기업은 정밀도를 생명으로 여긴다. 나는 한국산 부품이 이제 그 기준을 맞춰줄 수 있기 때문에 그들이 한국산 부품을 쓰고 있는 것이라고 생각한다. 올해 한국의 1/4분기 일본에 대한 수출이 50퍼센트, 2/4분기에는 40퍼센트가 넘는 증가 실적을 보였다. 이 수치는 무엇을 의미하는가? 나는 결코 우연한 실적이라고 보지 않는다.

세 번째 경쟁력은 융합혁명 시대에서 핵심이 되는 IT 융합기술에서 우리 기업이 강점을 갖고 있다는 점이다. IMF 외환위기 이후 급성장한 한국의 IT 산업은 모든 산업 분야에 IT기술을 융합시켰고 해외시장에서는 이러한 우리 기업들의 능력을 높이 사고 있다. 미국 등 선진국 의료진도 우리나라에 와서 의술을 배우고 있다. 이는 IT 융합으로 한 단계 높아진 한국의 의료기술 때문이다. 한국의 조선산업이 세계를 제패한 것은 용접과 도장에서 우수한 산업용 로봇을 만들어 최고의 생산성을 내고 있기 때문이다. 이 밖에도 거의 모든 산업 분야에 IT가 접목되어 우리 제품을 업그레이드시키고 있다.

네 번째 경쟁력은 새로운 한류, 즉 신한류新韓流 열풍이 우리 수출에 큰 힘이 될 것이라는 점이다. 이미 한류 열풍이 불었던 동남아와 일본은 물론 러시아, 남미 등 신흥시장에서도 신한류의 열풍이 불고 있다. 과거 일본에서 욘사마는 〈겨울연가〉로 아줌마들로부터 광적인 인기물이를 했지만 한국 제품의 판매와는 별개의 인기였다. 그러나 현재 일본 청소년들을 주축으로 퍼져나가고 있는 신한류 열풍은 과거의 문화적 편견에서 자유롭다는 특징을 보인다. 소녀시대, 카라 등 한국의 걸 그룹을 쫓아다니는 일본 청소년들은 자신들의 우상이 사용하는 물건이라면 그것이 스마트폰이든 전자제품이든 반드시 구입하려 한다. 이러한 문화적 코드를 제대로 읽은 한국 기업들은 한류 스타를 활용한 '한류스타 라이센싱 상품박람회' 등을 개최해 많은 제품들을 수출하고 있다. 이처럼 신한류 열풍은 경제적 실적과 직결되는 역할을 하고 있다.

마지막 경쟁력은 우리 브랜드 가치가 높아졌다는 점이다. 과거 우리나라의 수출에서는 코리아 디스카운트Korea discount 효과가 컸지만 이제는 반대로 코리아 프리미엄Korea premium 효과를 누릴 수 있게 되었다. 삼성, 현대 등 우리 대기업들이 세계시장에서 주가를 높이면서 다른 한국 기업들의 동반가치를 높이는 면도 있다. 하지만 박지성, 김연아 등 스포츠 스타들의 맹활약, 각종 세계대회의 성공적 개최, G20 등 국제회의의 성공적 개최로 한국이 전쟁 분단국이라는 부정적 인식이 점차 불식되고 있다. 또한 한류가 일본, 중국, 동남아를 넘어 유럽, 남미 등 전 세계로 퍼져나가고 있어 한국의 브랜드 가치를 높이는 데 많은 도움이 되고 있다. 각 국가에서 한국전쟁 참여 세대가 점점 사라지면서 우리나라에 대한 부정적 인식은 점차 소멸되고 있는 상황이다.

이와 같이 외환위기와 그 뒤 여러 위기를 지혜롭게 극복하면서 새로 생긴 경쟁력은 우리나라 중소기업들의 해외 진출 뒷받침 역할을 해 줄 것이다.

질풍경초, 인내와 용기로 뚫어라

아무리 한국인들에게 개척의 DNA가 있다 하더라도 무명의 중소기업이 해외시장을 뚫는 일은 하루아침에 될 일이 아니다. 질풍경초(疾風勁草, 세찬 바람이 불어야 비로소 뿌리가 튼튼한지 알 수 있다)와 같은 인내와 용기가 필요하다. 처음에는 문전박대도 당연한 것으로 받아들여야 한다. 어떤 때는 포탄이 떨어지는 전쟁터에서 생사를 걸고 뛰어들어야 한다. 실제로 이와 같은 집요한 노력으로 고객을 질리게(?) 만들어 첫 계약을 따낸 기업도 있다. 앞에서도 언급했지만 IMF 외환위기 때 거의 부도 직전까지 몰렸다가 전화위복이 된 인천 남동공단의 한 업체의 이야기도 있다. 이 업체는 모기업이 외환위기로 부도가 나면서 그동안 보호막이 되었던 대기업의 울타리가 무너지면서 살벌한 생존경쟁의 밀림에 내던져졌지만 위기의 상황을 오히려 전화위복으로 만들었다. 이 업체는 미국의 GM, 유럽의 피아트 등 글로벌 자동차 메이커들을 찾아다니면서 계약을 성사시키는 저력을 발휘한 것이다. 그 과정 속에서 겪어야 했을 설움은 말하지 않아도 짐작할 만했다. 다시 만난 자리에서 사장은 나에게 이렇게 말했다.

"죽으란 법은 없더군요. 영어도 서툴고 바이어도 만나주지 않았지만 필사적으로 구매 담당자들한테 매달렸어요. 우리에게는 마지막 기회였으니까요. 바이어들도 처음에는 냉담하게 반응하더니 우리의 정성에 감동을 했는지 나중에는 친해졌고 계약을 위한 팁도 주더군요."

그래도 첫 거래는 3~4년 후에 이루어졌다고 한다. 어려운 시기를

이겨내고 글로벌 기업에 부품공급을 하게 되면서 새로운 기회를 찾아
낸 이 업체는 지금은 국내 대기업들에게 당당하게 납품을 하고 있다고
한다.

실력만 있으면 글로벌 기업은 제 발로 찾아온다

대기업과 중소기업의 동반 성장은
늘 논란이 많다. 여러 가지 좋은 정책이 나오고 대기업들도 필요성을
절감하지만, 상생 협력이 제대로 안 되는 근본적인 이유는 종속적 갑
을 관계에서 협상력이 대등하지 못하기 때문이라고 생각한다. 정부와
대기업 경영자들의 모든 선의의 노력은 유가나 환율 등의 문제로 원가
절감의 바람이 불면 다 의미가 없어진다.

하지만 다행스럽게도 과거와는 달리 글로벌 대기업들의 러브콜이
급증하는 등 우리나라 중소기업과 글로벌 기업과의 협력 기회가 늘어
나고 있다. 이는 우리 중소기업의 경쟁력이 경제위기를 겪으면서 부쩍
성장하기도 했지만 글로벌 기업들의 실용적 구매 패턴과 소위 개방형
혁신 추세에 따른 것이다. 이렇게 우리 중소기업의 글로벌 역량이 확
대되면 삼성, 현대, 기아 등의 대기업들과 실력 있는 중소기업의 해외
동반진출까지도 기대해볼 수 있다.

기발한 아이디어를 많이 가지고 있고 이를 뒷받침할 수 있는 IT 기
술력이 뛰어난 우리 중소기업들은 글로벌 기업들이 현재 추구하고 있
는 개방형 혁신의 성공인자를 충분히 보유하고 있다. 다만 이를 결합

해서 비즈니스 모델로 만드는 능력이 떨어질 뿐이다. 이를 위해 글로벌 기업과의 협력이 무엇보다 필요한 시점이다.

이와 함께 IT 혁명, 시장통합, 글로벌 생산 네트워크 확산 등의 환경 변화로 글로벌화에 필요한 거래비용이 감소하고 있는 것도 우리 중소기업의 글로벌화 기회 확대에 도움이 되고 있다. IT기술이 발달하면서 인터넷 기반의 사업 환경이 발달하고 있고 SNS의 확산 등으로 거래비용이 낮아진 것이 글로벌화에 유리한 조건으로 작용하고 있다. 또한 FTA 확산과 자본, 인력, 기술 등 생산요소의 국가 간 이동이 확대되면서 이루어진 시장 통합은 규모의 경제를 중소기업이 활용할 수 있도록 해주고 있다. 글로벌 생산 네트워크 확산으로 중소기업에게 글로벌 공급망 참여와 함께 글로벌 소싱의 기회가 확대되고 있다는 점도 우리 중소기업의 글로벌화에 유리한 여건이라 할 수 있다.

글로벌 기업과 중소기업을 이어주는 코트라 복덕방 채널

나는 이러한 추세와 필요성에 착안해 코트라에 글로벌 대기업과 우리 중소기업을 이어주는 복덕방 채널을 만들었다. 그것이 바로 글로벌 파트너링(Global Partnering, GP) 사업과 글로벌 기업과의 공동 기술개발 및 투자까지 연결해주는 갭스(GAPs, Global Alliance Projects) 사업이다.

과거에는 우리 중소기업이 GE, IBM, J&J과 같은 세계적인 글로벌 기업과 미팅을 하고 협력사업을 한다는 것을 감히 엄두도 내지 못했다. 하지만 세계시장 환경이 급격하게 변화하고 글로벌 기업들이 개방형 혁신을 통해 글로벌 소싱(Global Sourcing, 외부조달 비용의 절감을 시도하는 구매 전략)을 강화하면서 그동안 경쟁력을 키워온 우리 중소기업에게도 기회가 찾아왔다.

글로벌 파트너링 사업은 우리나라 중소기업과 글로벌 대기업 간 수출 상담을 통해 협력을 추진하는 사업이다. 자동차부품, 의료바이오, 전력기자재, 문화 콘텐츠, 플랜트, 이동통신, 부품소재 등 전략 분야별로 글로벌 기업과의 상담회를 주선해줄 뿐 아니라 R&D 협력단계까지도 지원해주는 사업이다. 앞에서 말한 것처럼 성공 사례도 많이 나오고 있다.

여기서 무엇보다 중요한 것은 우리나라 중소기업이 글로벌 기업과 공동연구 등을 통해 선진기술과 노하우, 마케팅 기법 등을 배울 수 있었다는 점이다. 또한 이러한 경험 축적을 통해 우리나라 대기업과의 종속적인 구조에서 스스로 헤쳐 나올 수 있는 자생력과 자신감을 얻은 것이 이들에게는 가장 큰 자산이 되었다.

글로벌 기업과의 다중협력 사업인 갭스 프로그램은 기술력은 있지만 자금이 부족한 중소기업을 해외 글로벌 기업에 소개해서 자금투자, 기술지원, 마케팅 협력이 가능하도록 지원하는 사업이다. 이 사업을 통해 퀄컴QualComm, GE, 솔베이Solvay 등 세계적인 글로벌 기업들과 우리나라 중소기업이 협력할 수 있는 기회를 만들었다.

세계적인 무선통신 기업인 퀄컴은 우리나라 중소기업인 P사의 디지털오디오 분야에 투자하기로 하고 작년 '글로벌 R&D센터'를 한국에 열었다. 미국의 글로벌 기업인 GE도 나노섬유 분야에 투자하기로 했고, 다국적 종합화학 기업인 솔베이도 특수화학 부문 글로벌 본부를 한국으로 이전하고 R&D펀드를 조성해 한국 중소기업에 투자를 결정했다.

글로벌화를 가로막는 장벽들

중소기업이 글로벌화하고자 할 때 가장 먼저 부딪히는 문제는 정보 부족이다. 많은 정보들이 널려 있지만 꼭 필요한 정보에 어떻게 접근해야 할지가 관건인 것이다. 해외 경험이 적고 가용자원의 제약이 많기 때문에 현지화된 제품을 새롭게 개발하는 데는 한계가 있다. 따라서 기존 역량을 최대한 활용할 수 있는 틈새시장을 탐색할 필요가 있다. 이를 위해 코트라의 해외시장정보 포털사이트인 글로벌윈도우Global Window 같은 정보원을 활용하는 것도 방법이 될 수 있다. 과거에는 불가능했던 정보도 클릭 몇 번으로 찾아볼 수 있는 인터넷 세상이 아닌가? 잘 찾아보면 제법 깊이 있는 시장정보가 정보의 바다인 사이버 공간에 널려 있다.

또한 핵심 경쟁력을 기초로 인접 분야의 신시장을 뚫어야 한다. 경생우위 분야에 기업의 핵심역량을 집중하고 연구개발을 강화한 후 핵심기술의 인접 분야 중 시장성이 유망한 산업을 개척해야 한다. 녹색환경산업 등 융복합 기술의 특성을 보유한 미래산업 분야가 대표적인 분야다. 이를 위해 소셜미디어 등 신소통 수단을 적극 활용할 필요가 있다. 소셜미디어는 유연함, 신속성, 저비용 등 매체의 특성상 대기업보다 중소기업에게 더 적합한 소통수단이다.

해외시장에서의 브랜드 인지도 확보를 위한 노력도 강화해야 한다. 요즘 세계 소비자들의 취향은 매우 까다롭다. 상품만 좋다고 선택하는 것이 아니라 상품의 이미지, 상품을 만드는 기업의 이미지까지도 검토한 후 구매하는 스마트 소비자로 변신한 지 오래다. 따라서 지금은 단지 수출하는 것으로는 부족하고 현지화를 통해 현지 소비자의 취향을 반영한 상품을 개발하고 현지 시장에서 좋은 이미지를 구축하는 노력이 필요하다. 이를 위해 국내 대기업과의 기존 거래관계를 지렛대로 활용할 수도 있고 현지 기업과의 네트워크를 활용해 사업을 확대하는 것도 방법이 될 수 있다.

브랜드 가치를 높이기 위한 현실적인 대안은 코트라의 보증 브랜드사업과 같은 프로그램을 적극적으로 활용하는 방법이 있다. 코트라 보증 브랜드사업은 'KOTRA Seal of Excellence' 인증으로 해외 바이어에게 높은 인지도를 가진 코트라의 브랜드 이미지를 활용해 한국 수출 기업이나 제품의 우수성과 신뢰도를 인증함으로써 수출을 증대시키기 위한 사업이다. 해외홍보, 인콰이어리 발굴, 인센티브 같은 다양한 혜택을 활용할 수 있다.

마지막으로 글로벌화를 위해 반드시 해결해야 할 것은 필요인력과 자금 수급이다. 중소기업의 글로벌화를 위해서는 우수 인력이 중소기업에서 일할 수 있는 환경을 만드는 것도 필요하지만 해외 우수 인력을 활용해 경쟁력을 키우는 것도 글로벌화를 위해 필요하다고 본다. 내가 만나본 중소기업들은 "국내에서도 필요한 인력을 구하지 못해 안달인데 해외인력을 구하는 일은 언감생심"이라며 손사래를 치는 경우가 많았다. 그러나 코트라에서는 글로벌 고급 인력 유치를 위해 2008년부터 글로벌 전문인력지원센터Contact Korea를 운영해오고 있다. 이런 프로그램을 적극적으로 활용하면 해외인력 채용도 그렇게 어려운 일은 아니다.

이외에 부족한 자금, 기술 등의 경영자원을 해외에서 조달해 활용할 필요가 있다. 높은 투자 리스크가 따르는 신산업 분야의 중소기업들은 비슷한 분야에 투자 경험이 있는 해외 벤처캐피털을 통해 자금을 조달하는 것도 방법이 될 수 있다. 앞에서 설명한 글로벌 기업과의 다중협력 사업인 갭스 프로그램에 참가해 자금투자와 기술지원을 받을 수도 있다. 또한 해외 기업과 공동 연구개발을 위해 정부가 가동시키고 있는 R&D 자금지원 프로그램을 이용해도 된다.

글로벌화를 넘어 현지화로

우리 중소기업의 글로벌화는 단순히 해외시장에 진출하는 것을 의미하는 것은 아니다. 글로벌 시장에서 일류가 되기 위해서는 현지 기업을 넘어서는 철저한 현지화가 필요하다. 글로벌라이제이션globalization을 넘어서는 글로컬라이제이션 glocalization으로 현지 기업과 경쟁해서도 이길 수 있는 경쟁력을 확보해야 한다. 국내의 대표 IT 벤처기업인 다음커뮤니케이션이 미국시장 진출을 시도했다가 철수한 이유에는 현지 시장을 철저히 파악하지 못한 점도 있을 것이다.

글로벌 시대에 지속가능한 성장을 하는 기업으로 살아남으려면 사회적 책임(corporate social responsibility, CSR)도 다해야 한다. 착한 기업이 되어야 한다는 말이다. 현지 사회에 공헌하는 CSR 활동은 궁극적으로 기업의 생존력을 높이는 든든한 경쟁력이 되고 있다. 이제는 상품서비스뿐 아니라 기업의 윤리, 사회적 책임을 자율적 국제규범으로 적용하려는 'ISO 26000'이 제정될 만큼 글로벌 경제에서 사회적 책임의 중요성이 갈수록 커지고 있다.

진정한 현지화를 위해서는 현지 지역사회에 공헌하고 사회적 책임을 다하는 것이 필수적이다. 최근에는 소셜미디어의 발달로 기업의 사회적 활동이 소비자들로부터 'Good' 또는 'Bad'로 평가받는 등 CSR 활동이 기업의 이미지를 넘어서 경쟁력의 원천으로까지 작용하게 되었다.

2008년 5월, 중국 쓰촨성에서 대지진이 일어나 6만 명 넘게 숨졌을 때 대지진 피해 복구를 위해 두산인프라코어는 쓰촨성 내 굴삭기 총동원령을 내려 1,700대를 복구현장에 투입했고 이재민을 위해 내의 10만 벌을 나눠줘 중국 CCTV, 신화통신, 〈인민일보人民日報〉 등 현지 언론에서 높은 평가를 받았다.

이런 공로에 힘입어 쓰촨성 내 두산 굴삭기 시장점유율은 14.2퍼센트에서 21.6퍼센트로 급성장했다. 두산인프라코어 사례는 현지 사회에 공헌하는 CSR 활동이 기업의 브랜드를 높일 뿐 아니라 소비자 가치에 반영되어 궁극적으로는 기업의 장기적 생존력을 높이는 경쟁력이 될 수 있음을 보여주는 좋은 사례다.

이외에 지금은 많이 나아졌지만 해외시장 경험이 일천해 본의 아니게 저지르게 되는 실수와 행태들이 고쳐져야 한다. 감당하지도 못할 오더나 장기계약을 체결해 결국 약속을 지키지 못하거나, 제품 공급을 철석같이 약속해놓고 연락을 끊어버리는 경우가 적지않다. 국제 비즈 니스 관례 등 해외 경험이 부족한 우리 중소기업들이 이런 실수를 반 복하지 않으려면 대기업의 경험도 공유해야 한다. 이것이 진정한 중소 기업의 글로벌화의 길이다.

유연과 통합으로
경쟁력을 확보하라

우리 중소기업들의 경쟁력은 글로벌화를 통해 확보할 수 있겠지만 시장기회를 포착하기 위해서는 빠르게 변화하는 시장 환경에 유연하고 창의적으로 대응할 필요가 있다. 대기업은 역발상의 위험 부담이 너무 크기 때문에 오히려 역발상은 중소기업의 몫이다. 유연한 역발상이란 기존의 아이디어를 새로운 관점에서 조명해 새로운 개념과 기회를 이끌어내는 것을 말한다.

최근 유연한 역발상으로 선풍적인 인기를 모은 미국의 인형이 있다. '잠자는 숲속의 공주'에서 모티브를 딴 공주 인형으로 얼핏 보면 여자아이들이 좋아하는 흔한 인형에 불과했다. 그런데 이 인형이 대박을 쳤고 매장에 가져다놓기가 무섭게 팔려나갔다. 그 비밀은 인형의 색깔에 있었다. 우리의 고정관념대로라면 흔히 공주인형이라면 하얀 피부에 푸른 눈, 금발을 연상하지만, 이 인형은 가무잡잡한 피부에 검은색 눈동자, 검은 머리칼을 가지고 있었다. 미국 주류 세력으로 정착하기 시작한 히스패닉(Hispanic, 미국에서 살고 있는 라틴 아메리카 출신)의 모습이었다. 이 인형은 그동안 미국에서 알게 모르게 백인 문화에 주눅들어 있던 히스패닉 소비자들의 열광적인 호응을 받아 히트상품이 되었던 것이다. 사실 예수도 서양에서는 백인의 얼굴을 하고 있지만 아프리카에서는 흑인으로 표현되듯 인종마다 피부색에 대한 인식이 다를 수 있는데, 그동안 공주인형은 당연히 백인의 외양으로만 디자인되어왔던 것이다.

하기스Huggies는 기저귀에 패션 감각을 가미하는 역발상으로 히트를 쳤다. 기저귀는 당연히 흡수력이 좋아야 하고 어린이의 민감한 피부를 보호할 수 있는 기능이 중요하다. 색상은 대부분 흰색이고 튀는 제품이라도 여자 어린이는 분홍색, 남자 어린이는 파란색이 약간 가미된 정도다. 그런데 하기스는 2010년 여름에 기저귀를 외출용으로 탈바꿈시켰다. 얼핏 보면 외양은 영락없이 청반바지다. 더운 여름에 기저귀만 차고도 외출이 가능해졌으니 엄마들 사이에서 큰 반향을 불러일으켰다.

오래전에 나왔지만 우리나라의 딤채도 역발상으로 성공한 사례다. 이전까지 김치만을 위한 냉장고는 생각도 하지 못했는데, 이제 김치냉장고가 없는 집이 없을 정도다.

이러한 역발상을 한국 기업에도 똑같이 적용힐 수 있다. 위기가 왔을 때 위기를 돌파하겠다는 의지를 갖고 창의적인 노력을 기울이는 기업은 쉽게 망하지 않는다.

'만년 2등' 아사히 맥주와 에이비스의 역발상

위기를 기회로 바꾼 대표적인 역발상 사례로 '아사히 맥주'를 들 수 있다. 전후 일본 맥주시장을 장악하고 있었던 회사는 기린 맥주였다. 그러나 2001년 기린은 아사히 맥주에게 1위의 아성을 내주게 된다. 48년의 긴 전쟁 끝에 아사히는 기린 맥주를 이기고 당당히 일본시장을 제패하게 되는데 여기에는 '슈퍼드라이'라는 맥주가 있었다.

1985년 아사히 맥주는 기린 맥주의 공격적 경영과 산토리 사의 신규진출로 시장점유율이 10퍼센트 밑으로까지 떨어지는 위기를 맞게 된다. 아사히 맥주가 고전을 면치 못하고 있을 때 기린 맥주는 60퍼센트가 넘는 시장점유율을 기록하면서 시장을 장악하고 있었다. 이때 아사히 맥주의 구원투수로 새로 영입된 사람이 바로 히구치 히로타로樋口廣太郎 사장이었다. 히구치 사장은 부임한 후 아사히 맥주가 다른 맥주보다 잘 팔리지 않는 원인에 대한 해답을 찾기 시작했다. 그 결과 그는 아무리 불황이어도 원료는 항상 최고급을 사용할 것, 영업에서 번 돈은 모두 광고에 사용할 것, 노조가 요구하기 전에 회사가 먼저 처우를 개선할 것, '큰일 났다' 같은 극단적인 용어를 사용하지 말 것을 제안하고 실행에 옮겨나갔다. 소위 '하구치의 역발상'이었다.

그는 시장점유율 1위를 차지하고 있는 기린 맥주의 맛을 흉내 내는 일은 절대로 하지 않았다. 대신 기존의 맥주와는 완전히 다른 신제품 개발에 주력해 '달면서도 쓴 맛'의 슈퍼드라이를 생산해 시장점유율 1위의 챔피언으로 만들었다. 또한 제품의 장점과 함께 단점까지도 솔

직히 밝힌 광고전략을 선택함으로써 소비자들로부터 신뢰를 얻었다. 장점만 부각시키려 했던 기존 경쟁사들과는 분명하게 차별화된 전략이었다. 이러한 역발상을 통해 히구치는 48년 만에 위대한 역전을 이루어냈고, 아사히맥주는 4,000명의 종업원에 연매출 1조 엔이 넘는 일본 최고의 맥주회사로 성장했다.

유연한 역발상의 사례는 미국에서도 찾아볼 수 있다. 1962년 미국의 렌터카업체인 에이비스Avis는 1등인 허츠Hertz에 한참 뒤처진 시장점유율 11퍼센트에 이익도 마이너스를 기록했던 '2등'에 불과했다. 에이비스는 이러한 상황을 반전시키기 위해 과감하고도 창의적인 역발상 캠페인을 시도하게 되는데 바로 '만년 2등'이라는 자신들의 약점을 내놓고 광고하는 전략이었다. "에이비스는 2등일 뿐입니다. 하지만 2등이기 때문에 더 열심히 일합니다"라는 역발상 광고를 통해 에이비스는 전세를 역전시켰다. 하지만 이는 단순한 광고전략의 승리는 아니었다. 약점을 솔직하게 인정하는 태도에서 소비자들은 에이비스의 약점 극복에 대한 의지와 실질적인 서비스 개선 노력을 보았던 것이다. 소비자와 소통하고 약속을 실행에 옮긴 지 1년 만에 에이비스는 흑자전환을 이루었고 4년 뒤에는 시장점유율이 세 배를 넘어 35퍼센트에 도달하게 되었다.

유연한 대응으로 위기에서 탈출하다

위기를 맞아 판에 박힌 전형적인 대

응으로 실패로 이어진 기업이 있는가 하면 유연한 대응으로 위기를 기회로 바꾼 기업도 있다. 2009년 8월 미국에서 렉서스 자동차의 급발진 사고로 일가족 4명이 사망한 사건이 발생했다. 사건 초기에 차량 자체 결함 때문이라는 주장이 나왔지만 도요타는 '렉서스에는 문제가 없다'는 주장만 되풀이했다. 계속된 여론 악화에도 도요타 CEO는 침묵을 했고 결국 대량 리콜사태로 번져 CEO가 세 번의 사과 발표를 하는 등 수습에 나섰다. 하지만 도요타는 보름 만에 시가총액 2조 엔이 날아갔고 2010년 경제전문지 〈포브스Forbes〉가 선정한 세계 선도기업 순위에서도 전년도 3위에서 360위까지 떨어져버렸다. 세계 최고의 품질 명성을 자랑하던 도요타는 이제 일부 미국 소비자들에게 기계결함, 브레이크 멈춤, 교통사고, 리콜, CEO 사과 등의 이미지로 먼저 떠오르게 되었다.

반면 세계 최대 장난감 회사인 마텔Mattel은 2007년 여름 심각한 위기를 맞는다. 중국에서 생산된 제품에서 납 성분이 검출된 것이다. 소비자들의 배신감 속에 마텔은 즉각적인 리콜을 실시했다. 납 성분이 검출된 장난감뿐만 아니라 아이들이 삼킬 우려가 있는 자석 문제로 2차 리콜을, 페인트 문제로 3차 리콜을 실시해 한 달 만에 세 번의 리콜을 실시하면서 62년 역사의 장남감 왕국은 최대 위기를 맞았다. 그러나 마텔의 CEO인 로버트 에커트Robert Eckert는 즉각 진심어린 사과성명을 내고 적극적이고 전면적인 리콜을 통해 소비자의 신뢰를 다시 얻었다. 마텔의 위기관리는 도요타와는 달랐다. 즉각적인 사과와 함께 재발방지를 위한 확실한 대책을 세워 이를 적극적으로 알렸다. 이러한 위기관리 덕분에 마텔은 리콜 발생 다음 분기의 순이익이 오히려 15퍼센트나 증가했다고 한다.

기존 산업의 통념을 깨다

최근에는 H&M, 자라 등 패스트 패션이 대박을 치고 있다. 이들 업체는 패션산업의 환경 변화를 잘 포착해서 기존의 통념을 깬 '역발상'으로 성공한 케이스라고 할 수 있다.

패션산업은 전통적으로 시즌 전에 트렌드와 수요를 예측해 상품 물량을 준비하고 기획, 생산하는 체제다. 또한 전형적인 로컬 비즈니스로 유명 디자이너 제품을 모방해 만든 제품을 매체광고를 통해 마케팅함으로써 시장 반응에 따라 대박이 나면 제품 물량이 모자라고 잘 팔리지 않으면 재고처리에 골머리를 썩는 게 보통이었다. 그러나 유행주기가 단축되고 신흥국 시장이 떠오르는 등 패션산업의 변화를 읽어낸 패스트 패션업체들은 수시로 변하는 시장 환경에 민첩하게 대응할 수 있는 생산체제로 전환하고 글로벌 시장으로 적극적인 진출을 시도하고 있다. 또한 소재 및 상품혁신을 통해 유명 디자이너 제품을 즉시 재해석해 상품화하고 마케팅 수단도 매체광고가 아닌 고객과의 접점 공산인 내장의 브랜드화를 통해 판매방식을 바꿈으로써 세계 패션시장의 판도를 바꾸고 있다.

우리 중소기업의 역발상이 글로벌 시장에서 대박을 터트린 사례도 있다. 적외선 체온계를 만드는 중소기업 H사는 일본 사람들이 계기의 신체 접촉을 싫어하는 것을 감안해 원격 체온계를 만들어 일본과 미국 등에서 큰 성공을 거두었다. 체온계를 몸에서 뗀다는 역발상을 통해 이루어진 성과였다. 체온을 재기 힘든 유아들의 체온 측정에도 제대로 들어맞은 것이다.

우리는 신흥시장이라고 하면 항상 브릭스(BRICs)나 아프리카 같은 시장을 떠올린다. 신흥시장을 지역적, 공간적인 개념으로만 이해하고 있는 것이다. 그러나 나는 기존 시장이라도 유연한 사고로 새롭게 보는 안목을 길러야 한다고 생각한다. '일본도 신흥시장이다'라는 발상의 전환을 통해 새로운 시장을 포착할 수 있는 것이다.

일본의 경우 그동안 우리 기업에겐 '닫힌 시장'이었다. 무역흑자 신기록을 깨면서 수출이 확대될 때도 일본과는 만성적인 무역적자에 허덕였다. 이는 일본의 까다로운 소비자, 폐쇄적인 유통구조 때문에 우리 기업이 진출하기 쉽지 않은 점도 작용했지만 무엇보다 우리 기업이 일본시장을 '닫힌 시장'이라는 고정관념을 갖고 적극적인 개척 노력을 하지 않은 데 더 큰 원인이 있다.

아이폰, 아이패드 등 파괴적 혁신제품으로 소프트웨어 분야에서 세계시장의 흐름을 바꿔내고 있는 미국시장도 주목해볼 필요가 있다. 미국의 글로벌 기업들이 개방형 혁신을 지향하면서 우리 기업이 경쟁력을 갖춘 IT기술과 결합된 융복합 서비스로 신규시장을 개척한다면 미국이 우리 중소기업에겐 새로운 기회의 시장이 될 수도 있다. 미국 정부가 경기부양책으로 중점적으로 추진하고 있는 녹색 분야, 건강보험 개혁에 따른 IT 의료기기시장, 정부조달시장은 무궁무진한 시장의 기회가 될 수 있다.

미국 정부조달시장뿐 아니라 UN 조달시장에도 관심을 가질 필요가 있다. UN 조달시장은 연간 조달 규모가 138억 달러에 달하는 잠재력이 큰 시장이지만 한국 기업의 시장점유율은 약 0.5퍼센트에 불과하다. 지금은 미국, 스위스, 프랑스 등 상위 10개국이 전체 40퍼센트를 차지하고 있다. 조달시장은 처음 뚫는 데는 시간이 오래 걸리고 납품조건도 매우 까다롭지만 한 번 거래가 성사되면 장기간 안정적으로 납품이 가능하다는 장점이 있어 진출해볼 만한 시장이다.

실제로 작년에 코트라 지원으로 기아자동차가 UN평화유지군에 1,500만 달러 규모의 버스를 공급한 사례가 있다. 글로벌 경기침체 이후 유럽의 항만, 공항, 병원 등 공공부문 조달시장에서도 가격이 저렴하면서도 좋은 품질의 제품 구매에 적극 나서고 있다. 이를 모두 충족하는 한국 기업들에게는 매우 유리한 상황으로 보여진다. 따라서 우리 기업들이 좀 더 관심을 보일 필요가 있다. 코트라의 국제기구조달 선도기업 육성사업과 같은 프로그램에 참가하면 이와 관련된 정보들을 얻을 수 있다.

고정관념을 버리고 유연한 사고로 기존 시장을 새로운 관점에서 바라만 봐도 새로운 시장 기회를 창출할 수 있다. 지역적 개념의 시장 확대뿐 아니라 각 분야에서도 유연한 사고를 통해 새로운 시장을 찾아볼 수 있다. 제조업에 고착된 사고방식에서 조금만 벗어나 시야를 확대해보면 지식서비스 산업, 그린 산업, 의료바이오 산업, 프랜차이즈 사업, 정부조달시장 등 새로운 분야의 블루오션을 창출할 수 있다.

‘선택과 집중’에서 ‘두 마리 토끼’ 전략으로

시장판도가 유연한 역발상으로 새로운 시장 기회를 창출하게 되면서 과거의 지배 패러다임이었던 ‘선택과 집중’의 의미는 희석되고 있다. 기술과 트렌드 변화가 빠르게 일어나고 있기 때문에 한 군데 집중할 경우 오히려 낭패를 볼 수도 있는 상황으로 시장 환경이 급변하고 있는 것이다. 일본식 경영은 선택과 집중이라는 분야에서 세계 최고의 위치를 지켜왔고 경영교과서 역할을 해왔다. 산요, 도시바, 히타치 등 세계 굴지의 기업들도 자국 산업 내의 철저한 분업을 통해 선택과 집중 원칙을 충실하게 지켜왔으나 시장의 변화는 이런 패러다임에 변화를 요구하고 있다.

한 일본 기업인은 일본이 한국에 세 가지를 졌다고 말해 내게 큰 인상을 남겼다. 물론 그의 말에 대한 진정성은 알 길이 없다. 그가 말한 세 가지는 바로 ‘삼성전자’, ‘인천공항’, ‘부산항’이었다. 이 중에 일본이 삼성전자에 진 이유로 그는 새로운 융복합 경쟁력의 부재를 들었다. 일본은 각 전자업체가 분야별로 특화되어 있는 반면 삼성전자는 모든 분야를 포괄하고 있어서 한쪽이 어려우면 다른 쪽에서 보완을 하고 서로 다른 분야에서 융복합을 해서 새로운 상품을 만들어내는 데서 경쟁력이 있다는 것이었다. 일본은 선택과 집중을 통해 전문화함으로써 다른 부문과 융복합하지 못해 경쟁력을 잃고 말았다는 자체 분석이었다. 그는 특히 경쟁력 있는 IT 산업에서 다양한 융복합을 통해 상상도 못한 제품들을 만들어내고 있는 한국의 저력을 부러워했다.

세계는 지금 융복합 혁명시대

세계경제는 이와 같이 바야흐로 융복합(Convergence, 여러 기술이나 성능이 하나로 융합되거나 합쳐지는 일) 시대로 들어가고 있다. 기술, 시장, 기업이 국경을 넘나들며 융합되어 시너지를 내고 있으며 산업과 기술의 영역이 사라지면서 다른 업종 간 연합으로 신상품, 신산업이 등장하고 국경을 초월한 협력 등 비즈니스 모델이 변화하고 있다.

우선 국가 간 연합을 통한 경쟁이 심화되고 있는데 2010년 6월 중국과 대만 간 ECFA가 체결되면서 본격적인 '차이완(Chaiwan: China +Taiwan)' 시대가 개막되었다. 정치, 경제, 사회, 문화 등 다양한 분야에서 중국과 대만의 합종연횡이 시작된 것이다. 이제는 자국의 이익을 위해서라면 적과의 동침도 불사하는 시대가 되었다. 영원한 적도 동지도 없다. 언제든지 통합해서 새로운 마케팅 전선을 만들어나갈 수 있다.

산업 간 영역도 산업기술 간 경계가 소멸되는 가운데 산업과 기술의 융복합화가 급속히 진행되고 있다. 산업 내 경쟁이 산업 간 경쟁으로 확대되면서 산업의 복잡성은 증대되었다. 아이폰의 출현은 휴대폰 업계와 컴퓨터, 소프트웨어 간 경계가 사라지고 무한경쟁이 시작되었음을 알리는 신호탄이다.

과거에는 IT기술을 타 산업에 접목시키는 수준이었지만 세계 최대 네트워크업체인 시스코시스템스Cisco Systems가 태블릿 PC시장에 진출하는 것과 같이 지금은 산업 간 융합으로 발전하고 있다. 이에 따라 기업도 새로운 수익원 발굴을 위해 다른 업종 투자에 적극적으로 나서고 있다. 소니가 리튬이온 전지사업에 투자를 한다든지 GE, IBM 등 글로벌 기업들이 헬스케어 분야에 진출하고 있는 것이 그 대표적 사례다.

융복합의 촉매가 된 IT기술

이처럼 기술과 기술의 융합으로 새로운 제품이 만들어지고 있는데, 최근 의료, 바이오, 섬유, 기계, 자동차, 건설, IT, 화학 등 다양한 분야로 그 응용 범위가 빠르게 확산되고 있다. 융복합은 전통적 기술이 IT 및 NT(nano technology, 나노기술)와 결합해서 새로운 개념의 상품을 만들어내는 것을 말한다. 융복합의 주요 촉매인 IT와 NT가 첨단기술이라는 이미지가 강하다 보니 융복합이 대기업의 전유물인 것으로 생각하기 쉽지만 중소기업들도 얼마든지 각자의 전문 분야에 다른 분야의 기술을 접목시켜 새로운 상품을 개발할 수 있다.

먼저 의료 분야를 보자. BT(biotechnoogy, 생명공학기술)가 IT와 융합해서 U헬스서비스, 의료통합서비스, 바이오인포매틱스bio informatics 등 새로운 개념의 서비스를 만들어내고 있다. 이러한 서비스는 현재 인공지능형 수술, 원격진료, 맞춤형 시뮬레이션을 이용한 다양한 치료와 수술 등으로 시행되고 있고 또 병원 간의 의료정보 공유를 통해 환자치료 및 관리에도 응용되고 있다. 환자들의 건강 체크뿐만 아니라 장애인 및 노인들의 건강상태를 상시 체크할 수 있는 휴대폰 프로그램도 속속 개발되고 있다. 이처럼 의료 분야는 대량생산보다는 맞춤형 소량생산이 유리한 경우가 많아 대기업보다는 몸집이 가벼운 중소기업이 융복합을 통해 신제품을 개발하기가 유리해 보인다.

전통산업인 섬유, 의류산업도 융복합화 트렌드에서 예외가 될 수는 없다. 국내의 한 의류 제조업체는 라이프팩 재킷을 출시했는데, 이는 소형 배터리팩을 이용해 오랜 시간 체온을 유지할 수 있게 해주는 기능성 섬유인 히텍스Heatex를 적용, 가벼우면서도 발열기능이 뛰어난 제품이다. 얼마 전에는 땀을 흡수해 발열하게 하는 특수 섬유도 개발되었고 심지어는 태양전지를 부착한 옷도 등장하고 있다.

기계산업에서는 스마트지능형 공장, 지능형 공작기계 등의 융합사례가 있다. 특히 지능형 공장은 기존의 전통적인 제품 생산라인에 의존한 공장과는 전혀 다르다. IT의 네트워크, GPS, 나노센서, 반도체, 감성공학, 기계자동화 등 다양한 산업기술이 융합되어 재고, 고장, 불량, 사고 등 각종 낭비 요소를 사전에 제거하고 실시간 공정개선을 추구함으로써 생산성을 획기적으로 높이는 공장 형태다.

제품과 디자인이 융복합해서 성공한 사례들도 있다. 동운인터네셔널이 USB의 외장을 보석 등으로 화려하게 장식한 '명품 디자인 USB'를 만들어 세계로 수출하고 있다. 기존의 USB는 휴대용 저장장치에 불과했지만 디자인을 업그레이드시켜 액세서리로 둔갑시킨 것이다. 친환경적 안료를 첨가한 레미콘도 개발되었다. 우중충한 회색의 보도블록과 콘크리트를 이제 손쉽게 다양한 컬러로 물들일 수 있게 된 것이다.

캐릭터 전문업체 부즈클럽과 전통한과 제조업체인 교동씨엠이 개발한 캐릭터 한과 '캐니멀 고시볼' 사례도 있다. 캐니멀은 '캔Can'과 동물을 뜻하는 '애니멀Animals'의 합성어다. 주로 명절 때 옛 추억삼아 찾는 강정은 어린이들 기호식품이 아니었다. 그러나 캔과 애니멀을 조합한 캐릭터 캐니멀이 캐릭터를 강정과 융합시켜 어린이들이 좋아하는 형상의 강정을 만든 것이다. 이 제품은 동남아 등 세계시장의 어린이 고객을 노리고 있다. 이와 같이 융복합은 모든 분야에서 일어나고 있다.

IT기술과 NT기술의 융합은 TV, 컴퓨터 화면, 차량 내 표시판, 야외 전광판 등을 포함한 디스플레이 분야에도 적용되고 있다. 이미 개발된 나노소재로 앞으로 10년간 지속적으로 성장할 것으로 기대되는 분야로는 나노 화장품, 자동차 연료탱크 플라스틱, 건강 및 의학용 기자재 등 다양한 분야가 있다.

나노기술은 바이오테크놀로지와의 융합도 가능한데 나노전자기계시스템(nano electro mechanical system, NEMS)으로 개발되는 나노 바이오모터는 인체의 모세혈관 속을 잠수함처럼 다니면서 질병을 진단하고 치료할 수 있다. 그동안 〈이너스페이스Inner Space〉(1987년에 제작된 미국 코믹어드벤처 영화로 초소형 우주선이 인체 속을 모험하는 스토리의 SF영화)와 같은 SF영화에서나 볼 수 있었던 마이크로 로봇을 통해 인체 내의 암세포를 치료하는 것이 현실화되고 있는 것이다.

아직도 우리는 '수출' 하면 제조업 수출만을 생각하는 경향이 있다. 그러나 산업과 기술의 융복합에 따라 환경과 에너지 등 신산업이 부상하고 있다. 그린산업과 의료산업 등 신산업은 미래 산업경쟁력을 결정짓는 핵심요소가 될 것이며 향후 비중도 점점 더 커져 주력산업으로 부상할 것이다. 미국, 일본, 유럽 등 선진국이 경기부양과 미래 경쟁력 향상을 위해 이들 신산업에 대한 투자를 늘리고 있는 것도 이 때문이다.

코트라는 이런 미래 성장 분야에서 새로운 시장을 만들기 위해 네트워크를 확충해 지원하고 있으므로 이를 잘 활용할 필요가 있다. 실제로 올해 '글로벌 녹색협력지원센터'와 '녹색수주지원센터'를 설치해 녹색산업에서 컨설팅에서부터 수주까지 지원해 M사가 스페인에 1억 3,000만 달러의 태양전지를 수출하는 등 성과가 서서히 나타나고 있다. 이처럼 지역, 산업, 기술, 제품을 포함한 모든 분야에서 융복합이 가속화하고 있다. 특정 산업과 기술의 벽 안에서 이루어지는 융합이 아니라 산업과 기술, 제품을 넘어서는 파괴적인 융복합이다. 이는 우리에게 반드시 새로운 도전과 기회를 가져다줄 것이다.

세계 속에
너를 던져라

한국이 달라졌다. 한국인도 달라졌다. 세계도 달라졌고 세계가 한국인을 보는 눈도 달라졌다. 이제 어느 나라도 한국을 주변국으로 보지 않는다. 세계 유일의 민족분단국이지만 한국의 지정학적 리스크 때문에 한국에 투자를 꺼리거나 거래를 망설이는 기업은 이제 없다.

리비아에서도 그랬지만 포탄이 쏟아지는 전쟁터에서도 우리는 진지를 지키고 신뢰를 쌓으며 새로운 국부를 만들어왔다. 우리의 젊은 세대는 이제 세계 어디서든 당당할 수 있다. 김연아와 같은 세계적 스타도 나오고 있다.

1부에서는 지금까지 우리가 세계시장에서 쌓아온 노하우를 얘기했다. 2부에서는 급변하고 있는 세계시장 환경에서 우리가 새롭게 찾아나갈 수 있는 기회요인에 대해 얘기했다. 그러나 이것만으로는 다가오는 거대한 폭풍을 이겨낼 수 없다. 새로운 세대의 창의력과 도전정신, 국제감각, 그리고 긍정 마인드가 우리 경제에 또 하나의 날개를 달아줘야 우리는 영원히 성공할 수 있다.

3부에서는 우리 경제의 바톤을 이어받을 다음 주자들에게 희망을 주고, 또 글로벌 전사를 꿈꾸는 이들에게 몇 가지 도움이 될 이야기들을 담았다.

7

이제는 선수 교체의 시기다

통상 전선의 전사는 계속 이어져야 한다. 이제 세계시장이 이 땅의 젊은이늘에게 손짓하고 있다. 앞서 달린 주자들의 시행착오마저도 이들에게는 훌륭한 길잡이가 될 것이다. 아직도 세계는 미개척 시장 천지다. 그러므로 우리는 계속해서 밖으로 뛰어나가야 한다. 한국이라는 지역은 젊은 코리언들이 미래를 설계하기에 너무 좁다. 좀 더 넓은 무대에서 세상을 바라봐야 안목도 넓어지고 새로운 기회도 찾을 수 있다. 통상 전선의 전사들은 이러한 의미에서 계속 훈련되어지고 키워져야 한다.

태양을 항해
쏜화살이
더 멀리 나간다

나는 대학을 졸업한 후에 최초로 비행기를 타보았고, 27세인 1977년에 처음으로 외국을 나가보았다. 일본과 유럽에 갔을 때는 모든 것이 경이롭고 어색하기만 했다. 남들이 보기에는 서울에서 온 시골뜨기 같았겠지만 그래도 당시로서는 바깥바람을 일찍 쐰 편이었다.

1986년 워싱턴에서 상무관으로 근무할 때 우리나라 수출진흥 업무의 총괄 국장인 상역국장이 출장을 왔는데, 미국이 첫 출장이라는 것이었다. 그는 업무보다는 백악관 앞에서 증명사진 찍기에 더 바빴다. 우리나라가 수출을 통해 빈곤에서 벗어나고 있을 때 그 주역들은 우물 안 개구리들처럼 행동했다. 그러나 지금은 대한민국이 너무나 달라졌다. 해외로 배낭여행 한두 번 안 가본 젊은이들이 없을 정도이고, 외국 공항에는 한글로 된 안내문이 비치되어 있을 정도다.

그런데 안타깝게도 지구촌을 향한 청년들의 도전의욕은 크게 달라진 것이 없는 듯하다. 오히려 과거 경제 도약 단계에 비하면 해외 진출에 대한 청년들의 열망이 약해진 듯 보이기까지 한다. 한국 경제의 볼륨이 2만 달러 국민소득과 1조 달러 무역 규모로 비약적으로 커지면서 해외진출보다는 국내에서도 충분히 성공에 대한 만족감을 갖게 된 것이다. 그래서인지 해외에서 취업을 하고 창업을 하며 해외시장을 개척해보려는 장보고적 기상이 예전과 같지 않다는 이야기들을 많이 한다. 지금 우리는 20~30년 전의 일본과 유사한 상황에 처해 있다. 일본은 과거 세계시장을 속속 접수하면서 청년들이 굳이 모험을 감수하면서까지 해외 진출을 하지 않아도 일자리와 복지가 보장되었다. 그 결과 현재 일본은 세계의 중심에서 글로벌화되는 동시에 폐쇄적 군도, 즉 갈라파고스적 생태계로 빠져들어가고 있다.

1981년 내가 뉴욕대학에서 MBA를 마쳤을 때 일본 유학생들은 미국 또는 유럽의 은행과 기업에서 적극적인 구애가 있었지만, 학업을 마치고 대부분 일본으로 돌아갔다. 그들은 노무라증권이나 미쓰이, 동경전력 등 토종 일본 기업에서 샐러리맨으로 경력을 쌓았다. 하지만 같은 시기에 MBA를 마친 한국 유학생들은 시티은행이나 뱅크오브아메리카BOA 등 월가로 진출하거나 GE, GM, 벨컴퍼니 등 글로벌 기업에 진출해 명성을 날렸다. 개중에는 학문의 길로 들어서 세계적 석학이 된 사람도 많았다.

이처럼 오히려 세계의 변방에 있던 한국인들은 역동적으로 세계의 중심으로 향했던 것이다. 현재 일본의 경제가 구조적 진통을 겪으면서, 국내 지향적인 일본의 청년층들이 비정규직으로 의욕을 상실한 채 폐쇄적 생활을 하는 등 소위 초식남이라는 사회적 문제점으로 드러나

고 있다. 우리나라도 산업구조가 고용을 유발하지 못하는 형태로 진전 되면서 어찌 보면 일본과 유사한 사회적 병리 현상의 징후가 엿보여 우려가 되고 있다. 그렇다고 이러한 구조적 문제가 빠른 시일 내에 해 결될 전망도 보이지 않는다. 이럴 때 활로는 역시 밖에서 찾아야 한다.

태양을 향해 쏜 화살은 해바라기를 향해 쏜 화살보다 멀리 간다. 더욱이 세계가 한국과 한국인들을 향해 러브콜을 하고 있다. G20 정

　　　　　　　　　　　　　　　PART 3 세계 속에 너를 던져라

상회의를 서울에서 개최함으로써 이미 한국은 세계를 움직이는 중심 동심원 안으로 들어섰다. 평창동계올림픽을 3수까지 하면서 끈질기게 유치해 더반의 개가를 올렸다. 그것도 현재 세계에서 가장 탄탄한 경제 실력을 보이는 독일과 프랑스를 물리치면서 말이다.

한국은 이제 세계 10대 무역국으로서 미래 가능성에서 일본보다 높은 평가를 받기도 한다. 이러한 신뢰는 세계 각국의 기업이 한국과의 비즈니스를 늘리려 하고 코리아 데스크를 설치하려고 하는 상황을 봐도 알 수 있다. 또 개도국뿐만 아니라 선진국들도 한국의 국가 운영과 기업 경영, 시민정신을 배우려 하고 있다. 한국의 케이팝에 매료된 프랑스 등 세계 젊은이들은 직접 한국을 방문하기도 한다. 한국의 스포츠 스타는 세계인의 우상이 되고 있다. 이와 같이 세계가 콜을 할 때 우리 젊은이들은 다시 세계로 진출해 글로벌 전사가 되어야 한다. 세계 속으로 뛰어들어야 성공할 가능성이 크다고 나는 본다.

물론 월가의 몇몇 탐욕스러운 금융권을 제외하고는 해외 취업의 소득이 초기에는 국내 중소기업보다 적을지도 모른다. 게다가 낯선 해외에서의 업무 적응도 만만치 않을 것이다. 특별한 보장도 없다. 하지만 이를 기회로 만드는 것은 결국 당사자가 할 일이다. 나는 세계 속에서 성공한 사람들을 수없이 많이 보아왔다. 인도에서, 중국에서, 중남미에서, 동남아에서. 몇 년 전 부업으로 관광 안내를 하며 어렵게 지내던 유학생이 몇 년 후에는 한국을 상대로 무역업을 하며 어엿한 기업인이 된 경우도 보았다.

지금도 늦지 않았다. 중학생 때 내 취미는 세계지도 속에서 지명찾기였다. 오늘날 연간 수만 명의 한국인이 드나들면서 한국과의 경제

거래 메인 스트리트가 된 중국의 웬만한 큰 도시도 당시에는 내 지명 찾기의 대상일 뿐이었다. 우리가 원하든 원치 않든 간에 국가, 산업, 기업, 개인들은 서로 긴밀하게 연결되어 있다. 페이스북으로 5명만 통하면 전 세계 대부분의 네티즌과 연결되는 시대다.

추석에 서울에 사는 아들보다 상하이에 사는 딸이 부산에 있는 고향집에 먼저 도착한다. 강원도에 사는 사람들은 전라도에서 일어난 사건보다 미국 뉴욕에서 벌어진 사건을 먼저 알 수도 있다. 인근 지역에서 발생한 홍수보다 일본에서 발생한 지진이나 파키스탄에서 사살된 빈 라덴이 우리의 비즈니스와 생활에 더 큰 영향을 미치기도 한다. 해외에서 쏟아지는 정보량이 국내 정보량보다 훨씬 많다 보니 오히려 해외에서 일어나는 일이 우리에게 더 가깝게 느껴지기도 한다.

이제 우리의 젊은이들이 글로벌 플레이어가 되어야 하는 것은 선택의 문제가 아니다. 세계 속으로 뛰어들지 않으면 우물 안 개구리가 아니라 우물 안 고래가 된다. 좀 더 큰 포부를 갖고 좀 더 큰 시야로 세상과 삶을 바라봐야 한다. 화살을 뽑았다면 태양을 향해 온 힘으로 쏘아야 하지 않겠는가.

하루가 쌓이면 이루지 못할 것이 없다

세계로 뛰어들고 싶은 생각을 한두 번쯤 안 해본 젊은이는 없을 것이다. 영어회화 학원도 좀 다녀보고 세계경제 지식을 위해 책을 읽어보기도 하지만, 취업 준비 등 발등의 불을 먼저 끄다 보니 이런 열정들이 지속되지 못한다. 자기 연마를 꾸준히 할 수 없는 이유는 100가지도 넘는다. 대부분의 젊은이들은 도전을 몇 번 시도하다 안 되면 쉽게 포기하고 현실에 안주해버리곤 한다. 개방과 세계화에 반대하는 입장의 주장들만 듣고 자기합리화에 빠지는 경우도 있다.

하지만 도전과 희망은 젊은이들의 특권이다. 인내하고 투자하면서 글로벌 전사의 꿈을 가져보라. 하루 노력으로 이루어질 수 있는 것은 아무것도 없지만 하루가 쌓이면 못 이룰 것이 없다.

글로벌 플레이어가 되기 위해서는 의지와 자기 자신에 대한 확신부터 가져야 한다. 좀 뻔뻔스러워도 좋다. 외국인을 만나면 콩글리시라도 자신 있게 해보라. 다 알아듣고 의사소통이 된다. 일부 영어권 나라를 빼놓고 다른 나라의 학생들은 우리나라 학생들보다 영어공부 하는 시간도 짧고 어휘 구사력도 훨씬 떨어진다. 다만 그들은 자신감이 넘칠 뿐이다. 엉터리 영어 실력에 발음도 형편없지만, 그들은 할 말이 있으면 남들이 알아듣든 못 알아듣든 일단 자신 있게 자기주장을 펼친다. 무식하면 용감하다지만 우리 젊은이들은 이런 용기라도 배워야 한다.

국제회의나 비즈니스 석상에서 동남아, 중동, 중남미, 동구권, 러시아와 같이 영어가 모국어가 아닌 나라의 대표들은 자기 나름대로의 어거지 논리와 뒤죽박죽인 영어 실력으로 하고 싶은 말들을 입에서 나오는 대로 속사포같이 쏟아놓는다. 반면 한국과 일본은 적절한 단어와 문법, 시제를 찾느라 뒤엉켜버린 머리에서 짜내는 언어이기 때문에 승부에 약하다.

일본의 어느 유서 깊은 기업에서는 직원을 뽑을 때 목청 크고 밥 빨리 먹는 사람을 뽑는다고 한다. 어디 가서든 위축되지 않고 당당한 자세, 그리고 대화할 때 화제를 선점하려는 노력, 이것이 글로벌 전사가 연마해야 할 첫 번째 덕목이라고 본다.

다음으로는 역시 어학 능력이다. 과거에 비하면 우리 젊은이들의 어학 실력은 눈부시게 발전했지만 아직도 글로벌 스탠더드로는 많이 미흡하다. 매일 30분씩 고급 문장을 듣고 외우고 또 익힌 것을 써보면서 1년을 보내면 실력이 엄청나게 달라져 있음을 느낄 것이다. 나는 보장할 수 있다. 다만 단 하루도 빠트려서는 안 된다.

원어민들이 자기들끼리 평소 스피드로 이야기하는 것을 우리가 다

못 알아듣는 것은 당연하다. 그러나 뭘 말하려 하는 것인지 그것만이라도 파악하려고 노력하다 보면 점차 스피드에 익숙해지고 귀도 뚫린다. 발음, 악센트, 억양도 중요하지만 조금씩 듣고 자기가 하고자 하는 표현을 어느 정도 하게 되면 이러한 문제는 자동적으로 개선된다. 이렇게 1년의 노력이 지나면 한 단계 더 높여서 또 1년의 노력을 해보고, 그렇게 수년이 지나면 외국어를 자유롭게 할 수 있는 즐거움을 느끼게 되고 어느덧 스트레스도 사라지게 된다.

지속적으로 매일매일 노력하는 일은 그만큼 중요하다. 마치 금연 노력이 하루라도 중단되면 그간의 노력이 공염불되듯 외국어 공부에 대한 노력도 마찬가지다. 하루라도 중단되면 안 된다. 외국어에 대한 잔상이 매일매일 이어지고 생활의 일부가 되어야 실력이 늘기 때문이다. 최근에는 한국인들의 해외진출 지역이 다양화되면서 영어뿐 아니라 제2외국어, 제3외국어의 중요성도 커졌다. 나는 특히 제2외국어 중 중국어의 중요성을 강조하고 싶다. 골드만삭스도 2030년에는 중국이 최대의 경제력을 갖게 될 것이라고 전망했지만, 앞으로 막강해질 중국의 영향력을 감안하면 최소한 의사소통할 정도의 실력은 되어야 한다.

세계에 대한 호기심과 지식, 특히 세계경제에 대한 상식의 중요함도 빼놓을 수 없다. 이 역시 장기적으로 꾸준히 해나가야 할 공부인데, 독서 또는 신문 등 언론 매체를 통해 간접 경험의 폭을 넓히는 길밖에 없다. 대학에서 세계경제에 대한 특강을 할 때면 꼭 받는 질문이 있다. "세계경제에 대한 동향을 알려면 어떤 공부를 해야 하지요?" 내 대답은 늘 똑같다. 신문 경제면을 석 달간 빠트리지 말고 꾸준히 보라고 말해준다.

신문을 볼 때는 인터넷을 통해 보는 것도 좋지만, 나는 될 수 있으면 종이신문을 보라고 권한다. 기사를 보는데 인터넷과 종이가 다를 것이 뭐가 있나 의아해하겠지만 종이신문은 마치 공부하듯이 줄을 치고 스크랩을 할 수 있어서 좋다. 이런 습관은 기사 내용을 더 오래 기억하는 데 도움을 준다. 신문을 읽을 때는 제목과 요약기사만 보지 말고, 한 글자도 빼놓지 않고 보는 것이 좋다. 사설이나 칼럼, 기고문도 다 읽어보는 것이 좋다. 석학이나 전문가들의 글이라서 다양한 지식을 쌓는 데 매우 유익하다. 이렇게 석 달만 지나면 세계경제를 이해하는 틀이 어느 정도 생긴다.

경제뿐 아니라 정치, 외교, 문화 등도 비슷한 방식으로 공부하면 된다. 일반적으로 그 정도의 이해도만 있으면 된다. 그 이상은 전문가의 경지로 들어가는데 전문가가 되려면 전문서적도 봐야 하고 포럼에도 많이 참석해야 한다. 이는 평생을 두고 할 일이지 서두른다고 될 일도 아니다. 다만 어학 연마의 경우처럼 세계경제의 흐름을 놓치지 않고 계속 모니터링하는 자세가 중요하다.

형편이 허용하는 대로 해외에 나가서 국제 감각을 키우고, 지인과의 네트워크를 지속적으로 관리하는 것도 글로벌 유목민으로서의 자산이 될 것이다. 나는 이 땅의 젊은이들이 대학을 졸업한 후 자기자신에 대한 투자를 10년 더 한다 해도 결코 커리어의 발전에 늦거나 지나치지 않다고 본다. 그렇게 하루하루가 계속 쌓여나가다 보면 어느새 세계 속에서 자신의 몸값이 최고가 되어 있음을 발견하게 될 것이다.

남들이 가지
않는 길에
꽃길이 있다

우리는 지식과 정보의 홍수 속에 살고 있다. 과거에는 '한 우물을 파야 성공한다'는 선택과 집중이 경제, 사회 모든 부분에서 공감을 얻어왔다. 그러나 앞에서도 강조했지만 이제는 융복합의 시대다. 나는 학생들에게 강연할 때 학부 시절 한 가지 전공에만 매달리는 것처럼 어리석은 것은 없다고 강조한다. 이공계는 인문학적 소양이 곁들여져야 하고, 인문계도 이공계적 사고와 기본 상식이 동반되어야 융복합 시대의 경쟁력이 생길 수 있다고 본다.

취업시험의 당락을 결정적으로 좌우하는 것은 면접이다. 면접을 시행하는 회사의 경영층이 피면접자들로부터 파악하고자 하는 것은 전문지식의 깊이가 아니라 지식의 응용력과 사고의 유연성 정도다. 예를 들면 "얼음이 녹으면 무엇이 연상되느냐?"라는 질문에 "물입니다." 라는 그야말로 물 같은 대답을 하면 거의 100퍼센트 떨어질 것이다. 최소한 '팥빙수'라든지 '지구 온난화' 정도의 상상력을 가미한 답변을 해야 기본은 되는 것이다. 실제로 어느 회사 면접시험에서 "수박은 언제쯤 따는 것이 가장 좋을 때라고 생각하는가?"라는 질문에 최고 대답은 "주인이 안 볼 때가 가장 좋습니다."라는 대답이었다는 얘기도 있다.

수평적, 단편적 사고로는 위기의 상황을 돌파할 수 있는 역발상을 하기 힘들다. 이 책 앞부분에서 소개한 Buy Korea 행사도 좋은 사례다. 2008년 금융위기 때 바이어를 찾아가도 만나기 어려운 상황이라는 것이 상식이었지만, 오히려 역발상으로 전 세계의 바이어를 한국으로 불러 큰 성공을 거뒀다.

우리는 창조적 DNA를 가진 한국인이다. 조금은 엉뚱해 보이는 창의적 사고가 전혀 예상치도 않았던 새로운 기회를 만들어낸다. '남들이 가지 않는 길에 꽃길이 있다'고 하지 않던가. 오늘날은 남들이 꿈꾸지 못한 것을 꿈꾸고, 남들이 생각하지 못한 것을 생각하고, 남들이 보지 못한 것을 보고, 남들이 상상하지 못한 것을 상상하는 사람이 성공하는 시대다. 글로벌 무대에는 너무나 많은 최고 선수들이 올라와 있다. 이들을 이기기 위해서는 특별한 사고와 발상이 필요하다. 한국 사람은 생각도 빠르고, 말도 빠르고, 행동도 빠르다. 그래서 외국 기업은 한국 기업과 속도경쟁할 생각을 하지 않는다. 역발상만이 한국 기업을 이길 수 있다고 생각한다.

역발상을 하려면 많은 지식과 상식과 상상력이 필요하다. 이것들을 그때그때의 입맛에 맞는 비빔밥으로 만드는 것이 바로 역발상이다. 다양한 분야의 많은 지식들은 역발상 훈련에 도움이 된다. 그래서 나는 정독보다는 다독을 권한다. 책은 '작정'하고 읽기보다는 '무작정' 읽는 것이 이런 목적에 부합한다. 연초에 계획을 세워 비장한 각오로

책을 읽다가 '작심삼일'에 그친 경험들은 누구나 갖고 있을 것이다. 그러므로 짧은 기간에 너무 많은 것들을 성취하려 하지 말고 작은 계획이라도 반복을 통해 꾸준히 실천해나가는 것이 중요하다.

독서 장르는 꼭 이론서나 딱딱한 경제서적일 필요는 없다. 한쪽으로 치우친 지식은 역발상에 도움이 안 된다. 오히려 인문과학이나 소설 같은 것을 읽으며 사고의 폭을 넓고 유연하게 만드는 것이 좋다. 나는 특히 수필이나 소설, 기행문 등을 좋아한다. 때로는 만화도 본다. 간부나 CEO가 되면 직원들이 보지 못하는 부분을 채워줘야 하는데 다양한 장르의 책을 접하는 것이 많은 도움이 된다. 예를 들면 리더십의 경우 리더십에 관련된 책자를 많이 읽어서 좋은 리더가 되었다는 이야기는 들어본 적이 없다. 미래 지도자로서 살아 있는 리더십을 익히고 상상력을 키우기 위해서는 오히려 소설과 같은 창의력을 자극할 수 있는 책들이 도움이 된다.

해외시장의 개척자들은 나라와 기업을 대표하는 선수이자 외교관이다. 그러므로 자기가 상대하는 집단에 대해 제대로 알고 설명할 줄 알아야 한다. 비즈니스 상담은 마음이 먼저 통해야 하다. 곧바로 본론으로 들어가는 비즈니스는 성공하기 어렵다. 한국의 문화, 관습, 음식, 스포츠 등에 대해, 또 상대방의 역사, 문화 등에 대해 서로 편안한 대화가 먼저 이루어져야 한다. 본론은 그 후에 들어가도 충분하다. 여기에 유머 감각은 필수다. 어떤 재료를 쓰든 상대방의 호기심을 자극해보라. 그러면 성사가 훨씬 쉬워질 것이다. 지식의 비빔밥이 글로벌 플레이어들에게 꼭 필요한 이유다.

혼이 담긴 계란은
바위도 깨뜨린다

'중석몰시中石沒矢'라는 고사성어가 있다. 옛 중국의 어느 포수가 밤중에 호랑이를 만나 온힘을 다해 화살을 쏘자 호랑이가 그 자리에 주저앉았다고 한다. 그런데 가까이 가서 자세히 보니 그것은 호랑이가 아니고 바위였다. 그래서 포수는 다음날 다시 그 바위를 향해 온힘을 다해 수차례 화살을 쏘았으나 화살은 더 이상 바위를 뚫지 못했다. 생사를 걸고 혼을 담아 일을 도모하면 기적을 만들어낼 수 있다는 내용의 고사다.

나는 지난 30여 년간 무역통상 분야에 종사하면서 전 세계 70여 개국 약 100여 군데의 현장을 방문하면서, 해외를 종횡무진 누비는 우리 기업인들을 많이 만났다. 포탄 세례 속의 이스라엘 가자 지구에서 통신설비 수출을 일궈낸 한 중소기업 사장도 만났다. 2008년 말 가자 지구에 전쟁이 터졌을 때, 목숨을 잃을 수도 있는 상황에서 위험을 무릅쓰고 바이어 사무실까지 찾아가자 그 용기와 정성에 감동한 바이어가

         PART 3 세계 속에 너를 던져라

계약을 체결했다는 이야기를 전해주며 그는 이렇게 말했다.

"우리 같은 중소기업이 수출 계약을 성사시키려면 지옥에라도 간다는 각오로 혼을 담아야죠."

중소기업 사장의 말이 아직도 귓가에 생생하게 들리는 듯하다. 미수교 국가이자 북한과 혈맹관계인 시리아에서 원단무역을 하는 한 중소기업 사장은 2006년에 진출해 북한의 갖은 위협과 방해에도 불구하고 5년 만에 월 100만 달러씩 수출해, 이 지역 최대 원단 공급업자가 되었다. 정치와 외교가 뚫지 못한 시리아 국경을 우리의 글로벌 전사들이 뚫어낸 것이다.

이러한 초기 개척자들의 노력은 2010년 시리아에 KOTRA KBC 개설을 가능하게 했다. 그러나 북한 측의 방해공작으로 행사에 차질을 빚기도 했다. 지금도 그날의 기억이 생생하다. 다마스커스 KBC 개관식을 위해 요르단에서 비행기에 오르려는데 그 자리에 주저앉을 것 같은 실망스러운 소식이 들려왔다. 개관식에 참석하기로 되어 있던 장관들뿐 아니라 모든 정부 관료가 갑작스레 불참을 통보해왔다는 것이다. 뿐만 아니라 축사 차 시리아에 입국하려던 레바논 주재 한국 대사에게도 입국 불허를 통보했다는 소식이 들려왔다. 난감했지만 우리끼리라도 개관식은 해야 했다. 하지만 시리아에 입국해 개관식 준비를 하던 우리 실무자들은 맥이 빠질 수밖에 없었다. 다음날, 미처 통보를 받지 못한 국장급 인사 한 명만 빼고 정부 인사는 한 명도 오지 않았다.

그런데 막상 개관시간이 되자 시리아인들이 구름같이 몰려왔다. 모두들 경제인들이었다. 초청을 받지 못한 사람들도 많았다. 자기네 나라에 들어와 죽을 각오로 애를 쓰며 기반을 닦은 한국 기업에 호감을 갖고 온 사람들이었다. 중동에서 한국의 건설업체는 전쟁이 나도 끝까지 철수하지 않고 현장을 지키는 의리로 유명하다. 리비아 내전 때도 정부에서 철수명령을 내렸음에도 끝까지 버틴 한국인들이었다. 코트라의 이길범 리비아 관장은 "지옥이 따로 없습니다."라고 보고하면서도 아직도 그곳에 홀로 남아 우리 경제의 진지를 지키고 있다.

코트라에서는 해외에 지사를 두기 어려운 중소기업과 계약을 맺어 현지에서 그 중소기업을 위해 인턴직을 대신 수행해주는 지사화 인턴 제도가 있다. 놀라운 것은 페루의 리마, 수단의 카르툼, 오만의 무스카트 등 소위 오지라고 불리는 지역에도 우리의 젊은 인턴들이 마다하지 않고 나간다는 사실이다.

페루 리마의 어린 여학생은 현지에서 자기가 중소기업 사장처럼 모든 일을 도맡아 수출 계약을 따내는가 하면, 여성이 들어가서 생활하기도 쉽지 않은 중동 지역에 인턴 지원을 한 여학생들도 있었다. 나는 그 학생들이 참으로 대견스러웠다. 인도에서 만난 한 여학생은 델리대학 대학원에서 히브리어를 익히며 인도 빈민층을 대상으로 논문을 쓰기 위해 빈민집단 거주지역에 들어가 그들과 몇 달을 같이 생활한 이야기를 해주었다. 오염된 물을 마시고 탈진할 정도로 배앓이를 하고 누군가의 방화로 죽기 직전에 탈출한 이야기도 들려줬다. 이러한 저력과 열정이야말로 아무것도 가진 것 없는 한국이라는 작은 나라를 세계 속에 우뚝 서게 만든 힘이다.

글로벌 시민이 되려면 열정은 물론 맑고 착한 영혼도 함께 갖추고 있어야 한다. 세계를 한 가족으로 생각하고 아프리카 등 최빈국의 기아와 재난에 대해 관심을 갖고 몸을 던져 도우려는 마음은 글로벌 시

민이 갖춰야 할 기본 정신이다.

중국 정부가 자원 확보를 위해 아프리카에 엄청난 규모의 원조를 해주고 있지만 환영받지 못하고 있다. 진심으로 이해하고 베푸는 마음이 그들에게서 느껴지지 않기 때문이다. 한국국제협력단(Korea International Cooperation Agency, KOICA)에서 개도국에 병원도 만들어주고 교량도 건설해주고 교육 장비와 의료 장비도 지원해주는 등 실질적인 도움을 주고 있지만, 그들에게 더 시급하게 필요한 것은 한국의 발전 경험과 노하우를 전수해주는 일이다.

식민지 시대를 겪고 전쟁 최빈국에서 오늘날과 같은 민주화와 경제발전을 이룬 나라는 한국뿐이다. 지금도 우리의 젊은이들은 세계 각국의 오지에서 국력을 키우는 데 힘을 보태고 있다. 그리고 대한민국이 글로벌화로 가는 또 하나의 길 위에 서 있다.

한국의 농촌에는 몇 집 걸러 한 가구마다 다문화 가족이 있다. 이 주민들이 박대와 차별을 받는다는 이야기가 끊이지 않고 들려온다. 한국 사회가 이처럼 외국인을 포용하고 배려하지 못하는 한 우리의 젊은이들이 세계 속에서 아무리 선행을 한다 하더라도 국제사회에서 제대로 인정받기가 힘들 것이다. 우리가 글로벌화된 국민국가로 발전하려면 어떤 태도로 세상을 대해야 하는지 곰곰이 생각해봐야 할 시점이다.

생각의 힘은 계량화할 수 없을 정도로 위대하다. 어떠한 난관도 죽도록 생각하면 해답을 찾을 수 있다. 생각을 하지 않고 행동하는 것은 무모한 일이지만, 생각을 하고도 행동하지 않으면 무능한 사람이다. 자신을 세계 속에 던져보고 싶다는 결심이 서면 바로 행동에 들어가보라. 머뭇거리면 기회를 놓치게 된다. 주저하는 동안 같은 생각을 했을 지구 반대편의 다른 사람은 벌써 저만큼 달려나가 있다.

이제 우리의 경쟁 상대는 전 세계 모든 사람이다. 세상은 좁아졌고, 세상을 움직이는 속도도 광속도다. 인터넷에 이은 SNS의 등장으로 온갖 정보가 실시간으로 전 세계로 퍼져나가는 요즘이다. 신문의 내용도 새롭지 않다. 심지어 신문을 펼치기도 전에 신문에 실린 기사들은 이미 낡은 내용이 되어버린다. 그러므로 생각이 완성되면 빨리 행동으로 연결시켜야 한다. 반 발짝 먼저 나아간 사람이 결승선에서는 한 바퀴 먼저 도착한다.

꿈에 목표를 붙이면 비전이 되고, 비전에 날짜를 붙이면 계획이 된다는 말이 있다. 오늘부터 글로벌화를 위한 첫 하루로 만들어 준비해 보라. 어학 공부도 시작하고 세계경제에 대한 지식 쌓기도 바로 시작해보라.

글로벌 인맥 쌓기도 중요하다. 과거에는 명함을 교환하는 것이 네트워킹의 첫 단계였지만, 이제는 트위터, 페이스북 같은 SNS가 붐을 일으키고 있어 오프라인에서 접촉하지 않아도 인맥 관리가 가능하다. 우리 젊은이들이 어학 연수, 해외 인턴 프로그램 등을 통해 세계 각지로 나가고 있지만 이때 알게 된 소중한 인맥들을 관리하는 데는 소홀한 것 같다. 내가 미국 기업과 비즈니스를 하면서 느꼈던 점은 그들이 인맥 관리가 치밀할 뿐 아니라 실제로 비즈니스로 연결시키는 능력이 우리보다 훨씬 뛰어났다는 점이다. 상담회나 오만찬장에서 우리나라에서 하듯 별 뜻 없이 명함을 교환해도 그들은 꼭 귀국 후 인사와 함께 회사를 소개하는 메일을 보내고 자신들의 행사에 초청장을 보내온다.

말콤 글래드웰Malcolm Gladwell은 성공한 사람들의 특성을 분석한 베스트셀러 《아웃라이어Outlier》에서 최고 전문가의 경지에 오르기 위해 필요한 최소한의 시간이 1만 시간이라고 말했다. 하루 8시간을 투자해 4~5년의 시간을 쏟아부어야 도달할 수 있는 시간이다. 하루 4시간이면 10년 미만의 시간이다. 길다면 긴 시간이지만 이제 막 자신에게 투자를 시작하는 젊은이들에게는 결코 긴 시간이 아니다. 그 정도 시간이 아니더라도 아침마다 10분만 더 일찍 일어나 책을 읽거나 자기 발전을 위해 투자한다면 큰 자산으로 돌아올 것이다.

평창올림픽 유치전에서 스타가 된 김연아 선수는 이미 세계적 스타이지만, 나승연 대변인은 깜짝 스타처럼 보였을 것이다. 하지만 그녀의 진가는 이미 준비되어 있었다. 10여 년 이상을 어학과 지식과 세련된 매너, 그리고 네트워크 관리를 통해 글로벌 스타로서의 잠재력을 갖추고 있다가 평창동계올림픽 유치를 계기로 비로소 세계에 발휘되었던 것이다. 이러한 기회는 빨리 시작하고 중간에 포기하지 않으면 누구에게나 올 수 있다.

이제 마지막으로 이미 글로벌 스타가 되기 위해 어린 나이에 준비를 시작한 어느 여중생 이야기로 내 글을 끝내고자 한다. 올해 3월, 자신의 '꿈을 향해 앞으로 한 발짝 나아가기를 원한다'는 중학교 3학년 여학생으로부터 한 통의 편지를 받았다. '10년 뒤 코트라에 입사해 우리나라가 중동 아프리카 국가들과 무역을 원활하게 할 수 있도록 만들어 요즘처럼 중동 정세가 불안할 때마다 원유 값이 폭등해 우리나라 경제가 흔들리는 악순환을 막고 싶다'면서 자신의 미래 직장인 코트라에 견학을 오고 싶다는 내용이었다.

얼마 후 나는 그 여학생을 코트라에 초청했다. 사장 접견실에서 만난 여중생은 초롱초롱한 눈으로 접견실에 걸린 코트라의 세계 조직망 지도의 한 지역을 열심히 보고 있었다. 코트라가 하는 일을 설명해주고 코트라에 들어오면 어느 지역에서 근무하고 싶은지 물어보니 1초의 주저함도 없이 '아프리카 지역에서 근무하고 싶다'는 대답이 나왔다. 여학생은 코트라 세계 조직망 지도에서 아프리카를 응시하고 있었던 것이다.

그 학생은 벌써 글로벌 플레이어가 되겠다는 꿈을 꾸고 있었고, 자신의 꿈을 실천하기 위해 이미 한 발짝 나아가 있었다. 또한 중동과 아프리카의 민주화 시위가 8,000킬로미터나 떨어진 머나먼 땅에서 일어나는 남의 일만이 아니라는 사실을 깨닫고 마음은 벌써 현장으로 달려가 있었다. 나는 학생에게 큰 감동을 받고 이렇게 물었다.

"학생 같은 사람은 코트라에 꼭 필요한 사람이다. 오늘의 대화를 10년 후 입사시험 면접 때 면접위원들에게 소개하면 무조건 합격일 것이다. 그런데 필기시험에도 합격해야 되는데 경쟁률이 만만치 않다. 학교 성적은 어느 정도 되지?"

그러자 학생은 계면쩍어하며 이렇게 대답했다.

"사실은 전교 1등인데요."

나는 그때 그 학생에게서 미래의 글로벌 스타, 세계를 움직이고 있는 제2의 김연아와 나승연을 보았다.

 PART 3 세계 속에 너를 던져라

2년 전 《한국, 밖으로 뛰어야 산다》를 집필할 때와 지금은 우리나라의 상황이 많이 달라졌다. 그때보다는 세계의 중심으로 더 가깝게 들어왔고, 세계의 주목과 견제도 더 많이 받고 있다. 또한 지구촌에서 한국이 부담해야 할 책임도 훨씬 커졌다. 그래서 이번에는 세계의 중심에서 세계를 바라보는 시각으로 세상의 흐름을 읽고 우리의 상황도 돌아보는 마음으로 책을 쓰기 시작했다.

나는 이 책을 통해 맨손으로 세계시장을 뚫었던 우리나라 통상의 역사를 들려주고 현재 우리 앞에 놓인 세계경제와 시장 상황 등을 내 경험을 통해 통찰하려 했다. 아울러 앞으로 우리나라의 수출 무대에서 선배들이 걸어온 길을 이어 달려야 할 젊은 주자들에게 하고 싶은 이야기들도 담았다. 그리고 다시 몰려오는 세계 경제위기를 한국이 잘 극복해 또 하나의 도약을 만드는 데 다소라도 기여하기를 바라는 염원도 담았다.

코트라 사장 재임 시부터 쓰기 시작한 원고는 퇴임 후 두 달이 지나서야 탈고할 수 있었다. 누구보다도 오랫동안 통상 분야에 몸담아온 사람으로서 좀 더 많은 현장의 이야기들을 들려주고 후배들에게 조언도 해주고 싶었지만, 기억에 의존할 수밖에 없는 당시의 감동스럽고

벅찬 이야기들을 기록의 한계 때문에 다 보여주지 못했다는 아쉬움을 남기며 이제 글을 마치려 한다.

나는 참으로 복이 많은 사람이다. 특히 이 시대에 태어나 국가를 위해 내 역량을 다해 열심히 일할 수 있도록 해준 모든 사람에게 감사드린다. 1950년 전쟁둥이로 태어나, 어렸을 때는 6·25전쟁이 남긴 세계 최빈국의 아이였지만 이제는 여러 면에서 세계 최고의 반열에까지 오른 국가의 국민이라는 게 자랑스럽다. 특히 우리나라가 수출을 중심으로 대외지향적 전략을 통해 경제성장과 민주화를 달성하는 과정에서 내가 지속적으로 참여해왔다는 사실에 대해 자부심을 느낀다. 공직의 마지막을 한국의 수출과 투자를 지원하는 코트라에서 마감한 것도 아무나 누릴 수 없는 행운과 영광일 것이다. 국가와 국민들에게 마음 깊이 감사드린다.

지금까지 나를 위해 헌신해온 아내와 가족들에게 먼저 고맙다는 말을 전한다. 아울러 바쁜 와중에도 많은 시간을 내어 이 책의 집필 과정에서 나를 도와준 코트라의 직원들, 특히 한선희 처장, 강신학 차장, 정원준 차장에게도 깊이 감사드린다.

지은이 조환익

한국전력공사 사장이자 전 코트라(KOTRA, 대한무역투자진흥공사) 사장. 서울대학교 정치학과를 졸업하고 뉴욕대학교 경영대학원에서 석사학위, 한양대학교에서 경영학 박사학위를 받았다. 통상산업부를 거쳐 산업기술재단 사무총장, 산업자원부 차관, 한국수출보험공사 사장을 역임했다. 저서로 《한국, 밖으로 뛰어야 산다》가 있다.

우리는 사는 줄에 서 있다

1판 1쇄 발행 2011년 10월 24일
1판 8쇄 발행 2016년 1월 11일

지은이 조환익
펴낸이 고영수
펴낸곳 청림출판
등록 제1989-000026호
주소 06048 서울특별시 강남구 도산대로 38길 11(논현동 63)
     10881 경기도 파주시 회동길 173(문발동 518-6) 청림아트스페이스
전화 02)546-4341   **팩스** 02)546-8053

www.chungrim.com
cr1@chungrim.com

ⓒ조환익, 2011

ISBN 978-89-352-0894-4   93320